现代铁路新技术丛书

技术站
能力查定及其自动化

薛 锋 杨运贵 ○ 编著

西南交通大学出版社
·成都·

内容简介

能力查定是技术站技术管理与行车组织的一项重要内容,对于车站合理组织运输生产,有效配置设备资源具有重要意义。全书内容涵盖技术站作业过程时间标准的查定、技术站通过能力与改编能力的查定、基于计算机联锁系统的技术站能力查定方法、基于多源信息数据获取的技术站能力查定方法以及基于综合自动化系统(CIPS/SAM)的能力查定方法。本书可供高等院校交通运输类专业的研究生及高年级本科生作为教材使用,也可供相关专业研究人员和工程技术人员参考。

图书在版编目(CIP)数据

技术站能力查定及其自动化 / 薛锋,杨运贵编著.
—成都:西南交通大学出版社,2017.8
(现代铁路新技术丛书)
ISBN 978-7-5643-5526-5

Ⅰ.①技… Ⅱ.①薛… ②杨… Ⅲ.①铁路车站 – 车站作业 – 查定能力②铁路车站 – 车站作业 – 自动化 Ⅳ.①U292.12

中国版本图书馆 CIP 数据核字(2017)第 145864 号

现代铁路新技术丛书
技术站能力查定及其自动化

薛 锋　杨运贵 / 编　著　　　责任编辑 / 周　杨
　　　　　　　　　　　　　　封面设计 / 何东琳设计工作室

西南交通大学出版社出版发行
(四川省成都市二环路北一段 111 号西南交通大学创新大厦 21 楼　610031)
发行部电话:028-87600564
网址:http://www.xnjdcbs.com
印刷:成都蓉军广告印务有限责任公司

成品尺寸　185 mm × 260 mm
印张　14.5　字数　344 千
版次　2017 年 8 月第 1 版　　印次　2017 年 8 月第 1 次
书号　ISBN 978-7-5643-5526-5
定价　48.00 元

课件咨询电话:028-87600533
图书如有印装质量问题　本社负责退换
版权所有　盗版必究　举报电话:028-87600562

前　言

技术站是铁路运输的重要基层生产单位，其工作质量对于铁路的安全正点及提高企业的经济效益和市场竞争力具有至关重要的作用。为了质量良好地组织运输生产活动，技术站应当具有相应的通过能力和改编能力。能力过于富余，造成虚糜，这是一种浪费，应当想办法加以利用；相反，能力不足，则会影响运输生产的正常秩序，甚至造成堵塞或事故。因此，必须通过细致地调查和科学地分析计算，合理确定技术站的能力。

"车站技术作业过程和能力"是《车站行车工作细则》的重要组成部分。合理地查定车站技术作业过程和能力，不仅对改进车站技术管理、挖掘设备潜力、提高车站作业效率、指导车站日常生产活动有着重要的作用，而且还可为编制列车运行图、列车编组计划、技术计划、运输方案和车站技术设备改建提供可靠的依据。查定车站技术作业过程和能力，是技术站必须进行的一项基础工作。当车站进行较大技术改造、列车组织方式发生变化、牵引定数发生变化或车站作业组织方法改变等情况时，都必须进行能力查定工作。

目前，关于车站能力查定方面的专业书籍比较少，本书在1984版和2004版《车站技术作业过程及能力查定》的基础上，结合技术站的现代化发展及最新的技术站作业过程与能力查定理论研究成果，详细阐述了技术站能力查定基础知识、计算机联锁和信息网络化后的能力查定方法。全书分为3篇，共14章，各篇自成体系。主要内容包括：绪论、技术站作业过程时间标准的查定、技术站通过能力的查定、技术站改编能力的查定、利用计算机联锁系统的数据采集方法、原始数据的分析与处理方法、技术站能力计算的图解插值法、技术站能力查定误差与作业分析、技术站能力的区间估计方法、技术站能力查定系统的开发应用、基于XML的多元数据获取技术、自动化查标系统的设计与实现、基于综合自动化系统的能力查定等。

本书第二篇的研究成果得到了国家自然科学基金项目（60776824，61203175）的资助，成果的取得是在西南交通大学王慈光教授的悉心指导下完成的，在此谨致以最诚挚的谢意。同时感谢西南交通大学出版社出版基金对本书出版的资助。本书在编写过程中所借鉴的著作、研究成果一并列在参考文献中，在此向有关作者表示感谢。

全书由薛锋、杨运贵编著，赵王梓、马晓晨、邵梦汝、李文燕、赵蕾、刘珊珊、孙宗胜参与了本书部分章节的撰写工作。其中，薛锋完成第四、五、十、十一章，第七章第二节，第九章第一节；杨运贵完成第七章第一、三节，第八章，第九章第二节；赵王梓完成第六章；马晓晨完成第二章；邵梦汝完成第三章；李文燕完成第一章；赵蕾完成第十二章；刘珊珊完成第十三章；孙宗胜完成第十四章的编写工作。

本书在阐述技术站能力查定过程的同时，突出了理论研究成果与信息技术的应用，但铁路信息化发展迅速，技术站能力计算、查定方法以及自动化系统的开发也在不断推进，加之作者的学识水平和研究工作范围有限，全书在内容组织和文献材料取舍等方面，难免存在诸多不足和疏漏之处，在此敬请专家和读者批评指正。

作 者
2017 年 3 月

目 录

第一篇 技术站能力查定基础

第一章 绪 论 ………………………………………………………………… 1
第一节 技术站概述 ……………………………………………………… 1
第二节 能力查定的目的和意义 ………………………………………… 3
第三节 能力查定的原则和依据 ………………………………………… 3
第四节 能力查定的内容 ………………………………………………… 4
第五节 能力查定技术的发展 …………………………………………… 5
第六节 传统的能力查定方法和步骤 …………………………………… 5
第七节 车流量的确定 …………………………………………………… 6

第二章 技术站作业过程时间标准的查定 ……………………………… 14
第一节 货物列车技术作业过程时间标准的查定 ……………………… 14
第二节 调车作业时间标准的查定 ……………………………………… 24
第三节 车辆集结过程时间标准的查定 ………………………………… 42
第四节 车辆停留时间标准的查定 ……………………………………… 44

第三章 技术站通过能力的查定 …………………………………………… 50
第一节 技术站通过能力的计算方法 …………………………………… 50
第二节 技术站咽喉通过能力的查定 …………………………………… 51
第三节 技术站到发线通过能力的查定 ………………………………… 53
第四节 车站编发线通过能力的查定 …………………………………… 57

第四章 技术站改编能力的查定 …………………………………………… 60
第一节 技术站改编能力的计算方法 …………………………………… 60
第二节 驼峰解体能力的查定 …………………………………………… 60
第三节 尾部编组能力的查定 …………………………………………… 69
第四节 车站能力的汇总 ………………………………………………… 71

第二篇 基于计算机联锁系统的技术站能力查定方法

第五章 利用计算机联锁系统的数据采集方法 ………………………… 80
第一节 计算机联锁系统 ………………………………………………… 80
第二节 原始数据的采集方法 …………………………………………… 89

  第三节 原始数据的采集对象 92
  第四节 原始数据的整理 93

第六章 原始数据的分析与处理方法 98
  第一节 原始占用时间的数据分析 98
  第二节 能力计算的数据处理方法 105

第七章 技术站能力计算的图解插值法 111
  第一节 图解插值法 111
  第二节 咽喉通过能力的图解插值法 114
  第三节 到发线通过能力的图解插值法 120

第八章 技术站能力查定误差与作业分析 125
  第一节 车站能力查定误差 125
  第二节 车站作业复杂性分析 126
  第三节 车站接发车不均衡性分析 132
  第四节 车站作业不确定性分析 137

第九章 技术站能力的区间估计方法 139
  第一节 咽喉通过能力的区间估计 139
  第二节 车站能力的贝叶斯区间估计 148

第十章 技术站能力查定数据处理系统 153
  第一节 开发目的及开发工具 153
  第二节 系统功能及设计原则 153
  第三节 系统实现 155

第十一章 技术站能力查定信息系统 161
  第一节 系统设计 161
  第二节 系统基本操作 164
  第三节 通过能力计算 171
  第四节 改编能力计算 179

第三篇 基于多源信息数据获取的技术站能力查定方法

第十二章 多元数据获取技术 185
  第一节 车站能力查定数据源获取 185
  第二节 基于 XML 的多源数据处理 187
  第三节 信号微机监测系统数据 190
  第四节 车站相关时间标准指标选取 192
  第五节 数据生成的自动化算法 192

第十三章 自动化查标系统的设计与实现····················194
 第一节 系统功能····················194
 第二节 系统设计····················195
 第三节 系统实现····················198
 第四节 实例分析····················199

第十四章 基于综合自动化系统的能力查定····················205
 第一节 能力查定计算方法····················205
 第二节 到发技术作业过程查定····················209
 第三节 能力自动计算系统····················213

参考文献····················219

附　录····················220

第一篇　技术站能力查定基础

第一章　绪　论

第一节　技术站概述

一、技术站的作业

1. 技术站的定义与分类

技术站是指办理货物列车技术作业的车站，主要包括区段站和编组站，二者的主要区别在于：

（1）在地理位置上：编组站主要考虑路网布局和车流情况；区段站对此考虑较少，主要考虑提供牵引动力的能力。

（2）在办理作业上：编组站主要是解体、编组货物列车，即改编调车作业，其次才是列车的中转作业，故编组站素有"列车工厂"之称；区段站主要是办理列车中转作业，改编作业量不大。编组站客货运业务量极小，甚至不办理客运，枢纽内一般设有专门的客运站和货运站；区段站客货运业务与行车技术作业同时并存，客货运量比编组站大得多。

（3）在技术设备上：编组站拥有强大的调车设备，如机械化驼峰、自动化驼峰，车场较多，线路也很多；区段站技术设备远不如编组站强，通常是简易驼峰或非机械化驼峰，车场一般只有两个，即到发场和调车场，线路数也较少。

2. 作业内容

（1）货物列车到发作业：办理到发进路、行车闭塞、货车技术检查等；

（2）货车调车作业：到达列车解体、出发列车编组、本站作业车和倒装车、扣修车取送等；

（3）货车检修作业：列检所、站修所、车辆段对货车技术状况检查、修理等；

（4）货运机车机务作业：列车机车换挂、整备、日常维修，机务段段修作业以及乘务组换班等。

3. 站内主要设备

（1）行车设备：到发线以及有关行车的信号、联锁、闭塞、通信设备等；

（2）调车设备：调车机车、调车线、驼峰、牵出线等；

（3）货车检修设备：列检所、站修所、车辆段的检修机具、水电供应及库房建筑物等；

（4）机务设备：机车走行线、机车出入段线、机务段的整备线、待班线、修理线、库房线、存车线及燃料、备品的整备设备，以及机车检修库房的检修、动力能源及给排水设备等。

二、技术站的能力

技术站能力包括通过能力和改编能力。

1. 通过能力

技术站通过能力是在技术站现有设备条件下，采用合理的技术作业过程，一昼夜能够接、发各方向的货物列车数和运行图规定的旅客列车数。通过能力分咽喉通过能力和到发线通过能力。

车站咽喉通过能力有两个不同的概念：咽喉道岔通过能力和咽喉区通过能力。咽喉道岔（组）通过能力是指在合理固定到发线使用方案和作业进路条件下，某方向接、发车进路上繁忙道岔（组）（即负荷量最大的道岔组）一昼夜能够接、发该方向的货物列车数和运行图规定的旅客列车数；咽喉区通过能力是指咽喉区各进路咽喉道岔（组）一昼夜能够接、发各方向货物列车数和运行图规定的旅客列车数之和。

咽喉道岔的通过能力是按方向别接车或发车进路上繁忙道岔确定的通过能力，其目的是检算区间通过能力与车站咽喉通过能力是否协调。咽喉区通过能力是按车站咽喉区确定的通过能力，其目的是检算车站内部咽喉区通过能力与到发线通过能力是否协调。

到发线通过能力是指到达场、出发场、直通场或到发场中办理列车到发作业的线路一昼夜能够接、发各方向的货物列车数和运行图规定的旅客列车数，按方向别、列车种类别分别计算接、发车能力。

2. 改编能力

技术站改编能力是在合理使用技术设备的条件下，技术站调车设备一昼夜能够解体和编组的货物列车数或车辆数。车站改编能力由驼峰解体能力和尾部编组能力组成。

驼峰解体能力是在既有技术设备、作业组织方法及调车机车台数条件下，该驼峰一昼夜能解体的货物列车数或车辆数。

尾部编组能力是在既有技术设备、作业组织方法及调车机台数等条件下，调车场尾部一昼夜能编组的货物列车数或辆数。

在横列式编组站上，当驼峰和尾部牵出线既解又编，或驼峰以解体为主、辅助编组，尾部以编组为主、辅助解体时，则要查定驼峰的解体和编组能力及牵出线的解体和编组能力。车站改编能力为驼峰和牵出线解体与编组能力之和。

3. 影响车站能力的主要因素

影响车站能力的主要因素主要包括以下几个方面：

（1）车站现有设备情况。如各种站场类型和咽喉进路布置、到发线数量和有效长、调车设备类型和数量、信号联锁闭塞设备类型等。

（2）车站作业组织情况。如各种列车的技术作业过程，采用的作业组织方法，各项作业占用设备的时间标准，各车场分工和线路固定用途等。

（3）车站办理各方向的列车种类和数量，如客、货列车的比重，摘挂列车的数量，计划行车量的分配方案等。

（4）货物列车到发的均衡程度。货物列车到发的不均衡性与列车运行图和车站衔接的方向数有关，随着不均衡性的增加，车站能力将受影响。

第二节 能力查定的目的和意义

查定和计算技术站通过能力和改编能力的目的：

（1）为了有效利用现有的技术设备，正确地组织列车接发，合理分配列车解编任务；

（2）查明技术站工作组织和技术设备中的薄弱环节，采取相应措施，挖掘设备潜力、提高作业效率；

（3）加强技术站技术管理，为编制列车编组计划、列车运行图以及对现有技术设备进行改建或扩建提供依据。

编组站和区段站是铁路的重要基层生产单位。它集中着大量的技术设备，配备着众多的人员，担负着繁重的运输任务。随着铁路的发展及货运组织的改革，对技术站提出了更多更高的要求。必须细致地进行调查研究，查定车站的技术作业过程以及车站的通过能力和改编能力。通过查定能力，可以摸清设备利用状况，发现设备存在的薄弱环节，以便采取改进措施，满足运输生产的需要。

车站技术作业过程，是充分合理地运用现有技术设备，采用先进的技术作业组织方法，在保证安全和质量的前提下，完成车站运输任务的各项程序的衔接、时间标准和作业组织。通过作业过程的查定，可以更加科学地组织各项作业，更加合理有效地运用各项技术设备，采用更先进的运输组织方法，保证车站运输任务的完成。车站技术作业过程和能力是《车站行车工作细则》的重要组成部分，它不但是加强车站基础工作、指导车站日常生产活动的重要技术文件，而且也是编制列车编组计划、列车运行图、技术计划和运输方案的重要依据，同时它还是车站技术设备改扩建的重要依据。

查定车站技术作业过程和能力，是技术站必须进行的一项基础工作。当车站进行较大技术改造，列车组织方式发生变化，牵引定数发生变化，或车站作业组织方法改变时，都必须进行能力查定，以使这项技术文件不失其指导意义。

第三节 能力查定的原则和依据

1. 能力查定的主要原则

（1）产研结合原则。调查研究，总结经验，把查定工作和改进车站作业结合起来。

（2）关键问题原则。正确分析各部门之间、各工种之间、各项作业环节之间的问题，找出主要问题和解决问题的有效方法。

（3）安全协同效率原则。正确处理安全和效率的关系，两者不可偏废，在保证安全的基础上提高效率。

（4）协调配合原则。采取有效的联劳组织措施，使各有关部门和工种之间在工作上协调配合，充分发挥各方面的积极性。

（5）统一领导原则。指定专人负责，使参加查定工作的有关部门和人员，统一计划，统一行动。

2. 能力查定的主要依据

（1）现行列车编组计划及运行图；

（2）车站既有技术设备及其使用方法；
（3）车站作业组织和劳动制度；
（4）车站一定时期的运输工作统计分析资料；
（5）《车站行车工作细则》执行情况分析；
（6）中国铁路总公司、铁路局颁发的关于查定车站能力的相关规定。

第四节　能力查定的内容

一、确定合理的技术作业过程

确定合理的技术作业过程是指针对车站现行各工种在列车技术作业过程中的作业方法、程序，进行认真研究，确定先进合理的作业程序。

总结调车组、车员号、列检、车站值班员、车站调度员、信号员等主要工种的工作方法，在此基础上制定列车的到达、出发、解体、编组和车辆的取送等主要技术作业的合理程序。

二、确定各项技术作业的时间标准和各种车辆停留时间标准

1. 中转车技术作业过程和停留时间标准

（1）各种单项作业时间标准，包括各种列车的到达、解体、编组、出发技术作业时间标准；相关作业人员的作业时间标准，如列尾作业员、车号员、货检员等作业时间标准；解体、编组列车的调车钩分时间标准；按去向别、列车种类别的车辆集结停留时间标准；转场作业时间标准等。

（2）无调中转车停留时间标准。

（3）有调中转车停留时间标准。

（4）中转车平均停留时间标准。

2. 货物作业车技术作业过程和停留时间标准

（1）各种单项作业停留时间标准，除去中转车的各项有关作业时间外，还包括各装卸车地点的取送车辆时间标准、装卸作业时间标准、挑选车组和分解车组的时间标准等。

（2）一次货物作业车停留时间标准。

（3）双重货物作业车停留时间标准。

（4）货物作业车平均停留时间标准。

（5）一次货物作业车平均停留时间标准。

三、确定车站通过能力和改编能力

（1）各种单项作业占用设备、咽喉道岔、到发线、驼峰、牵出线的时间标准，以及调车机和调车组辅助生产时间标准。

（2）咽喉道岔通过能力。

（3）到发线通过能力。

（4）驼峰的解体能力，牵出线的解体、编组能力。

（5）全站通过能力和改编能力的汇总与平衡，确定车站最终能力。

四、提出提高作业效率和能力的措施

特别需要说明的是，能力查定过程中大量涉及时间单位表示，为简便起见，在以后的内容中所涉及的时间，除注明外，均以 min 为单位，时分和时间的概念是相同的。

第五节　能力查定技术的发展

从 1952 年起，我国铁路就对编组站和区段站查定技术作业过程，计算相应的能力，至今已有几十年的历史。车站能力查定工作规定每隔若干年进行一次，具体操作过程是按中国铁路总公司、铁路局有关业务管理部门逐级下达能力查定和计算的有关文件，由路局运输处组织实施，直属站由各站技术室负责组织查定，段管站由车务段业务室负责组织查定。铁路车站技术作业过程及时间标准查定工作对改进我国铁路车站作业、提高运输组织水平，起到了积极的促进作用。几十年来，在广大铁路技术工作者的不懈努力下，铁路车站能力查定方法不断改进，有了很大的进步。近几年，一些高校和铁路科研单位相继开发了车站能力查定的数据处理或自动化系统，比如"技术站能力查定方法及数据处理系统""技术站能力查定自动化系统""车站作业标准时间与能力查定的方法及系统""铁路编组站运输能力查定处理系统""基于车站信息数据的作业标准时间自动查定系统"等，极大地推动了我国车站能力查定自动化的进步发展。

根据车站能力数据获取和计算的自动化水平，车站能力查定可分为三个阶段：

（1）第一阶段为人工写实查定阶段（中华人民共和国成立—20 世纪 90 年代末），该阶段完全依靠专业写实人员到铁路现场去完成各项写实任务，然后对写实数据进行人工汇总、处理、计算，最后确定各种标准。

（2）第二阶段为半自动化写实查定阶段（20 世纪 90 年代末—2010 年左右），该阶段主要利用微机联锁等设备的回放功能，查标人员在后台进行人工记录实现原始数据的获取，然后利用计算机开发的数据处理系统实现数据处理自动化。

（3）第三阶段为信息化写实查定阶段（2010 年左右至今），该阶段主要充分利用车站 TMIS 的数据源，或从 CIPS（Computer Integrated Process System）、SAM（Synthetic Automation of Marshalling Yard）等系统获取有用信息，简化查标的流程，实现数据分析处理以及查标结果统计输出的自动化。

第六节　传统的能力查定方法和步骤

车站通过能力与改编能力的查定和计算办法，通常是采取全面查标的方式进行的，每次查标，大致经过四个步骤。

一、准备阶段

（1）成立查标工作领导小组。

领导小组一般由分管运输工作的副站长任组长，领导小组下设工作小组。

（2）成立专业写实小组。

根据工作量的大小，分别成立若干专业小组，主要有：

① 通过能力组。每个到发场为一组，每组10人，其中组长1人，每班两端咽喉各1人，到发线1人。

② 调车机组。每台机车为一组，每组4人，其中组长1人，每班1人。

③ 车号员组。每到发场为一组，组长1人，每班工作人员1~2人（根据业务量定）。

④ 货检员组。每到发场为一组，组长1人，每班工作人员1~3人。

⑤ 列尾作业组。每到发场为一组，组长1人，每班工作人员1~3人。

⑥ 装卸作业组。根据作业地点情况酌情设置，有些作业量小的也可由作业人员自己写实。

⑦ 列检作业组。每到发场为一组，组长1人，按列检作业组每组1人。

⑧ 机车出入段组。组长1人，工作人员2~3人，如果细查作业过程则要增加人员。现在也可从机车运行监控装置中调取有关数据。

⑨ 车流组1~2人。

⑩ 如有必要，驼峰信号楼和峰尾信号楼也可各设写实小组。

（3）拟定查标工作方案。

（4）抽调人员，组织培训。

（5）拟定和印制各种表格。

（6）确定查标所采用的车流量。

（7）正式查标前可进行半天试查，纠正写实中出现的问题。

二、写实阶段

按各专业组的分工，进行跟踪写实，一般不应少于3昼夜。车流组可按统计日写实，其他组按正常班制跟班写实。

写实是查标工作的重要环节，直接影响查标工作的质量，必须实事求是，一丝不苟，如实采点记录作业全过程。

三、整理、分析、计算、定标阶段

根据写实资料，由各组长按设定的表格进行分类整理、汇总，再由工作领导小组集中分析计算，初步拟定标准，通过研究调整，最后确定标准。

四、审批阶段

根据查定的最后结果，会同有关部门编写过程和能力计算书，由有关部门审查批准。

第七节 车流量的确定

为使查标的计算结果比较接近实际，具有相当程度的代表性，需要确定一个比较合理的计划车流量和行车量。

一、计划车流量的确定

在查定车站技术作业过程和计算能力之前，必须正确地选定计划车流量和行车量，同时在总车流量中，还要确定有调、无调的比重。在总行车量中，确定各方向各种列车所占的比重。这些都是合理使用车站设备、计算货车停留时间标准和车站能力的重要依据。如果选择不当，脱离实际，将使车场分工不合理，算出的货车停留时间标准和车站能力也失去代表性。

通过计算和分析表明，计划车流量的大小以及有调、无调的比重和各方向各种列车数的比重都对货车停留时间和车站能力发生影响，而后者所产生的影响更大一些。因此，在确定计划行车量时，应特别注意有调、无调和各方向各种列车的比重问题。

1. 参考资料

车站工作报告和车流汇总表。

2. 采用时间的三种方式

（1）按运行图确定的满表工作量；

（2）查标前一个或三个月的工作量；

（3）按查标当时工作量。

但这三种时间段均有片面性，建议选择现行列车运行图实行后查标前有代表性的 1 个月或 3 个月的车流资料。所谓有代表性，即接近平均水平的月份，如果月间波动较大，也可选择车流较小和较大的月份（2~4 个月）的平均值。

3. 需要确定的数据

（1）办理辆数，分出接发重、空车数；

（2）有调、无调中转车数和比重；

（3）本站作业车数，装、卸车数，双重作业系数。

二、行车量的确定和各车场的分工

1. 行车量的确定

根据计划车流量和现行列车编组计划计算出各方向各种列车的接发列数。

从运行图的规定运量中看将来的发展趋势，从查定当时的运量中看现实情况，从历史统计资料中看运量增长率和变化规律，经过分析研究，定出平均偏高的行车量数值。具体做法如下：

（1）分析新列车运行图实行后和实行前的车流统计资料，后者所取时间的长短，视车流变化情况而定，如车流变化不大，时间可取短些；反之，则取长些。从分析"车流汇总报告"的资料中，可以归纳出下列数据：

① 接入重空车总数与发出重空车总数，两者之和即为办理车数；

② 中转重车数；

③ 中转空车数（近似地取接入和发生空车数中较小的数值，因本站可能利用到达空车先装车，而后用卸后空车顶替排出，这在车流汇总表中无法细分，故取近似值）；

④ 本站货物作业车数；

⑤ 无调中转车数及其在接入总车流中所占的比重。

通过对这些数据的比较和分析，可以看出车流的增长率和变化规律。

（2）在上述分析统计资料的基础上，选出有代表性的1个月或3个月作为"计算期间"。所谓有代表性，就是车流量的大小、各方向车流中有调和无调的比重、重空车的比重、排空方向、本站货物作业车的数量等基本上都能与运行图实行期间的情况相符合。

（3）对"计算期间"的日均车流量进行适当调整，提出供查定用的计划车流量。在调整时，可参考下列数据：

① 各方向车流比重和有调、无调的比重，应参照新图实行后的实际比例调整；这些比例可根据车站的到达车流表和出发车流表（或称车流台账）的资料确定；

② 每日卸车数如小于年度计划任务时，应参照年度计划规定的运量调整；

③ 各方向的空车流量应参照新列车编组计划规定的排空方向和数量加以调整。

经过调整之后，可填制"计划车流汇总表"。例如，N编组站在路网上的位置如图1-1所示。表1-1为N站"计划车流汇总表"的示例。

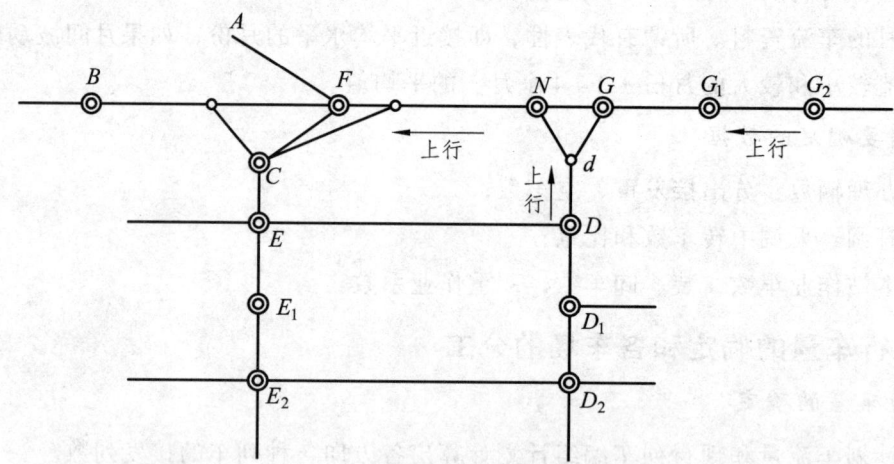

图 1-1　N 站在铁路网上的位置示意图

（4）根据新运行图实行后的统计资料（到达和出发车流表），确定各方向各种列车的平均编成辆数，计算时应将欠轴列车及单机挂车部分除外。

（5）确定各方向的到发列车数，其中旅客列车、摘挂列车（包括零摘列车）按新运行图规定的列车计算，其余各种货物列车数可根据计划车流量和列车平均编成辆数计算求得。当某方向上下行的列车数不相等时，其差额即为单机次数。

N站的到发列车数如表1-2所示，为醒目起见，亦可用列车流图的形式表示，见图1-2。

表 1-1 N站计划车流汇总表

来自或出发	去向或到达	上行方向								下行方向						合计	本站卸	本站到达							总计
		N-F	F	C	B	E	E1	E2	小计	G	G1	G2	d	D	小计			棚	平	砂	罐	其他	计	合计	
G0方向	有调	12	118	133	122	124	81	144	734							734	10							10	744
	无调		86					317	403							403									403
	计	12	204	133	122	124	81	461	1137							1137	10							10	1147
G1方向	有调	4	18	22	4	9	3	12	72							72	11							11	83
	无调		162	80		40		40	322							322									322
	计	4	180	102	4	49	3	52	394							394	11							11	405
G方向	有调	16	52	32	22	45	15	77	259							259	8	8			1	2	11	19	278
	无调		32	38		42		77	112							112		200					200	200	312
	计	16	84	70	22	87	15	77	371							371	8	208			1	2	211	219	590
F方向	有调									148	149	2	168	2	469	469	40	10	5	14	2	73	113	582
	无调									277		658	36	102	1073	1073	54	44	142	362		562	562	1635
	计									425	149	660	204	104	1542	1542	98	10	147	376	2	635	675	2217
F方向	有调	5	61	38	2				106							106	4	1			2		3	7	113
	无调		69						69							69									69
D方向	计	5	130	38	2				175							175	4	1			2		3	7	182

续表

来自或到达 \ 去向或出发	上行方向								下行方向						合计	本站卸	本站到达 空车							合计	总计
	N-F	F	C	B	E	E1	E2	小计	G	G1	G2	d	D	小计			棚	敞	平	砂	罐	其他	计		
合计 有调	37	249	225	150	178	99	233	1171	148	149	2	168	2	469	1640	73	44	19	5	17		2	87	160	1800
合计 无调		349	118		82		357	906	277		658	36	102	1073	1979		54	200	142	362	2	2	762	762	2741
合计 计	37	598	343	150	260	99	590	2077	425	149	660	204	104	1542	3619	73	98	219	147	379	2	4	849	922	4541
自站装出重车		2	1	1	1	1	5	11	2	1	3		6	12	23										
合计	37	600	344	151	261	100	595	2088	427	150	663	204	110	1554	3642										
自站发出空车 棚									67		31			98	98										
自站发出空车 敞	28	200				41		269							269										
自站发出空车 平											147			147	147										
自站发出空车 砂											2			2	2										
自站发出空车 罐											379			379	379										
自站发出空车 其他											4			4	4										
自站发出空车 计	28	200				41		269	67		563			630	899										
总计	65	800	344	151	261	141	595	2357	494	150	1226	204	110	2184	4541										

注：表中数值都是虚拟的。

表 1-2 N 站到发列车数表

方向别	列车数 列车种类		到达			出发			附注
			车流量	列车平均编成辆数	列车数	车流量	列车平均编成辆数	列车数	
G方向	旅客列车				20			20	
	货物列车	中转	1037	53	21	1497	53	30	其中固定循环直达列车8列，每列编成43辆
		改编	827	53	16				
		小运转	278	40	7	191	49	5	
		零担				182	48	4	运行图规定开重点摘挂4列
		计	2142		44	1870		39	
F方向	旅客列车				28			28	
	货物列车	中转	1637	53	32	1106	53	22	其中固定循环直达列车8列，每列编成43辆
		改编	509	53	10	1186	53	23	
		小运转							
		零担	71	26	3	65	25	3	运行图规定
		计	2217		45	2357		48	
D方向	旅客列车				8			8	
	货物列车	中转	69	51	1	102	51	2	
		改编	45	51	1				
		小运转	68	40	2	212	40	5	
		零担							
		计	182		4	314		7	

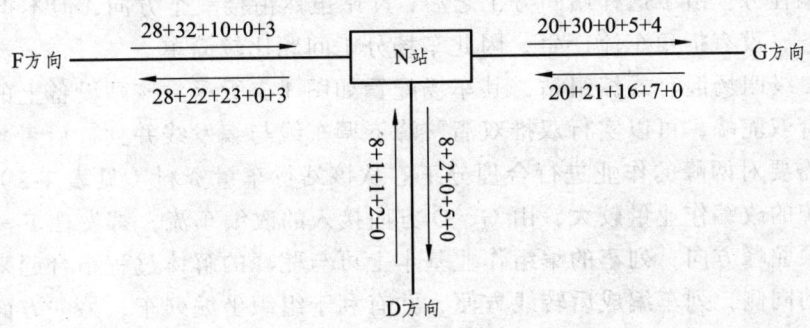

图 1-2 N 站列车流表

2. 各车场的分工

根据确定的各方向各种列车的接发列数和车站各车场的分工原则，合理确定各车场的接发列车和解编列数。

目前有些车站查标时，不单独确定车流量和行车量，均按查标当期实际工作量计算各项指标。如遇查标期间工作偏大或偏小，则应在计算和确定各项指标和时间标准时，适当考虑车流不平衡的因素，加以合理调整，以使查标结果具有代表性。

计划行车量确定后，需要进一步根据车站的设备条件、车流特点（具体反映列车编组计划的规定）确定车场分工和到发行车量的分配，然后在这分工基础上确定各车场和调车设备的能力。

对只有一个调车系统（指到发场和调车场）的技术站来说，不存在车场分工问题。对虽有两个调车系统，但只衔接两个方向的技术站来说，由于不产生场间交换车的问题，车场分工方案也很简单，只要按上下行方向分工即可。有些处于枢纽地区的大编组站，具有两个以上调车系统，衔接三个以上的干线方向，站内有较多的货物作业地点和专用线，作业比较复杂，又有折角车流产生，需要考虑车场分工问题。特别是横列式编组站，车场使用上的灵活性比纵列式车站大，可供选择的分工方案比较多。

车场分工和车流分配的一般原则是：

（1）列车和车辆在站内的走行距离最短，接发列车、调车、机车出入段的干扰最少；

（2）折角车流的重复作业量最小；

（3）同一去向的车流最好集中在一个调车场，以缩短车辆集结停留时间；

（4）各到发场、调车场、咽喉道岔、调车设备的工作负担大体均衡，充分发挥设备效能，对有的设备根据需要留有余地，以保证车站作业的机动性；

（5）各车场现有设备的条件与所承担的任务要相互适应。

由于车站的设备条件、作业方法、车流特点已在长期的生产实践过程中形成一个比较稳定的规律，因此在查定过程和能力时，只需根据新的变化条件局部地调整车场的分工，只有当车场设备有重大改建或新列车编组计划对车站规定的任务有显著变动时，才需对车场分工作较大幅度的调整。

例如，N 站和 G 站是枢纽地区内的两个主要编组站，按照列车编组计划规定该两站的分工为：N 站担任 F 方向及其以远的全部重空车流、方向的重车流，以及枢纽地区车流的编解任务；G 站担任 D 方向的全部重空车流、以远的重车流、方向的空车流，以及枢纽地区车流的改编任务。由于这样站间分工之后，N 站虽然衔接三个方向，但不担任 D 方向的车流改编任务，没有折角车流产生，因此车场分工问题比较简单。

N 站为二级四场混合式编组站，其车场配置如图 1-3 所示。该站设备上的特点是上行调车系统设有双驼峰，可以实行双推双溜，峰下调车线与编发线并列，后者与驼峰溜放线直接相连，需要对两峰的作业进行合理分工。从该站行车量资料（见表 1-2）可以看出，上行调车系统的改编作业量较大，由 G、D 方向接入的改编车流，都发往 F 一个方向，出发列车都是顺驼峰方向，列车的编组作业基本上可与驼峰的解体过程结合起来，由于编发场位于一峰的同侧，列车编成后转线方便，并有利于组织坐编列车；另一方面，上行直通场机车出入段时，要与一峰相切，产生干扰，要求一峰的解体时间短些较好，根据以上这些条件，决定主体车流的解体作业由一峰担任，解体的列数较多，而每列的解体时间较短。同时，鉴于专用线和站修线位于二峰一侧，因此将分解钩数多、零散车流、暂时不用的车流由二峰担任解体作业，解体的列数较少，而每列的解体时间较长。采取这样的分工方法，既减少干扰，又使两个驼峰的作业量大体均衡。

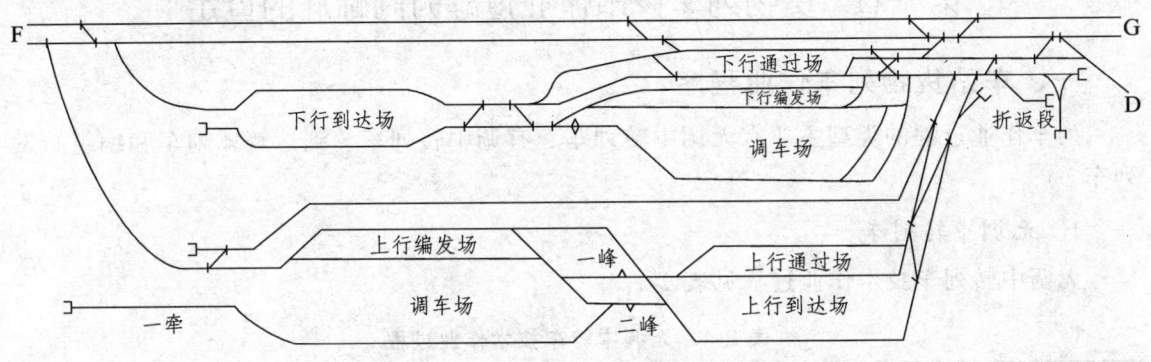

图 1-3 N 编组站平面布置图

N 站设备上的另一个特点是下行通过场靠近正线和机务段，对接发上下行的中转列车十分便利，但如果将全部中转列车都集中在该场接发，则到发线能力紧张，因此必须将一部分 G 方向的上行中转列车接入上行通过场。同时，将 D 方向的中转列车接入该场时，对全站的接发车工作干扰较少。

第二章 技术站作业过程时间标准的查定

第一节 货物列车技术作业过程时间标准的查定

一、车站货物列车作业程序

列车作业过程的类型主要有无调中转列车、有调中转列车、到达解体列车和编组始发列车。

1. 无调中转列车

无调中转列车技术作业过程见表2-1。

表2-1 无调中转车技术作业过程

顺序	作业项目	时间（min） 0
1	检测员、车号员、货检员、列尾作业员出动	
2	技术检修作业（包括摘、挂机车和试风）	
3	货运检查	
4	车号员核对现车、取送票据袋	
5	摘挂列尾主机	
6	准备发车及发车	
	作业总时间	

2. 有调中转列车

有调中转列车技术作业过程见表2-2。

表2-2 有调中转列车技术作业过程

顺序	作业项目	时间（min） 0
1	检测员、车号员、货检员、列尾作业员出动	
2	技术检修作业（包括摘、挂机车和试风）	
3	货运检查	
4	车号员核对现车、取送票据袋	
5	摘挂车辆	
6	摘挂列尾主机、准备发车及发车	
	作业总时间	

3. 到达解体列车

到达解体列车技术作业过程见表2-3。

表2-3　到达解体列车技术作业过程

顺序	作业项目	时间（min）0
1	检测员、车号员、货检员、列尾作业员出动	
2	技术检修作业（包括摘、挂机车和试风）	
3	货运检查	
4	车号员核对现车、取送票据袋	
5	摘挂列尾主机	
6	准备解体	
	作业总时间	

4. 编组始发列车

编组始发列车技术作业过程见表2-4。

表2-4　编组始发列车技术作业过程

顺序	作业项目	时间（min）0
1	检测员、车号员、货检员、列尾作业员出动	
2	技术检修作业（包括摘、挂机车和试风）	
3	货运检查	
4	车号员核对现车、取送票据袋	
5	安装列尾主机	
6	准备发车及发车	
	作业总时间	

二、列车技术作业时间标准的写实

1. 列车技术检修作业写实表

（1）格式及要求：格式如表2-5所示。该表适用于到达解体列车、编组始发列车及中转列车，车站可根据具体情况适当修改，不用的项目可不填写，但后面项目的时间和前面项目的时间要衔接上。因各站接发车方向不同，可按方向和作业组分别填写写实表。

表 2-5 列车技术检修作业写实表

方向　　　年　　月　　日　　班日（夜）班　　写实人：

车次	列车种类	车数	到达（编完）时刻	人数	出动时刻	到达试风			摘机车			检修			挂机车			出发试风			合计	备注
						起	止	计	起	止	计	起	止	计	起	止	计	起	止	计		
①	②	③	④	⑤	⑥	⑦	⑧	⑨	⑩	⑪	⑫	⑬	⑭	⑮	⑯	⑰	⑱	⑲	⑳	㉑	㉒	㉓

（2）填记说明：

①栏按实际车次填记。

②栏按直达、直通、区段、摘挂、小运转等类别填记。

③栏按到达或出发实际车数填记。

④栏按列车实际到达、车站通知编组完了时刻填记。

⑤栏为参加作业人数。

⑥栏为出务作业时刻。

⑦栏为列车开始试风时刻（始发列车⑦栏～⑫栏可不填写）。

⑧栏为试风完了摘开机车制动软管时刻。

⑨栏为⑧栏－⑦栏的时间。

⑩栏和⑧栏相同。

⑪栏为机车摘离后，线路两端最后安放脱轨器或防护信号时刻。

⑫栏为⑪栏－⑩栏的时间。

⑬栏和⑪栏相同（始发列车为线路两端开始安放脱轨器或防护信号时刻）。

⑭栏为技术检修完毕（包括使用长风管和管路试风），线路两端最后撤去脱轨器或防护信号时刻。

⑮栏为⑭栏－⑬栏的时间。

⑯栏和⑭栏相同。如不衔接，则为机车进入股道时刻。

⑰栏为挂好机车连接好制动软管，打开折角塞门时刻。

⑱栏为⑰栏－⑯栏的时间。

⑲栏和⑰栏相同。

⑳栏为试风完了时刻。

㉑栏为⑳栏－⑲栏的时间。

㉒栏为⑨栏＋⑫栏＋⑮栏＋⑱栏＋㉒栏－㉓栏时间。

㉓栏为作业中断原因和中断时间。

2. 车号员作业写实表

（1）格式及要求：格式如表2-6所示。车站可根据具体情况适当修改，不用的项目可不填写，但后面项目的时间和前面项目的时间要衔接上。因各站接发车方向不同，可按方向和作业组分别填写写实表。

表2-6 车号员作业写实表

方向　　　　年　　月　　日　　班日（夜）班　　写实人：

车次	列车种类	车数	到达（编完）时刻	出动时刻	取票据袋			核对现车			回车号室			编制编组顺序表			送票据袋			合计	备注
					起	止	计	起	止	计	起	止	计	起	止	计	起	止	计		
①	②	③	④	⑤	⑥	⑦	⑧	⑨	⑩	⑪	⑫	⑬	⑭	⑮	⑯	⑰	⑱	⑲	⑳	㉑	㉒

（2）填记说明：

①栏按实际车次填记。

②栏按直达、直通、区段、摘挂、小运转等类别填记。

③栏按到达或出发实际车数填记。

④栏为列车实际到达或编组完的时刻。

⑤栏为出务作业时刻。

⑥栏为到司机处领取票据袋时刻（始发列车无此项作业）。

⑦栏为和司机办完交接手续时刻。

⑧栏为⑦栏－⑥栏的时间。

⑨栏和⑦栏相同（无⑦栏时为核对现车开始时刻）。

⑩栏为现车核对完毕时刻。

⑪栏为⑩栏－⑨栏的时间。

⑫栏和⑩栏相同。

⑬栏为回到车号室时刻。

⑭栏为⑬栏－⑫栏的时间。

⑮栏和⑬栏相同。

⑯栏为列车编组顺序表写完，封好票据袋时刻。

⑰栏为⑯栏－⑮栏的时间。

⑱栏和⑯栏相同。

⑲栏为和司机办完票据袋交接手续时刻。
⑳栏为⑲栏－⑱栏的时间。
㉑栏为⑧栏＋⑪栏＋⑭栏＋⑰栏＋⑳栏－㉒栏时间。
㉒栏为作业中断原因和中断时间。

3. 货检员作业写实表

（1）格式及要求：格式如表 2-7 所示。车站可根据具体情况适当修改，不用的项目可不填写，但后面项目的时间和前面项目的时间要衔接上。因各站接发车方向不同，可按方向和作业组分别填写写实表。

表 2-7　货检员作业写实表

方向　　　年　　月　　日　　班日（夜）班　　写实人：

车次	列车种类	车数	到达（编完）时刻	出动时刻	货运检查			整理货物装载	
					起	止	计	时间	原因
①	②	③	④	⑤	⑥	⑦	⑧	⑨	⑩

（2）填记说明：
①栏按实际车次填记。
②栏按直达、直通、区段、摘挂、小运转等类别填记。
③栏按到达或出发实际车数填记。
④栏为列车实际到达或编组完了时刻。
⑤栏为出务作业时刻。
⑥栏为货运检查开始时刻。
⑦栏为货运检查终了时刻（包括处理和整理货物装载的时间）。
⑧栏为⑦栏－⑥栏－⑨栏的时间。
⑨栏为处理和整理货物装载的时间。
⑩栏为处理和整理货物装载的原因。

4. 列尾作业员写实表

（1）格式及要求：格式如表 2-8 所示。此表适用于安装列尾主机，摘取列尾主机，应按作业顺序填写。车站可根据具体情况适当修改，不用的项目可不填写，但后面项目的时间和前面项目的时间要衔接上。因各站接发车方向不同，可按方向和作业组分别填写写实表。

表 2-8　列尾作业写实表

方向　　　年　月　日　　班日（夜）班　　写实人：

车次	通知列车到达（编完）时刻	下达作业通知书时刻	交接列尾			出动路程			列尾作业			返回路程			合计	备注
			起	止	计	起	止	计	起	止	计	起	止	计		
①	②	③	④	⑤	⑥	⑦	⑧	⑨	⑩	⑪	⑫	⑬	⑭	⑮	⑯	⑰

（2）填记说明：

①栏按实际车次填记。

②栏为车站通知列尾值班室到达列车邻站开车或出发列车机车号码时刻。

③栏为列尾值班员下达列尾作业通知书时刻。

④栏为列尾作业员接收列尾作业通知书时刻（到达和⑭栏相同）。

⑤栏为领取列尾主机准备出动时刻（到达为交回列尾主机时刻）。

⑥栏为⑤栏－④栏的时间。

⑦栏出发和⑤栏相同（到达为列尾作业员接收列尾作业通知书时刻）。

⑧栏为到达作业地点开始挂或取列车主机时刻。

⑨栏为⑧栏－⑦栏的时间。

⑩栏和⑧栏相同。

⑪栏出发列车为列尾主机与机车确认"一对一"关系完了时刻（到达为取下列尾主机时刻）。

⑫栏为⑪栏－⑩栏的时间。

⑬栏和⑪栏相同。

⑭栏为返回列尾值班室时刻。

⑮栏为⑭栏－⑬栏的时间。

⑯栏为⑥栏＋⑨栏＋⑫栏＋⑮栏－⑰栏时间。

⑰栏为作业中断原因和中断时间。

5. **本务机车在车站作业写实表**

（1）到达机车在站作业写实表，格式如表 2-9 所示。

表 2-9　到达机车在站作业写实表

场别　　　年　月　日　　班　　　写实人：

车次	股道	到达时刻	试风			摘机车	走行时间					合计	备注
			开始	终了	计		起动	停车	返程起动	至闸楼	计		
①	②	③	④	⑤	⑥	⑦	⑧	⑨	⑩	⑪	⑫	⑬	⑭

填记说明：

①栏按实际车次填记。

②栏为占用股道号码。

③栏为实际到达时刻。

④栏为开始试风时刻。

⑤栏为试风完了摘开制动软管时刻。

⑥栏为⑤栏－④栏的时间。

⑦栏和⑤栏相同。

⑧栏为机车起动时刻。

⑨栏为返程入段而停车时刻。

⑩栏为返程起动时刻。

⑪栏为到机务段闸楼停车时刻。

⑫栏为⑪栏－⑧栏的时间。

⑬栏为⑪栏－③栏－⑭栏的时间。

⑭栏为作业中断原因和时间。

（2）出发机车在站作业写实表，格式如表 2-10 所示。

表 2-10 出发机车在站作业写实表

场别　　年　月　日　班　　　　　　写实人：

车次	股道	走行时间					试风			发车时刻	合计	附记
		由闸楼	停车	返程起动	挂头	计	起	止	计			
①	②	③	④	⑤	⑥	⑦	⑧	⑨	⑩	⑪	⑫	⑬

填记说明：

①栏按实际车次填记。

②栏为占用股道号码。

③栏为在闸楼登记时刻。

④栏为经空线走行后停车时刻。

⑤栏为返程起动时刻。

⑥栏为挂头前停车时刻。

⑦栏为⑥栏－③栏的时间。

⑧栏为挂上车列、接通制动软管时刻。

⑨栏为试完风时刻。

⑩栏为⑨栏－⑧栏的时间。

⑪栏为实际发车时刻。

⑫栏为⑪栏－③栏－⑬栏的时间。
⑬栏为作业中断原因和时间。

三、写实资料的分析汇总

1. 列车技术检修作业写实汇总表（格式见表2-11）

表 2-11　列车技术作业检修作业写实汇总表

方向

顺号	到达											出发									
	直货					摘小						直货					摘小					
	车次	时间				车次	时间					车次	时间				车次	时间				
		试风	摘机	检修	计		试风	摘机	检修	计			试风	摘机	检修	计		试风	摘机	检修	计
①	②	③	④	⑤	⑥	⑦	⑧	⑨	⑩	⑪		⑫	⑬	⑭	⑮	⑯	⑰	⑱	⑲	⑳	㉑

根据表2-5填写。

2. 车员号、货检员工作写实汇总表（格式见表2-12）

表 2-12　车号（货检）员写实汇总表

方向

顺号	到达				出发			
	直货		摘小		直货		摘小	
	车次	时间	车次	时间	车次	时间	车次	时间
①	②	③	④	⑤	⑥	⑦	⑧	⑨
1								
2								
合计								
平均								

根据表2-6、表2-7填记。

3. 列尾作业员写实汇总表（格式见表 2-13）

表 2-13 列尾作业员写实汇总表

方向

顺号	到达				出发			
	直货		摘小		直货		摘小	
	车次	去程时间	作业时间	合计	车次	作业时间	回程时间	合计
①	②	③	④	⑤	⑥	⑦	⑧	⑨
合计								
平均								

根据表 2-8 填记。

4. 到达机车在站作业时间汇总表（格式见表 2-14）。

表 2-14 到达机车在站作业时间汇总表

场别　　　　方向　　　　　年　月　日　班

车次	试风时间	摘机车时间	入段走行时间		合计	其中：等待时间
			直接入段	经空线入段		
①	②	③	④	⑤	⑥	⑦
合计						

根据表 2-9 填记。

填记说明：

①栏按实际车次填记。

②栏为表 2-9 之⑥栏。

③栏为表 2-9 之⑧栏－⑦栏的时间。

④栏为表 2-9 之⑪栏-⑧栏的时间，不含⑨栏、⑩栏。

⑤栏为表 2-9 之⑪栏－⑧栏的时间。

⑥栏为本表之②栏＋③栏＋④栏或⑤栏－⑦栏的时间。

⑦栏为表 2-9 之⑭栏合计。

5. 出发机车在站作业时间汇总表（格式见表 2-15）。

表 2-15　出发机车在站作业时间汇总表

场别＿＿＿＿＿方向＿＿＿＿＿年＿＿月＿＿日＿＿班＿＿

车次	出段走行时间		挂头时间	试风时间	合计	其中：等待时间
	直接挂头	经空线挂头				
①	②	③	④	⑤	⑥	⑦
合计						

根据表 2-10 填记。

填记说明：

①栏按实际车次填记。

②栏为表 2-9 之⑥栏－③栏的时间，不含④、⑤栏。

③栏为表 2-9 之⑥栏－③栏的时间。

④栏为表 2-9 之⑧栏－⑥栏的时间。

⑤栏为表 2-9 之⑩栏。

⑥栏为本表之②栏或③栏＋④栏＋⑤栏－⑦栏的时间。

⑦栏为表 2-10 之⑬栏合计。

6. 出入段机车在站作业时间标准

根据到达机车在站作业时间汇总表（见表 2-14）和出发机车在站作业时间汇总表（见表 2-15），就可以汇总计算出出入段机车在站作业的各项时间总计和平均每次作业时间，剔出不合理等待时间，即可做出出入段机车在站作业时间标准，如表 2-16 所示，应将全站各车场、各方向到达和出发机车在站作业标准汇总在本表内。

表 2-16　出入段机车在站作业时间标准

客或货	车场	方向	出　发				到　达			
			出库走行	挂头	试风	合计	试风	摘头	入库走行	合计

第二节 调车作业时间标准的查定

一、调车作业过程的查定

调车作业过程的查定,也就是各项调车作业时间标准的查定。调车作业时间标准的内容包括解体、编组、取送车、摘挂车组的时间标准。它是确定车辆停留时间、车站改编能力,正确计划和组织调车作业的重要依据。

(一)调车作业的主要内容

查定调车作业过程是通过调车机动态的写实来完成的。具体有以下作业项目:编组、解体、摘挂车组、取送车、站整、交接班、机车整备、吃饭等。

1. 编组作业

编组作业包括连挂、分解、转线、空钩四个单项作业过程:
(1)连挂是指调车机车将线路上的车辆逐次连接在一起的作业;
(2)分解是指按列车编组条件需要倒隔离、倒顺序时,采用推送法或溜放法进行分解的作业;
(3)转线是指调车机连挂好车列从调车场转往到发线(发车线)的作业;
(4)空钩是指调车机从发车线返回调车场进行下一项作业或返回等待作业地点的作业。

2. 解体作业

解体作业包括空钩、牵出、分解三个单项作业过程:
(1)空钩是指调车机从牵出线或等待作业地点至待解车列与其连挂的作业;
(2)牵出是指调车机将待解车列牵出至牵出线的作业;
(3)分解是指调车机由牵出线将待解车辆推送到预定线路警冲标内方摘下并返回牵出线的作业,或将待解车辆溜放到指定线路后机车停轮的作业。

3. 摘挂车组

摘挂车组按其性质分为补轴、减轴和换挂车组三个作业过程:
(1)补轴就是将调车作业计划规定的车组全部挑选完毕并连挂在列车上的作业。它包括挑选车组、挂车组和空钩三个单项作业:
① 挑选车组是指调车机将需补轴的车辆全部挑出并连挂在一起的作业;
② 挂车组是指调车机将挑出的车组连挂在列车上的作业;
③ 空钩是指调车机从到发线返回调车场进行下一项作业或返回等待作业地点的作业。
(2)减轴是按调车作业计划的要求将列车中部分车组摘下分解完毕的作业。它包括空钩、摘车组和分解三个单项作业:
① 空钩是指调车机从牵出线或等待作业地点至到发线连挂待减轴车组的作业;
② 摘车组是指调车机从到发线将所减车组牵至牵出线的作业;
③ 分解是指调车机将所减车组分解到调车场各线路内的作业。

4. 取车作业

取车作业包括去程走行、收集车辆、回程走行、分解四个单项作业过程:

（1）去程走行是指调车机由等待作业地点到指定的装卸地点的作业；
（2）收集车辆是指调车机将装卸地点的待取车辆全部挑出并连挂在一起的作业；
（3）回程走行是指调车机将待取车辆取回车场或牵出线等指定位置的作业；
（4）分解车组是指将取回车辆分解到调车场内指定线路的作业。

5. 送车作业

送车作业包括挑选车组、去程走行、倒车、对货位、回程走行五个单项作业过程：
（1）挑选车组是指调车机将待送车辆全部挑出并连挂在一起的作业；
（2）去程走行是指调车机将待送作业车送到指定的装卸地点的作业；
（3）倒车是指在货场或专用线内为对货位所进行的调车作业；
（4）对货位是指调车机在装卸地点将待装卸车对好货位的作业；
（5）回程走行是指调车机由装卸线返回车场或待业地点的作业。

6. 站 整

站整包括挂车、摘车两个单项作业过程：
（1）挂车是指调车机自牵出线或待业地点到线路内连挂车辆的作业；
（2）摘车是指调车机将车组推送或溜放至指定线路的作业。

（二）查定调车作业的注意事项

（1）分不同的调车区、不同的调车机来查定。
（2）按照调车作业性质（如解体、编组、取送等）、列车种类（如各类货物列车、小运转列车、摘挂列车等）进行查定。
（3）根据不同的计算单位确定不同的标准。在确定调车作业时间标准时，一般可分为单项作业时间标准和综合作业时间标准两类。调车钩分是指某一调车作业所需的时分，如：纵列式编组站驼峰解体作业可分为空程、推峰、溜放、送禁溜车等调车钩分。解体或编组作业以"列"为计算单位，取送作业以"次"为计算单位，调车机整备作业以"次"为计算单位。
（4）写实人员必须是熟悉站场设备和调车工作的人员。

（三）调车作业时间的分类

按工时性质的不同，调车作业时间可划分为以下三类：

1. 生产时间

生产时间是指调移车辆的纯生产时间，包括解体、编组、摘挂车组、取送车、站整等项作业时间。

2. 辅助生产时间

辅助生产时间是指为生产作准备工作必须消耗的时间，包括调车机车整备、调车组和机车乘务组交接班及吃饭时间等。

3. 非生产时间

非生产时间包括由于敌对进路交叉所产生的各种妨碍时间，以及等列检、等信号、等计划、等装卸等各种等待时间。

（四）调车作业写实方法

查定调车作业时间标准的方法，主要采用工作日写实法和单项作业写实法。工作日写实法是对几昼夜（一般为3昼夜）的调车作业有组织地进行连续写实，将调车作业的实际情况详细地记录在专门的表格中，然后分不同作业项目进行分析整理，确定各项作业时间标准。单项作业写实法是根据需要，对某项调车作业用写实方法单独记录其作业情况，然后据以确定其作业时间标准。在查定驼峰和牵出线各项调车作业时间标准时，一般采用工作日写实法；在查定货场、专用线取送车时间标准时，可采用单项作业写实法。

在进行工作日写实时，可采用《调车机动态写实表》，格式如表2-17所示。

表2-17　调车机动态写实表

班　　调　　　　　　　年　　月　　日　　　　　　　　写实者：

计划号	经由		流动时间	单项作业时间	作业项目	单项过程	股道	钩数	辆数 + -	备注
	由	至	起—止							
①	②	③	④	⑤	⑥	⑦	⑧	⑨	⑩	⑪
合　计										

填记说明：

①栏为调车作业通知单的计划号。

②、③栏为调车机车由何处至何处。

④栏为单项作业起止时刻。

⑤栏为该项作业的实际消耗时间，其值为④栏起止时刻之差。

⑥栏为综合作业项目，如解体、编组、取送车、站整等。

⑦栏为一个作业项目中单项作业过程，如推峰、分解、空钩、转线等。

⑧栏为作业股道。

⑨栏为编解车列的溜放或推送钩数。

⑩栏为本项作业"+"或"-"的辆数。

⑪栏为记录编解过程中各种特殊情况，如等待列检、等信号、作业中断、等计划原因和时间等。

写实记点应按"min"记，不足30 s尾数可略去，超过30 s按1 min记点。第④栏"流动时间"必须连贯，不能有中断，第⑤栏单项作业之和，应等于一个班的工作时间。

二、解体作业时间标准的查定

（一）牵出线解体列车的写实方法

牵出线调车作业集中反映在调车机动态上，因此牵出线写实只记录调车机车的动态即可。在牵出线上解体列车的时间，按下列四个单项过程进行采点：

（1）空程的采点时机以调车机由牵出线或待业地点起动时起至调车机进入到发线连挂好车列时止。调车机每挂一次计算一钩，如一车列分两次牵出则为两钩。

（2）牵出的采点时机以调车机进入到发线连挂好车列时起，至调车机将车列牵引到牵出线上开始解体时止。每牵出一次计算一钩。

（3）分解采用推送或溜放的采点时机因作业方式而不同。

推送是指调车机由牵出线将分解车辆送入预定线路警冲标内方摘下并返回牵出线的作业。采点时机以机车连挂车组由牵出线起动时（或溜出的前一车组进入警冲标内方）起，调车机将车组送入预定线路警冲标内方摘下，并返回牵出线停车时止为一钩时间。

溜放是指调车机溜放第一钩起动至最后一钩溜出后机车停轮的作业过程。采点时机以调车机溜放第一钩起动时起，至最后一钩溜出后机车停轮为止。如溜出车组妨碍下一钩作业时，则最后一钩的终了时间应算到溜出的车组进入警冲标内方不妨碍作业时为止。在溜放过程中，由于牵出线或其他原因，溜出几钩后需要后退回拉，为继续溜放创造条件，这项时间也计在溜放时间内，不单独记回拉时间。

在写实中应将解体列车辆数、车次记清楚，当遇到一列车由两端牵出线同时进行分部解体，每条牵出线解体的列车不是整列时，则应分别记明全列编成辆数和实际调动辆数，以便计算解体该次列车的时间和解体的折合列数。

当解体同时进行编组，则不论解体过程中为编组列车进行何种准备工作，都算作解体时间。

备注中在记明特殊原因时，应将时间、地点、原因写清楚，一方面可以找出作业组织效率低的原因，另外在计算牵出线改编能力时，可以找出作业妨碍时间。

以上的采点均是延续性的，上一项作业的结束，应当是下一项作业的开始。

（二）牵出线解体作业写实资料的整理和分析

将调车机动态写实表中记录解体各次列车的单项作业时间及钩数逐项摘录填入表2-18中，通过分析将过长、过短的作业时间和不合理的等待时间予以剔除，然后按调车机车别、列车种类别将3天的资料汇总在表2-19中，求得各单项过程的平均值，最后据此分别确定各方向、各种列车的解体时间标准。

表2-18　牵出线解体时间分析表

月　日　　　　　　　　　　　　　　　　　　　　　　　　　　分析者：

方向	车次	列车种类	全列辆数	调动辆数	折合列数	解体时间	空钩		牵出		溜放		推送		等待		附注
							钩数	时间	钩数	时间	钩数	时间	钩数	时间	时间	原因	
①	②	③	④	⑤	⑥	⑦	⑧	⑨	⑩	⑪	⑫	⑬	⑭	⑮	⑯	⑰	⑱

注：第⑥栏折合列数=调动辆数/全列辆数；第⑦栏解体时间=⑨栏+⑪栏+⑬栏+⑮栏+⑯栏；对不合理的等待时间应剔除。

表 2-19 列车解体时间分析汇总及标准表

月	日	项目 种类 调别	解体总列数	总辆数	总调动辆数	折合列数	解体总时间	每列解体平均时间	总钩数	每列平均钩数	每钩平均辆数	空钩 钩数	空钩 时间	空钩 每列平均钩数	空钩 每钩平均时间	牵出 钩数	牵出 时间	牵出 每列平均钩数	牵出 每钩平均时间	溜放 钩数	溜放 时间	溜放 每列平均钩数	溜放 每钩平均时间	推送 钩数	推送 时间	推送 每列平均钩数	推送 每钩平均时间	等待 时间	等待 每列平摊时间	钩辆分	解体时间标准
		①	②	③	④	⑤	⑥	⑦	⑧	⑨	⑩	⑪	⑫	⑬	⑭	⑮	⑯	⑰	⑱	⑲	⑳	㉑	㉒	㉓	㉔	㉕	㉖	㉗	㉘	㉙	㉚	㉛
		直货																													
		二调 摘小																													
		计																													

注：⑥栏=⑤栏÷④栏×⑧栏；⑦栏=⑬栏+⑰栏+㉑栏+㉕栏+㉘栏；⑧栏=⑦栏÷⑥栏；⑭栏=⑫栏÷⑥栏；⑮栏=⑬栏÷⑫栏；以此类推。

对于两端牵出线同时进行解体作业的，为了计算车辆停留时间中的解体时间，必须考虑解体时间的重叠现象，为此还必须对列车解体作业按车次进行单独汇总与统计，求出两端作业的延续时间，如表2-20所示。

表2-20　两端解体作业时间统计表

月　日　　　　　　　　　　　　　　　　　　　　　　　　　　分析者：

月日	方向	作业性质	车次	调别	全列辆数	实际作业辆数	按全列折合列数	按实际作业的折合列数	时刻		两端作业的延续时间	备注
									开始	完了		
①	②	③	④	⑤	⑥	⑦	⑧	⑨	⑩	⑪	⑫	⑬

注：⑧栏＝⑦栏/⑥栏；⑨栏＝⑦栏1调或2调/(⑦栏1调＋⑦栏2调)；⑫栏指本列车从开始解体至解体完了的时间。

（三）驼峰解体车列的写实与分析汇总

驼峰调车作业时间标准是确定车辆在站停留时间、车站改编能力以及日常组织调车作业的主要依据。正确地查定驼峰解体作业时间标准，能够总结调车工作中的经验，发现薄弱环节，挖掘调车潜力，改进调车工作组织，不断提高工作效率。

1. 驼峰解体单项作业过程及采点方法

（1）单项作业过程：驼峰解体分为三个单项作业过程，即空程、推峰、分解（溜放、经迂回线推送、送禁溜线）。

（2）采点方法：

① 空钩是指调车机由峰顶机车待业地点起动时起至到发场×道挂好车列牵引试拉完毕时止；

② 推峰是指机车开始推峰起动时起，至被解体的车列第一钩（辆）到达峰顶分解开始时止；

③ 分解是指被解体的车列第一钩（辆）分解开始时起，至将所有车辆溜放完止；

④ 推送下峰或经迂回线下峰是指被推送车辆由峰顶起动时起，至将分解的车辆送入预定线路警冲标内方摘下并返回峰顶开始下一钩作业时止。

送禁溜线、推峰时接发列车妨碍时间都应详细填写，因为这些时间都要平均分摊到每个车列上。

2. 调车机动态写实要求及说明

（1）驼峰调车机写实使用见表2-17；

（2）驼峰调车机写实说明：

调车计划单中的到达场用"DD"表示,编组场用"BZ"表示,峰顶用"∧"表示,车辆不宜过峰需经迂回线用"YH"表示,车辆禁止溜放用"JL"表示。

某站一批计划的写实与整理汇总的实例,见例2-1、例2-2。

【例 2-1】 调车作业通知单

7月15日　3调　1号 计划。

解体:自9:15至10:30

顺号	场别线路	挂车	摘车	记事
1	YC2			D-X
2	DD5	38		解81207次
3	BZ23		1	
4	15		2	
5	19		1	
6	5		1	
7	15		1	YH3245678
8	19		3	
9	16		6	
10	15		8	
11	3		10	
12	15		2	JL3421271
13	5		3	
14	DD3			D-X
15	DD4	45		解45243
16	BZ3		5	
17	15		8	
18	18		9	
19	3		6	
20	13		4	
21	3		13	编30146次
22				等计划
23				
24				
25				

— 30 —

【例 2-2】 驼峰调车机车动态写实表。

7月15日　　　　甲　班　　　　　　　　2 调

地点		流动时间	单项作	作业	单项	辆数	钩数	备注
由	至	起一止	业时间	项目	过程			
		9:00—9:15	15					点名交接班
		9:15—9:25	10					传达计划
∧	DD5	9:25—9:28	3	解体	空程			解 81207/38 辆
DD5	∧	9:28—9:40	12		推峰			等信号 6min
∧	23	9:40—9:42	2		分解	1	1	
∧	15	9:42—9:43	1		分解	2	1	
∧	19	9:43—9:44	1		分解	1	1	
∧	5	9:44—9:46	2		分解	1	1	
∧	15	9:46—9:52	6		推送	1	1	走迁回线
∧	19	9:52—9:54	2		分解	3	1	
∧	16	9:54—9:55	1		分解	6	1	
∧	15	9:55—9:57	2		分解	8	1	
∧	3	9:57—9:58	1		分解	10	1	
∧	JL 线	9:58—10:00	2		推送	2	1	送禁溜线
∧	5	10:00—10:01	1		分解	3	1	
∧	DD	10:01—10:04	3	解体	空程			解 45243/45 辆
DD	∧	10:04—10:10	6		推峰			
∧	3	10:10—10:12	2		分解	5	1	
∧	15	10:12—10:13	1		分解	8	1	
∧	18	10:13—10:14	1		分解	9	1	
∧	3	10:14—10:15	1		分解	6	1	
∧	13	10:15—10:20	5		分解	4	1	停车调闸 3min
∧	3	10:20—10:22	2		分解	13	1	编 30146/36 辆
		10:22—11:20	58					等计划（待业）
		9:00—11:20	140					

3. 分析及整理

根据[例 2-2]的写实表，分析确定出空钩走行时间、推峰时间、分解时间、送禁溜线时间及妨碍时间。该例中 9:00—11:20（解体）共计 140 min。其中：

（1）点名交接班传达计划 25 min；
（2）空钩走行 2 钩 6 min；
（3）推峰 2 次 12 min；
（4）推送 1 钩 6 min；
（5）分解 15 钩 25 min（含调闸 3 min）；
（6）送禁溜线 1 钩 2 min；
（7）妨碍 1 次（等信号）6 min；
（8）等计划（等待作业）58 min。

根据以上分析整理，可填写出表 2-21。

表 2-21 驼峰机车解体作业时间分析表

月　　日　　班　　调

方向	车次	列车种类	解体辆数	解体时间							附注生产时间		非生产时间		备注
				总计	空钩走行	推峰时间	分解		送禁溜车						
							钩数	时间	钩数	占用驼峰时间	项目	时间	项目	时间	
①	②	③	④	⑤	⑥	⑦	⑧	⑨	⑩	⑪	⑫	⑬	⑭	⑮	⑯
											交接班	20			
											传达计划	5			
甲	81207	直货	38	30	3	5	10	19	1	2			等信号	6	
甲	45243	摘小	45	21	3	6	6	12					等待作业	58	
合计			83	51	6	12	16	31	1	2		25		64	

注：分解中含推送 1 钩 6 min。

三、编组作业时间标准的查定

1. 编组作业时间标准的写实与采点

牵出线上进行编组作业，只对调车机动态进行写实，写实时采用表 2-23。编组列车的作业时间，不论是纵列式驼峰尾部牵出线或横列式车站的牵出线上，均可按下列4个单项过程采点：

（1）连挂采点时机从调车机自待业地点起动时起，至将全部所需选编车辆连挂成车列为止。连挂一股道算一钩，若将两股道的车组连挂成一车列时，则按两钩计算。

（2）分解的采点时机与解体作业中的溜放和推送一样。

（3）转线的采点时机自调车机由调车场牵引车列起动时起，至将车列转至到发线（发车线）警冲标内方停妥时止。转线一次算一钩，若一列车分两次转线时则按两钩计算。

（4）空钩的采点时机自调车机由到发线（发车线）摘挂起动时起，至返回待业地点或进行下一项作业时止。

在编组作业写实的过程中，应注意区分各单项作业过程之间的界限，尤其是对分解与连挂两种单项作业过程的界限，在调车场内为倒编组顺序将车列拆散的时间属于分解时间，将股道内的车组连挂在一起的时间属于连挂时间。

在编组作业写实过程中，同样要注意时间的延续性，写实一昼夜的工作单项作业时间、辅助作业时间和非生产时间之和必须为 1440 min。

2. 牵出线编组作业写实资料的整理与分析

编组作业写实资料的整理与分析仍与解体作业一样，将调车机动态写实表中记录编组各次列车的单项作业时间及钩数逐项摘录填入表2-22中，通过分析将过长、过短的作业时间和不合理的等待时间予以剔除，然后按调车机别、列车种类别将 3 天的资料汇总于表 2-23 中，计算出各单项作业过程的平均值，据此分别确定各方向各种列车的编组时间标准。

对于两端同时进行编组作业的牵出线，为了计算车辆停留时间中的编组时间，必须考虑解体时间的重叠现象，为此还必须对列车编组作业按车次进行单独汇总统计，求出两端作业的延续时间，格式如表 2-24 所示。

表 2-22　牵出线编组时间分析表

月　　日　　班　调　　　　　　　　　　　　　分析者：

方向	车次	列车种类	全列辆数	调动辆数	折合列数	编组时间	连挂		分解				转线				空钩		等待		附注
									推送		溜放		推送		溜放						
							钩数	时间	钩数	时间	钩数	时间	钩数	时间	钩数	时间	钩数	时间	时间	原因	
①	②	③	④	⑤	⑥	⑦	⑧	⑨	⑩	⑪	⑫	⑬	⑭	⑮	⑯	⑰	⑱	⑲	⑳	㉑	㉓

注：表中第⑦栏=⑨栏+⑪栏+⑫栏+⑮栏+⑰栏+⑲栏+⑳栏。

表 2-23　列车编组时间分析汇总及标准表

月　　日　　　　　　　　　　　　　　　　　　　　　　　　　　　　　　　　分析者：

项目\种类	编组总列数	总辆数	总调动辆数	折合列数	编组总时间	每列编组平均时间	总钩数	每列平均钩数	每钩平均辆数	连挂			溜放			分解推送			转线（推送）			空钩			等待		分钩	编组时间标准
										钩数	时间	每列平均钩数	每钩平均时间	钩数	时间	每列平均钩数	每钩平均时间	钩数	时间	每列平均钩数	每钩平均时间	钩数	时间	每列平均钩数	每钩平均时间	时间	每列分摊时间		
调别	②	③	④	⑤	⑥	⑦	⑧	⑨	⑩	⑪	⑫	⑬	⑭	⑮	⑯	⑰	⑱	⑲	⑳	㉑	㉒	㉓	㉔	㉕	㉖	㉗	㉘	㉙	㉚	㉛	㉜	㉝	㉞	㉟
①																																		

注：⑥栏=⑤栏(④栏×3栏；⑦栏=⑬栏+⑰栏+㉑栏+㉕栏+㉙栏+㉜栏；
⑧栏=⑦栏÷⑥栏；⑨栏=⑫栏+⑯栏+⑳栏+㉔栏+㉘栏；⑩栏=⑨栏÷⑥栏；⑪栏=④栏÷⑫栏，以此类推。

表 2-24　两端编组作业时间统计表

月　　　日　　　　　　　　　　　　　　　　　　　　分析者：

月日	方向	作业性质	车次	调别	全列辆数	实际作业辆数	按全列折合列数	时间		两端作业的延续时间	备注
								开始	完了		
①	②	③	④	⑤	⑥	⑦	⑧	⑨	⑩	⑪	⑫

四、取送作业时间标准的查定

1. 写实和采点方法

取送作业时间的写实，是对调车机担当各地点（货场、专用线、段管线等）作业车取送时间的写实。

根据各站作业性质和实际条件，取车可分去程走行、收集车辆、回程走行、分解 4 个单项作业过程。各单项作业的采点方法如下：

（1）去程走行的采点时机自调车机由等待作业地点（牵出线或完成某项作业后）起动时起，至到达指定取车地点停车时止（去专用线包括开大门时间）；

（2）收集车辆的采点时机自调车机一度停车时起，至待取车辆全部挑完和连挂完毕为止；

（3）回程走行的采点时机自调车机车与待取车辆全部连挂在一起时起，至将车辆取回到指定位置或牵出线准备分解时止；

（4）分解车组的采点时机自取回车辆在指定线路准备分解时起，至将全部车辆分解完毕返回待业地点或开始下一项作业时止。如有计划地以取回的车组参加编组作业时，等待作此项作业的时间仍应计入取送车作业的时间内。

根据车站的性质和实际情况，送车作业可分为挑选车组、去程走行、倒车、对货位、回程走行 5 个单项过程。各项过程的采点时机如下：

（1）挑选车组的采点时机自调车机由牵出线或等待作业地点时起，至将待送车辆全部挑选完毕连挂在一起时止；

（2）去程走行的采点时机自调车机挂好待送车组时起，至将车组送到装卸车地点时止（去专用线时包括开大门的时间）；

（3）倒车的采点时机自调车机到达装卸车地点后停车时起，至开始对货位时止；

（4）对货位的采点时机自倒车作业完了时起，至对好货位摘开机车时止；

（5）回程走行的采点时机自调车机摘开机车时起，至返回车场或等待作业地点停轮时止。

以上是送车作业中常见的单项作业过程。另外，根据车站的站场或作业性质，还存在调移车辆和调车机车转头等作业项目。

调移车辆是将卸空的空车从卸车地点调送到另一个装车地点的作业过程，其作业过程中包括挑车和取车、送车走行时间。查该项作业的目的是为了计算双重货物作业车的停留时间。有些车站取送车地点是尽头线路，调车机不能"转头"，在送车前或取车后要在站内"转头"。其采点时机自调车机车由"转头"地点起动时起，至"转头"完毕挂上车组时止。这一项根据实际也可不单独列为一项，直接计入去程走行或回程走行。

在进行取送车作业写实时，应注意以下几点：

（1）在取送车过程中，应注意区别各项作业时间延续性的界限。应当将调车的钩数、车数以及等开门、等计划、等装卸、等信号等各种中断时间的原因详细记录。

（2）在取送车作业中，对作业车进行连取带送时，应分清两者的界限。送车时间为车组送入装卸作业地点对好货位的时间；取车时间为调车机再起动进入另一装卸地点取车或收集车辆的时间；在作业中带有车辆取车时，其所用的时间列为取车作业时间。

（3）根据作业的性质，在取送车写实的过程中，按实际作业项目采点。

2. 资料的整理与分析

先将调车机动态写实表中关于取送车的资料，按取送车不同地点以次数摘录于表2-25中并进行分析，然后按取送地点汇总于表2-26，并计算平均值，最后确定出各地点的取车标准和送车标准。

在进行资料整理与分析时，因存在既送又取、取送结合，确定各地点的取车标准和送车标准时，将取送车中每一单项作业按次数求出平均值，得出取车标准和送车标准。

表 2-25　取送车作业分析表

月　　　日　　　　　　　　　　　　　　　　　　　　　　　　分析者：

地点	第几次	辆数	送车							地点	第几次	辆数	取车						备注
			挑选车组		去程走行时间	倒车		对货位时间	回程走行时间	备注				去程走行时间	收集车辆		回程走行时间	分解车辆		
			钩数	时间		钩数	时间								钩数	时间		钩数	时间	
①	②	③	④	⑤	⑥	⑦	⑧	⑨	⑩	⑪	⑫	⑬	⑭	⑮	⑯	⑰	⑱	⑲	⑳	㉑

表 2-26 取送车作业汇总及标准表

月　　日　　　　　　　　　　　　　　　　　　　　　　　　　　　　　　　　　　分析者：

调别	地点	次数	辆数	挑选车组			送车 去程走行时间	倒车			对货位时间	回程走行时间	合计	调别	地点	次数	辆数	去程走行时间	取车 收集车辆			回程走行时间	分解车辆			合计
				钩数	时间	钩分		钩数	时间	钩分									钩数	时间	钩分		钩数	时间	钩分	
①	②	③	④	⑤	⑥	⑦	⑧	⑨	⑩	⑪	⑫	⑬	⑭	⑮	⑯	⑰	⑱	⑲	⑳	㉑	㉒	㉓	㉔	㉕	㉖	㉗
一次平均														一次平均												
标准														标准												

五、摘挂车作业时间标准的查定

根据车站的技术作业性质和实际情况，部分改编中转列车需要在到发场进行摘挂车作业。摘挂车作业按其性质分为变更列车重量、换挂车组两种。

现分述一下以上两种摘挂车的写实与采点方法。占用牵出线进行摘挂作业，只对调车机动态进行写实。

1. **变更列车重量**

变更列车重量分补轴与减轴两种。

补轴分为挑选车组、挂车组、空钩3个单项作业过程：

（1）挑选车组的采点时机自调车机由牵出线或等待作业地点起动时起，至将补轴车辆全部挑选完毕并连挂在一起并牵引起动时止；

（2）挂车组的采点时机自调车机由调车场牵引挑选的车组起动时起，至将挑选车组转至到发线（发车线）并连挂在需补轴的车列并开始摘钩时止；

（3）空钩的采点时机自调车机由到发线（发车线）摘钩起动时起，至返回等待作业地点或进行下一项作业时止。

减轴分为空钩、摘车组、分解车组3个单项作业过程：

（1）空钩的采点时机自调车机由牵出线或等待作业地点起动时起，至调车机进入到发线连挂好待减轴车组时止；

（2）摘车组的采点时机自调车机连挂好待减车组时起，至调车机将所减车组牵引到牵出线上开始解体时止；

（3）分解车组的采点时机与解体列车相同。

2. **换挂车组**

换挂车组按减轴和补轴两项作业过程采点。

3. **变更列车运行方向**

列车变更运行方向，需首尾车组互换作业时，按摘车和挂车作业过程采点。

此外，还有扣修车、客车的摘挂作业等，亦属于摘挂调车作业，其采点方法与变更列车重量的采点方法相同。

4. **资料的整理与分析**

将调车机动态写实表中记录摘挂作业的单项作业时间及钩数，逐项摘录填入表2-27中，通过分析将过长、过短的作业时间和不合理的等待时间予以剔除，并将3天的资料汇总并求得各单项作业过程的平均值，最后据此确定摘挂车作业时间标准，如表2-28所示。

表 2-27 有调中转列车调车作业分析表

月　　　日　　　　　　　　　　　　　　　　　　　　　　　　　　分析者：

车次	补轴						车次	减轴						甩扣修车		等待		备注
	挑选车组		挂车		空钩			空钩		摘车		分解						
	钩数	时间	钩数	时间	钩数	时间		钩数	时间	钩数	时间	钩数	时间	次数	时间	时间	原因	
①	②	③	④	⑤	⑥	⑦	⑧	⑨	⑩	⑪	⑫	⑬	⑭	⑮	⑯	⑰	⑱	⑲

表 2-28 有调中转列车调车作业时间汇总及标准表

月　　　日　　　　　　　　　　　　　　　　　　　　　　　　　　分析者：

调别	次数	时间	补轴							次数	时间	减轴						甩扣修车		备注
			挑选车		挂车		空钩					空钩		摘车		分解				
			钩数	时间	钩数	时间	钩数	时间				钩数	时间	钩数	时间	钩数	时间	次数	时间	
①	②	③	④	⑤	⑥	⑦	⑧	⑨		⑩	⑪	⑫	⑬	⑭	⑮	⑯	⑰	⑱	⑲	⑳
平均每次																				
标准										标准										

注：③栏＝⑤栏＋⑦栏＋⑨栏；
　　⑪栏＝⑬栏＋⑮栏＋⑰栏。

六、其他生产时间的查定

在实际工作中，调车机还进行站整等其他作业，各站实际情况不一样，其项目也不一样。在资料汇总分析时，将其他生产时间项目，从调车机动态写实表中摘录到表 2-29《调车机其他生产时间分析汇总表》中，并汇总 3 天，计算出每一天各项作业的次数及每次作业的平均时间。

站整分为挂车与摘车两种。

挂车的采点时机自调车机由待业地点（或牵出线）起动时起，至调车机将车辆牵至牵出线开始下一项作业时止。

摘车的采点时机自调车机由牵出线动车时起，至将车组推送或溜放到指定的线路后，返回等待作业地点或开始下一项作业时止。

表 2-29 调车机其他生产时间分析汇总表

月　　日　　　　　　　　　　　　　　　　　　　　　　　　分析者：

项目 调别	站整					调移				其他			
	次数	辆数	钩数	时间	每次平均时间	次数	辆数	时间	平均时间	次数	辆数	时间	平均时间
①	②	③	④	⑤	⑥	⑦	⑧	⑨	⑩	⑪	⑫	⑬	⑭

七、辅助生产时间和非生产时间标准的查定

辅助生产时间包括交接班、机车整备、调车组吃饭、传达计划等项目时间，按调车机别分别统计分析。在表 2-30 的“交接班”一栏，分别记明司机及调车组交接班时间，取其中最早开始交接班与最后接班完了的时间为交接班时间。先将辅助生产时间项目从调车机动态写实表中摘录到表 2-31（调车机辅助生产时间汇总表）中，最后计算出一天平均各项作业的次数及每次作业的平均时间。

表 2-30 调车辅助生产时间分析表

月　　日　　　　　　　　　　　　　　　　　　　　　　　　分析者：

交接班					吃饭	整备			取、传达计划		备注
司机		调车组		时间		去程	整备	回程	次数	时间	
接班	完了	接班	完了								
①	②	③	④	⑤	⑥	⑦	⑧	⑨	⑩	⑪	⑫

表 2-31 调车机辅助生产时间汇总表

月　　日　　　　　　　　　　　　　　　　　　　　　　　　分析者：

调别	交接班			吃饭			整备			取、传达计划			备注
	次数	时间	平均	次数	时间	平均	次数	时间	平均	次数	时间	平均	
①	②	③	④	⑤	⑥	⑦	⑧	⑨	⑩	⑪	⑫	⑬	⑭

非生产时间包括妨碍时间以及等列检、等信号、等计划、等装卸各项等待时间，在汇总时，先将非生产时间从调车机动态写实表中摘录到表 2-32（非生产时间分析汇总表）中，最后计算出一天平均各项作业的次数及每次作业的平均时间。

表 2-32 非生产时间分析汇总表

月　　日　　　　　　　　　　　　　　　　　　　　　　　　　　　　分析者：

调别	妨碍时间									等待时间										备注
	列车到达			列车出发			机车出段			等列检			待计划			等装载				
	次数	时间	平均	次数	时间	平均	次数	时间	平均	次数	时间	平均	次数	时间	平均	次数	时间	平均		
①	②	③	④	⑤	⑥	⑦	⑧	⑨	⑩	⑪	⑫	⑬	⑭	⑮	⑯	⑰	⑱	⑲		⑳
总计																				
一天平均																				

八、调车机各项作业时间的汇总

将各项作业时间按工时性质（生产时间、辅助生产时间及非生产时间）汇总到表 2-33 中。统计时，调车机 3 天中各项作业时间一定等于 4320 min，每天为 1440 min。

表 2-33 3 天调车机车各项作业时间汇总表

月　　日　　　　　　　　　　　　　　　　　　　　　　　　　　　　分析者：

调别	项目班次	生产时间							辅助生产时间						非生产时间						总计
		编组	解体	摘挂	站场取整	货场取送	各专用线取送	其他	合计	交接班	吃饭	整备		取传达计划	合计	妨碍时间	等待时间				合计	
													往返走行	整备				等计划	等列检	待业	其他		
①	②	③	④	⑤	⑥	⑦	⑧	⑨	⑩	⑪	⑫	⑬	⑭	⑮	⑯	⑰	⑱	⑲	⑳	㉑	㉒	㉓
平均每天																						

注：⑱栏中等计划是纯等计划时间，不含取、传达计划。

第三节 车辆集结过程时间标准的查定

车辆集结时间是技术站（尤其是编组站）车辆停留时间的主要组成因素，也是编制全路或区域列车编组计划考虑各编组站合理分工的重要因素。

集结时间的大小，一方面取决于一些客观因素，如列车编组辆数的多少，车流配合到达情况；另一方面也取决于许多主观因素，如车站组织工作水平，组织超轴列车等。

查定车辆集结时间应选定车流较稳定的 3~10 天为宜。

查定车辆集结时间有两种方法，一种是按车流的客观集结时间；另一种以车辆调入调车场集结确定集结时间。一般情况采用第一种较为方便。

车列的集结有两种不同情况，一种是直达、直通、区段列车，必须集结满轴开车；另一种是不需要集结满轴，按图定时刻即可开车，减去到达、出发技检作业、编组、解体时间，即可推算出集结结束时间。

查定车辆集结时间，应按列车编组计划规定的每个去向分别使用表 2-34 查定。

按每列到达的时间进行登记，够一列时即为集结结束时间，到最近适合发车的车次的发车时间即为待发时间，除发出的车流外，剩余部分继续集结到下一列车集结结束。

表 2-34 A 去向车辆集结时间、待发时间查定表

到达车次	到达时刻	到达车数	开出车数	集结车数	间隔时分	集结车分	能发时刻	适合车次	发车时刻	待发时分	待发车分
①	②	③	④	⑤	⑥	⑦	⑧	⑨	⑩	⑪	⑫
18 时结存				40	30	1200					
26002	18：30	15	50	5	20	100	19：40	26052	20：10	30	1500
26010	18：50	13		18	25	450					
26012	19：15	20		38	75	2850					
26016	20：30	5		43	30	1290					
本站装车	21：00	4		47	40	1880					
30104	21：40	3	50	50	15		22：10	30102	22：40	30	1500
5 天合计			1050			132 150					7530

注：① 根据车站综合统计表填记。
② 列车的编成辆数要满足列车运行图的要求。
③ 适合车次、发车时刻均按列车运行图执行。

例如，按照表 2-34 的资料，根据列车运行图的技术要求，A 去向每列编成的辆数为 50 辆，第一个列车 26002 次在 18:30 到达后，集结的车辆已满足开行列车的条件。再加上列车在本站的到达技检、解体、编组、发车技检时间（本例为 1 h 10 min），即为能发时刻。按运行图最近的列车为 26052 次。在剩余车流没有开行列车的条件下，其填写方法如下：

18:00 结存 40 车，每车停留时间 30 min。

$$40 \text{ 车} \times 30 \text{ 分} = 1200 \text{ 车分}$$

26002 次到达 15 车，其中 10 车没有集结时间，剩余 5 车集结时间是 20 min，即：

$$5 \text{ 车} \times 20 \text{ 分} = 100 \text{ 车分}$$

此时集结车辆已满足开行列车的条件，加上本站作业时间 1 h 10 min，能发时刻为 19:40，根据列车运行图，适合开行 26052 次，待发时分为 30 min，开出车数 50 车：

$$50 \text{ 车} \times 30 \text{ 分} = 1500 \text{ 车分}$$

26010 次到达 13 车加上剩余 5 车，该去向共有 18 车：

$$18 \text{ 车} \times 25 \text{ 分} = 450 \text{ 车分}$$

26012 次到达 20 车，该去向共有 38 车：

$$38 \text{ 车} \times 75 \text{ 分} = 2850 \text{ 车分}$$

26016 次到达 5 车，该去向共有 43 车：

$$43 \text{ 车} \times 30 \text{ 分} = 1290 \text{ 车分}$$

本车站装车 4 车，该去向共有 47 车：

$$47 \text{ 车} \times 40 \text{ 分} = 1880 \text{ 车分}$$

30104 次到达 3 车，该去向共有 50 车，该去向的车辆集结完了，根据列车运行图，适合开行 30102 次，待发时分 30 分，开出车数 50 车：

$$50 \text{ 车} \times 30 \text{ 分} = 1500 \text{ 车分}$$

此时，集结车辆中断，集结时分为零，根据此方法推算出车站 5 天该去向集结停留时间的总和。按照表 2-35 的方法推断出各方向车辆集结时间和待发时间，然后汇总，计算出站平均集结时间和待发时间，如表 2-35 所示。

表 2-35 集结时间、待发时间、集结参数计算表

顺号	去向	车数	列数	平均编成	集结车分	每列集结时间	集结参数 C	待发车分	待发平均
1	A	1050	21	50	132150	126	$C = \dfrac{132\,150}{50 \times 5 \times 60} = 8.8$	86702	83
2	B	967	17	51	112300	130	$C = \dfrac{112\,300}{51 \times 5 \times 60} = 7.3$	57610	60
3	C	1325	25	53	160750	121.3	$C = \dfrac{160\,750}{53 \times 5 \times 60} = 10.1$	98205	74
4	D	1196	23	52	126020	105	$C = \dfrac{126\,020}{52 \times 5 \times 60} = 8.1$	79886	67
5	摘挂	160	4	40	68012	425	$C = \dfrac{68\,012}{40 \times 5 \times 60} = 5.7$	0	0
6	合计	4698	90	52	599232	128	$C_{平均} = 8.5$	322403	69

注：本表日数为 5。

集结参数 C 的计算公式：

$$C = 查定期间集结车分之和/(编成辆数 \times 查定日数 \times 60 分)$$
$$= 平均每日集结车分/(编成辆数 \times 60 分)$$

除分别计算每个去向的集结参数外，还应计算全站除摘挂、小运转以外的全部集结参数。编成辆数可采用加权平均法确定。

推算集结时间时要注意：

（1）列车车次及到发时刻，到达列车按照实际统计，出发列车按列车运行图统计。

（2）已集结满轴的车列不计算集结车分，但计算待发车分。

（3）各去向集结车分的总数计算到统计期间的最后一日 18 点。

（4）参加集结的总车数，如果把计算期间开始的 18 点结存车数计算在内，则最后一日期末 18 点结存车数就不应该计算在内。

（5）在考虑待发时间时，首先应根据中转列车到达时刻确定中转列车出发的运行线，如自编始发列车的适合出发车次与中转列车相抵触时，则应选次一车次。

（6）本站装车所用的空车，应根据实际记录，从到达空车中剔除。

第四节 车辆停留时间标准的查定

一、有调中转车停留时间标准

有调中转车停留时间标准包括到达技术检修时间、待解时间、解体时间（含转场时间）、集结时间、待编时间、编组时间（含转场时间）、出发技术检修时间，以上各项均取自查标定出的各项标准，还有一些无技术标准的如等待到达技检、等待解体、等待出发技检、等待出发等时间，可采用写实方法，收集数据，再剔除不合理因素，确定合理的、必要的附加等待时间标准，再加上各项作业时间标准，即为有调中转车停留时间标准。写实方法如下：

1. 待检、待解时间写实表（见表 2-36）

表 2-36 待检、待解时间写实表

车次	到达时刻	技检		解体		待检		待解		$t_{待解}$
		起	止	起	止	时间	原因	时间	原因	
①	②	③	④	⑤	⑥	⑦	⑧	⑨	⑩	⑪
合计										

产生待解时间的原因主要与列车密集到达、列检组数、交接班、吃饭、整备等原因有关。特殊情况下，调车机的运用效率降低或出发场、调车场满线也会影响列车及时解体。

结合车站技术作业表进行分析研究后，把合理的待检时间和合理的待解时间合并为待解时间（$t_{待解}$），记入表 2-36 第⑪栏，然后根据表 2-37 格式进行汇总计算，确定待解时间标准。

表 2-37 待解时间推算表

上 行			下 行		
顺 序	车 次	$t_{待解}$	顺 序	车 次	$t_{待解}$
1	10042	5	1	26011	8
2	16240	8	2	26013	10
3	57422	20	3	26015	10
4	26210	15	4	26017	15
5	80442	9	5	26027	10
6	24620	6	6	41021	30
32	12220	12	30	12221	10
$\sum t_{待解}$		436	$\sum t_{待解}$		362

上行 32 列
$\sum t_{待解}$ = 436 min
每列待解 14 min

下行 30 列
$\sum t_{待解}$ = 362 min
每列待解 12 min

全站 62 列，$\sum t_{待解}$ = 798 min
平均每列待解 12.9 min

待检时间推算，比照待解时间推算表办理。

2. 待编时间写实表（见表 2-38）

待编的原因主要是由同时集结数个列车或到发线紧张等原因造成的。到发线紧张有主观和客观原因，如：车流密集到达，是客观原因；列车晚点丢线而造成积压，是主观原因。应该根据当时情况，详细进行记载。

汇总计算待编时间，格式如表 2-39 所示。在汇总计算时，应根据待编时间分析相应地进行调整。

表 2-38　待编时间写实表

编组车次 （自装）	车流 到达时刻	××去向				
		车数	累计车数	开始 编组时刻	待编时分	待编原因
18点结存			40			
26033	18:10		50			
26035	19:20	9	59	19:30	10	调车机编组26039次

表 2-39　待编时间汇总表

车次	车数	待编时分	待编车分
①	②	③	④
合计			

注：平均每车待编时间为④栏/②栏。

3. 待检、待发时间写实表（见表 2-40）

产生待发的原因主要是没有适当的运行线，或有运行线没有机车，也可能由于其他原因造成列车晚点，产生待发时间。写实人员应当与有关人员联系，了解原因，便于分析。合理的待检、待发时间应填记在表 2-40 第⑪栏。待发时间汇总采用表 2-41。

表 2-40　待检、待发时间写实表

车次	编组		技检		出发	待检		待发		$t_{待}$
	起	止	起	止		时间	原因	时间	原因	
①	②	③	④	⑤	⑥	⑦	⑧	⑨	⑩	⑪

注：⑪栏 = ⑦栏 + ⑨栏。

表 2-41 待检、待发时间汇总表

站编列车						中转列车					
上 行			下 行			上 行			下 行		
顺序	车次		顺序	车次		顺序	车次		顺序	车次	
1	84026	40	1	84023	30	1	41022	30	1	41021	25
2	26034	40	2	26045	35	2	41028	35	2	41027	30
3	21022	40	3	26011	40	3	41024	40	3	41023	40
4	26028	50	4	21025	50	4	41026	35	4	41025	35
32	10012	35	30	21035	40	9	41030	37	31	41029	35
		962			840			325			657

上行 32 列 $\sum t_{待} = 962$ 每列 30 min	下行 30 列 $\sum t_{待} = 840$ 每列 28 min	上行 9 列 $\sum t_{待} = 325$ 每列 36 min	下行 31 列 $\sum t_{待} = 657$ 每列 21 min
全站 62 列，$\sum t_{待} = 1802$ min 每列平均 29.1 min		全站 40 列，$\sum t_{待} = 982$ min 每列平均 24.6 min	

4. 有调中转车停留时间标准汇总表（见表 2-42）

表 2-42 有调中转车停留时间标准汇总表

作业项目		时间标准（h）
到达作业时间		
等待解体时间		
解体时间		
集结及其他时间	集结时间	
	转场时间	
	其他作业时间	
	待编时间	
	合 计	
编组时间		
出发作业时间		
合 计		

二、无调中转车停留时间标准

无调中转车停留时间计算，格式如表 2-43 所示，计算后汇总于表 2-44 中。

表 2-43 无调中转车停留时间计算表

方向	到达车次	出发车次	到达时间	出发时间	站停时间	无调车数	停留车小时（h）	每车平均

表 2-44 无调中转车停留时间标准汇总表

方向	车数	停留车小时	每车平均	时间标准（h）
A方向				
B方向				
全站				

三、货物作业车停留时间标准

1. 货物作业车停留时间标准的确定

货物作业车停留时间包括列车到达技术检修时间、待解时间、解体时间、待送时间、挑选车组时间、去程走行、对货位、待装卸时间、装卸时间、待取时间、连挂车组、回程走行、分解车组、集结时间、待编时间、编组时间、转场时间、出发技术检修时间、待发时间。双重作业车则增加调移车辆时间。

除装卸时间外均可从技术作业程序各标准时间中取得。

2. 装卸时间写实方法

各装卸地点均应进行写实，格式如表 2-45 所示，汇总后测算出各装卸地点的待装卸、装卸和待取时间。

表 2-45 装卸车作业写实表

作业地点：×××

顺序	作业车种车数	货物品名	送到时刻	开始作业时刻	作业完了时刻	取走时刻	装车/卸车	待作业时间（h）	纯装卸时间（h）	待取时间（h）	备注
①	②	③	④	⑤	⑥	⑦	⑧	⑨	⑩	⑪	
1	C_{30}	矿石	8:20	8:30	10:30	10:40	装	0.17	2	0.17	
2	G_{40}	原油	9:10	9:30	12:30	13:00	装	0.33	3	0.5	
3	P_2	零担	7:10	7:20	9:20	10:30	卸	0.17	2	1.17	
4	N_{10}	机械	12:20	12:40	16:50	17:50	装	0.33	4.17	1.00	
5											
6											
小计	82							1	11.17	2.84	

3. 停留时间汇总

各项汇总后即为货物作业停留时间，总时间按作业次数计算，即为一次货物作业平均停留时间；总时间按作业车数计算，即为一车货物作业停留时间；将其中双重作业车数和时间单独列出，即可计算出双重作业车停留时间和双重作业系数。

以上停留时间均为标准条件下查得的标准时间，但在实际工作中时很难实现的，一般均超过此标准时间。为使制定出的标准既不脱离标准太远，也能尽量接近实际，使车站经过努力即可达到，可查阅车站在以往完成较好和较差月份的平均值，对标准进行适当调整，制定出车站可以接受的执行标准。

四、车站最高限额车数的确定

车站最高限额车数是指车流发生波动时车站存车数的最高限度，超过此数车站作业就会发生困难，甚至导致堵塞。车站最高限额车数，除要规定全站数量外，亦可分去向、分车场规定其最高限额车数。车站最高限额车数可根据日常掌握的规律分析确定，也可参考下式计算确定。

$$M_{限} = (N_{到} - n_{到})m_{到} + (N_{发} - n_{发})m_{发} + (N_{到发} - n_{到发})m_{到发} + \frac{1}{2}N_{编}n_{编} + m_{他} \qquad (2\text{-}1)$$

式中　$N_{到}$，$N_{发}$，$N_{到发}$——到达场、出发场、到发场可供接发列车的股道数；

　　　$m_{到}$，$m_{发}$，$m_{到发}$——到达场、出发场、到发场的列车平均编成辆数；

　　　$n_{到}$，$n_{发}$，$n_{到发}$——到达场、出发场、到发场的衔接方向数（若能同时接发的平行进路少于衔接方向数时，以平行进路数作为衔接方向数）；

　　　$N_{编}$，$n_{编}$——调车场线路数及各线平均集结车数；

　　　$m_{他}$——其他线路（如禁溜线、装卸线等）正常保有车数。

车站最高限额车数是为不使车站发生堵塞状况而规定的现在车数最高临界值，保证车站正常作业的重要指标。车站技术管理人员发现车站现有车数超过标准，应当及时分析运用车膨胀的主要原因，迅速采取措施，以保证车站的正常作业条件。

第三章 技术站通过能力的查定

第一节 技术站通过能力的计算方法

车站通过能力包括咽喉通过能力和到发线通过能力。

车站每端咽喉都有多个道岔或道岔组，其中能力最低者即为该端咽喉通过能力。如果有多个平行进路，则应分别计算出各进路的咽喉通过能力，各进路能力之和为该端咽喉通过能力。

到发线通过能力是指到发场、到达场、出发场、直通场所有货物列车到发线（不含机车走行线和旅客列车专用到发线），在列车运行图规定的旅客列车数前提下，所能接发的货物列车数。

影响车站通过能力的因素主要有以下三项：

（1）车站现有设备情况。如站场的类型和各咽喉区布置的特点，到发线的数量和有效长度，信号设备类型等。

（2）车站作业组织情况。如各种列车的技术作业过程，所采用的作业组织方法，各项作业占用设备的时间标准，各车场分工和线路固定用途等。

（3）衔接车站各区段的列车运行图，所采用的计算行车量，改编和中转列车数的比例，行车量的分配方案（将计算行车量分配到各股道和各道岔的方案）等。

上述各种因素对通过能力的影响基本上可以集中表现在各项作业占用设备次数（n）和每次占用时分（t）两项数字上。这两项数字是用来计算能力的原始数据，必须合理查定，这是能力查定工作中的关键问题。

为了计算车站通过能力，应将车站占用设备的作业分为两大类：

（1）主要作业——与货物列车（摘挂列车除外）直接有关的作业，如货物列车接发、编组、解体、转线、本务机出入段等；

（2）固定作业——与货物列车增减无关的作业，如旅客列车接发、车底转线、本务机出入段、车站其他调车作业。摘挂列车是运行图规定的对数，它不随运量增减而变化，所以凡与摘挂列车有关的作业，亦应为固定作业，只在最后将其对数加到总能力中即可。

车站通过能力的计算方法，有图解计算法和分析计算法两种。无论哪种方法，都需要对作业过程进行实际查定，经过分析，去掉不合理因素后确定各项作业的标准时间。

图解计算法是用图表来确定各项作业占用有关设备的程序和时间的。这种方法的最大特点是能够反映出列车到发密度对通过能力的影响，但绘制图表复杂费时，不如分析计算法简便。

分析计算法是用公式来计算能力的，按所用的公式不同又分为直接计算法和利用率计算法两种。

不论用哪一种方法，计算公式中均应包括主要作业和固定作业两项，后一项是原始数据给出的已知数，直接计算法和利用率计算法的差别只是计算前一项的方法不同。

（1）直接计算法。

直接计算法是根据每一列车到发作业和改编作业占用某项设备的平均时间来计算能力的方法。其计算公式为：

$$N = \frac{(1440M - \sum t_{固})(1-r)}{t_{占均}} + n_{固} \tag{3-1}$$

式中　N——车站通过能力和改编能力（列/d）；
　　　1440——一昼夜的总时间（min）；
　　　M——平均进行同一种作业的设备数量；
　　　$\sum t_{固}$——各种固定作业占（停）用设备的总时间（min）；
　　　$t_{占均}$——办理一次作业（不包括固定作业）平均占用设备的时间（min），其计算公式：

$$t_{占均} = \beta_1 t_1 + \beta_2 t_2 + \cdots + \beta_i t_i \tag{3-2}$$

其中　β_1，β_2，$\cdots$，β_i——第 1，2，$\cdots$，i 项作业次数占一昼夜作业总次数（不包括固定作业）的百分比：$\beta_i = \frac{n_i}{n}$；$\beta_1 + \beta_2 + \cdots + \beta_i = 1.0$；
　　　n_1，n_2，$\cdots$，n_i——第 1，2，$\cdots$，i 项作业一昼夜的次数；
　　　n——占用该项设备一昼夜的总次数，按下式计算：

$$n = n_1 + n_2 + \cdots + n_i \tag{3-3}$$

　　　t_1，t_2，$\cdots$，t_i——第 1，2，$\cdots$，i 项作业每次占用设备的时间（min）；
　　　$n_{固}$——一昼夜固定作业占用设备的次数；
　　　r——该项设备的空费系数或作业妨碍系数。

该项设备一昼夜不能被利用进行任何作业的空闲时间称为该设备的空费时间，空费时间（$\sum t_{空}$）占一昼夜时间的比值称为空费系数（一般用 $r_{空}$ 表示）。

（2）利用率计算法。

通过能力利用率是指该设备一昼夜被实际占用的总时间与一昼夜可供利用（扣除空费时间）总时间的比值。

利用率计算法是根据车站班计划任务、各项作业时间标准和各技术设备条件等，求出该项设备的利用率，再用利用率来计算能力的方法。其计算方法为：

① 确定一昼夜全部作业占用设备的总时间 T：

$$T = n_1 t_1 + n_2 t_2 + n_3 t_3 + \cdots + \sum t_{固} \quad (\text{min}) \tag{3-4}$$

② 计算能力利用率 K：

$$K = \frac{T - \sum t_{固}}{(1440M - \sum t_{固})(1-r)} \tag{3-5}$$

③ 计算该项设备的能力 N：

$$N = \frac{n}{K} + n_{固} \quad (列/d) \tag{3-6}$$

式中各项符号意义同前。

第二节 技术站咽喉通过能力的查定

"咽喉通过能力"编制方法及项目如下：
(1) 计算咽喉道岔组通过能力利用率；
(2) 计算咽喉通过能力；
(3) 咽喉通过能力汇总。

"咽喉通过能力"按下列方法计算：
计算咽喉道岔组通过能力利用率 K：

$$K = \frac{T - \sum t_{固}}{(1440 - \sum t_{固})(1 - r_{空})} \tag{3-7}$$

式中 T——咽喉道岔组总占用时间，由表 3-1 中第 5 栏计算值查得；

$r_{空}$——咽喉道岔组的空费系数，可采用 0.15~0.20；

$\sum t_{固}$——固定作业占用咽喉道岔组的总时间，由表 3-1 中第 6 栏计算值查得。

表 3-1 ××咽喉区道岔占用时间计算表

进路编号	作业进路名称	占用次数	每次占用时间(min)	占用时间(min)		各道岔占用时间(min)				
				总计	其中 $\sum t_{固}$	a	b	c	d	e
1	2	3	4	5	6	7				
各项作业总时间(min)										

1. 车站各衔接方向的咽喉道岔(组)通过能力

接车能力：

$$N_{接}^{i} = \frac{n_{接}^{i}}{K} \quad (列/d) \tag{3-8}$$

发车能力：

$$N_{发}^{i} = \frac{n_{发}^{i}}{K} \quad (列/d) \tag{3-9}$$

式中　$N^i_{接}$，$N^i_{发}$——i方向货物列车接车或发车的通行能力（列/d）；
　　　$n^i_{接}$，$n^i_{发}$——i方向货物列车接入或发出的通过咽喉道岔（组）的货物列车数。

2. 计算咽喉区的通过能力

咽喉区的通过能力，如咽喉只衔接一个方向，咽喉区接、发车的通过能力与按方向别的咽喉接、发车通过能力相等；如咽喉衔接多方向，咽喉区的通过能力应等于各衔接方向的咽喉道岔（组）通过能力之和。

3. 汇总咽喉通过能力

将各方向的咽喉通过能力按表3-2的格式、内容进行汇总。

表 3-2　××咽喉通过能力的汇总

接发车方向	道岔号 列车种类	××号				××号				汇总后能力				
		客车	有调列车	无调列车	计	客车	有调列车	无调列车	计	客车	有调列车	无调列车	计	受控制咽喉道岔组名称
接车	A													
	B													
小　计														
发车	A													
	B													
小　计														

编制填写说明：

① 某方向接车或发车经由两条及其以上进路时，汇总后的咽喉通过能力应等于各进路咽喉道岔组接车或发车通过能力之和，即同一方向的列车经由各个不同的进路到发时，该方向咽喉的通过能力应等于各该进路上咽喉道岔（组）通过能力之和。

② 有调列车包括部分改编列车。

第三节　技术站到发线通过能力的查定

一、车站到发线通过能力

车站到发线通过能力是指到达场、出发场、直通场或到发场中，办理列车到发作业的线路，一昼夜能够接、发各方向的货物列车数和运行图规定的旅客列车数。

编组站到达场到发线通过能力是指在驼峰解体能力、到达场技术作业时间、列车到达间隔分布规律以及允许的接车延误率等条件一定的情况下，到达场到发线一昼夜所能办理的最多货物列车数。编组站出发场到发线通过能力是指在同时发车进路数、区间通过能力利用率、出发技术作业时间、列车到达与转线分布规律和允许的转线（接车）延误率等条件一定的情况下，出发场到发线一昼夜所能办理的最多货物列车数。

二、到发线占用时间计算

到发线占用时间按表 3-3 的内容计算、编制。

表 3-3 到发线占用时间

车场	方向	列车种类	列车次数	每次作业时间（min）	占用时间（min）		固定作业	附记
					总时间			
					含固定作业	不含固定作业		

计算公式如下：

$$T = n_{中}t_{中} + n_{改编}t_{改编} + n_{解}t_{解} + n_{输}t_{输} + n_{机}t_{机} + \sum t_{固} + \sum t_{其他} \text{(min)} \quad (3-10)$$

式中 n——在该到发场进行接发列车作业的无调中转、部分改编中转、解体、始发中转列车数及单机数；

$t_{机}$——固定接、发单机平均占用到发线时间（min）；

$\sum t_{固}$——固定作业占用到发线总时间（min）；

$\sum t_{其他}$——其他作业占用到发线总时间（min）。

（1）列车种类栏按无调中转列车、部分改编中转列车、解体列车、始发列车、交换列车、单机、旅客列车及其他作业划分。

（2）货物列车每次平均占线时间由总时间（不含固定作业）除以各种货物列车及交换车列总数求得。

（3）旅客列车平均占线时间按下式计算：

$$t_{占均} = a_{通}t_{占通} + a_{折}t_{占折} + a_{始}t_{占始} + a_{终}t_{占终} \quad (3-11)$$

式中 $a_{通}, a_{折}, a_{始}, a_{终}$——通过、立折、始发、终到旅客列车所占旅客列车总数的比例；

$t_{占通}, t_{占折}, t_{占始}, t_{占终}$——通过、立折、始发、终到旅客列车占用到发线的时间（min）。

三、到发线通过能力

货物列车到发线通过能力采用直接计算法或利用率计算法计算。

（一）直接计算法计算货物列车到发线通过能力

$$N_{到(发)} = \frac{(1440M - \sum t_{固})(1 - r_{空})}{t_{占到(发)}} \quad \text{（列/d）} \quad (3-12)$$

式中 M——扣除本务机车及调车机车走行线后，到达（出发）场可用办理列车技术作业的线路数；

$r_{空}$——到发线空费系数，其取值 0.15~0.20；

$\sum t_{固}$——接发旅客列车、定时取送车辆等固定作业占用到发线时间（不包括摘挂列车占用到发线时间）(min)；

$t_{占到(发)}$——每办理一次到、发列车作业平均占用线路的时间（min），其值为：

$$t_{占到(发)} = t_{技占}^{到(发)} + t_{待}^{到(发)} \tag{3-13}$$

式中　$t_{待}^{到(发)}$——车列在到达（出发）场的等待时间，包括待检和待解（待发）时间（min）。

　　　$t_{技占}^{到(发)}$——技术作业占用到发线时间，应分衔接方向、列车种类按下式进行分项查定：

$$t_{技占}^{到(发)} = t_{接} + t_{到(发)技} + t_{推占} + t_{解占} + t_{他占} \tag{3-14}$$

式中　$t_{接}$——接车作业占用到发线时间（min）；

　　　$t_{到(发)技}$——到达（出发）技术作业占线时间，按各站《站细》规定的货物列车技术作业程序及时间标准确定，一般到达取 35 min，出发取 25 min；

　　　$t_{推占}$——车列预推过程占线时间，自调车机车挂妥车列向峰顶预推之时起至车列头部到达预推停车点时止的时间，一般根据预推速度不同可取 4～5 min；

　　　$t_{解占}$——车列分解过程占线时间，由列车头部从预推停车点向峰顶推进时起至到发线腾空进路解锁时止的时间，可根据列车长度和推峰速度不同取 6～9 min；

　　　$t_{他占}$——其他作业占线时间，如单机到达等，可通过统计或写实办法确定其占用总时间 $\sum t_{其他}$，然后按统计或期间解体列车总数 $\sum n_{解}$，确定其他作业占用到发线的时间，即

$$t_{他占} = \frac{\sum t_{其他}}{\sum n_{解}} \tag{3-15}$$

（二）利用率计算法计算货物列车到发线通过能力

采用利用率计算货物列车到发线通过能力的步骤和方法如下：

1. 计算货物列车到发线通过能力利用率 K

$$K = \frac{T - \sum t_{固}}{(1440M - \sum t_{固})(1 - r_{空})} \tag{3-16}$$

2. 计算到发线通过能力 N_A

$$N_A = \frac{n_A}{K} \tag{3-17}$$

式中　N_A——到发线通过能力（列/d）；

　　　n_A——列入计算的 A 方向货物列车数。

旅客列车到发线通过能力按下列公式计算：

$$N_{客} = \frac{M_{客}(1440 - t_{停})(1 - r_{空})}{t_{占均}} \quad （列/d） \tag{3-18}$$

式中 $M_{客}$——扣除货物列车通过线、固定机车走行线后，用于接发旅客列车的到发线数；

$t_{停}$——车站一昼夜内停止接发旅客列车的时间（货物列车占用时间、取送车作业时间、设备施工检修天窗作业时间等）(min)；

$r_{空}$——旅客列车到发线空费系数，其取值 0.25～0.35（$a_{通}$不大于 10%，取 0.25，每增加 10%，$r_{空}$ 增加 0.01）或用图解法求得；

$t_{占均}$——平均一列旅客列车占用到发线的时间（min），按下式求得：

$$t_{占均} = a_{通}t_{占通} + a_{折}t_{占折} + a_{始}t_{占始} + a_{终}t_{占终} \tag{3-19}$$

式中 $a_{通}, a_{折}, a_{始}, a_{终}$——通过、立折、始发、终到旅客列车所占旅客列车总数比重；

$$a_{通} + a_{折} + a_{始} + a_{终} = 1.0 \tag{3-20}$$

$t_{占通}, t_{占折}, t_{占始}, t_{占终}$——通过、立折、始发、终到旅客列车每列占用到发线的时间；

$$\begin{aligned} t_{占通} &= t_{接} + t_{通停} + t_{发} \\ t_{占折} &= t_{接} + t_{折停} + t_{发} \\ t_{占始} &= t_{转出} + t_{始停} + t_{发} \\ t_{占终} &= t_{接} + t_{终停} + t_{转入} \end{aligned} \tag{3-21}$$

式中 $t_{接}, t_{发}$——接车、发车占用到发线时间。

$t_{转入}, t_{转出}$——客车车底转入整备或从整备场转至到发线的转线时间。

$t_{通停}, t_{折停}, t_{始停}, t_{终停}$——通过、立折、始发、终到旅客列车在到发线上的停站时间，各种列车的技术作业过程予以规定。

四、分方向按列车种类别通过能力计算

"各方向各种列车的通过能力"按下式计算：

$$N_{ij} = N\beta_{ij} \tag{3-22}$$

式中 N_{ij}——i 方向 j 种列车的通过能力（列/d）；

N——到发线通过能力（列/d）；

β_{ij}——i 方向 j 种列车占全部列车的比例，按表 3-4 取值。

各方向各种列车的通过能力按表 3-4 的格式、内容编制。

表 3-4 分方向按列车种类别通过能力

场别	方向	列车种类	与列车总数的比例	通过能力（列）
		全站		

五、接发各方向货物列车能力

接发各方向货物列车能力按表 3-5 的格式、内容汇总。

表 3-5　接发各方向货物列车能力

场别 \ 列车种类 \ 方向					小计
	无调中转				
	到达解体				
	部分改编				
	编组始发				
小计	接车				
	发车				
合计	接车				
	发车				

编制填写说明：
① 本表由表 3-4 汇总而来。
② 无调中转和部分改编出发列数在相应方向栏内，用"( )"标出，并在合计栏内单独加总。

第四节　车站编发线通过能力的查定

一、编发线设置方法

编发线是指在编组站调车场内一条或几条调车线装设出站信号机，列车编成后不必转到到发场而直接发车的线路。

编发线应设在顺驼峰方向的调车场内，反驼峰方向调车场，由于调车进路与发车进路交叉严重，故一般均不设置编发线。在设有编发线的调车场内，其线路一般分为三类：第一类是编发线，集结并出发顺驼峰方向的有调中转车流；第二类是编组线，集结反驼峰方向的有调中转车流；第三类是杂用线，集结或停留本站车、危险品车、站修车、待整倒装车或超限车等。

三类线路的调车场位置，主要考虑因素有两个：一是列车出发进路与挂本务机车进路、主要调车进路分开，二是单组列车与多组列车调车作业分开。

二、编发线作业方式

编发线发车有以下四种作业方式：
（1）本线集结本线发车（整列编发）；
（2）他线集结本线发车（整列转发）；
（3）他线和本线同时集结本线发车（车组转发）；
（4）本线上只集结某一到达站的车组，转往另一编发线上发车（车组编发）。

三、编发线的发车能力确定和编制

编发线发车能力的查定方法，可以从以下两种方法中选择一种：
（1）通过车站作业规律和完成实绩分析确定。
（2）参照计算公式计算确定。
列车在本线集结本线发车的编发线发车能力按下式计算：

$$N_{编发} = \frac{(1440M - \sum t_{固})(1 - r_{空})}{t_{编发}} \quad （列/d） \tag{3-23}$$

式中　$t_{编发}$——一个列车平均占用编发线的时间，其值为：

$$t_{编发} = t_{预占} + t_{分解} + t_{集占} + t_{待编} + t_{编} + t_{出技} + t_{待发} + t_{发} + t_{他} \quad (min) \tag{3-24}$$

式中　$t_{预占}$——开始向编发线解体前预先办理进路的时间，如自允许推峰时起至车推到峰顶时止的时间（min）；

$t_{分解}$——解体一个车列的时间（min）；

$t_{集占}$——集结一个车列占用编发线的时间（min）；

$t_{待编}$——集结终了后的等待编组时间（min）；

$t_{编}$——车列的编组时间（min）；

$t_{出技}$——列车出发技术作业占用时间（min）；

$t_{待发}$——列车待发时间，即自出发作业终了时起至发车时止的时间（min）；

$t_{发}$——发车时占用编发线时间，即自列车起动时起至列车腾空该股道时止的时间（min）；

$t_{他}$——摊到每列占用编发线的其他作业时间（min）；

$r_{空}$——编发线的空费系数，其值取 0.15～0.20。

四、编发线发车能力计算

1. 占用编发线的总时间 T

$$T = n_1 t_1 + n_2 t_2 + n_3 t_3 + n_4 t_4 + \sum t_{固} \tag{3-25}$$

式中　n_1，n_2，n_3，n_4——昼夜四种方式查定时列入计算中的集结列车数或集结车组数；

t_1，t_2，t_3，t_4——四种方式每一车列或车组占用编发线的时间（min），按下列公式计算：

$$t_1 = t_{预占} + \frac{1}{2} t_{分解} + t_{列集} + t_{编组} + (t_{技} + t_{待发} + t_{发})$$

$$t_2 = t_{列转} + (t_{技} + t_{待发} + t_{发})$$

$$t_3 = t_{预占} + \frac{1}{2} t_{分解} + t_{组集} + t_{编组} + (t_{技} + t_{待发} + t_{发}) \quad (3-26)$$

$$t_4 = t_{预占} + \frac{1}{2} t_{分解} + t_{组集} + t_{组转}$$

其中 $t_{列转}$，$t_{组转}$——车列或车组转线时间；

         $t_{列集}$，$t_{组集}$——车列或车组集结时间；

         $\sum t_{固}$——摘挂列车有关作业占用编发线时间，其他符号意义同前。

2. 该编发场编发线通过能力利用率 K

$$K = \frac{T - \sum t_{固}}{1440m - \sum t_{固}} \quad (3-27)$$

式中 m——编发线数量。

3. 该编发场编发线总通过能力 $N_{编发}$

$$N_{编发} = \frac{n_1 + n_2 + n_3}{K} + n_{摘}$$

$$= N_1 + N_2 + N_3 + n_{摘} \quad (3-28)$$

式中 $n_{摘}$——查定时列入计算中的摘挂列车数；

         N_1，N_2，N_3——按第 1、2、3 种方式的发车能力。

第四章 技术站改编能力的查定

第一节 技术站改编能力的计算方法

技术站改编能力由驼峰解体能力和尾部编组能力组成。

驼峰解体能力是在既有技术设备、作业组织方法及调车机台数条件下,该驼峰一昼夜能解体的货物列车数($N_{解}$)或者车辆数($B_{解}$)。

尾部编组能力是在既有技术设备、作业组织方法及调车机台数条件下,该调车尾部一昼夜能解体的货物列车数($N_{解}$)或者车辆数($B_{解}$)。

在横列式编组站上,当驼峰和尾部牵出线又解又编时,则车站改编能力为驼峰与尾部解体与编组能力之和,即

$$N''_{改编} = 2N''_{解}（列）; \quad B'_{改编} = B'_{解} + B'_{编}（辆） \tag{4-1}$$

纵列式编组站,驼峰以解体为主,尾部以编组为主,经峰上峰尾协调后,当 $N''_{解} < N''_{编}$ 时,其改编能力为两倍的 $N''_{解}$,即

$$N''_{改编} = 2N''_{解}（列）; \quad B''_{改编} = 2B''_{解}（辆） \tag{4-2}$$

经峰上峰尾协调后,当 $N''_{解} > N''_{编}$ 时,其改编能力为两倍的 $N''_{编}$,即

$$N'''_{改编} = 2N'''_{编}（列）; \quad B'''_{改编} = 2N'''_{编}（辆） \tag{4-3}$$

双向编组站有两个调车系统,改编能力应按上、下调车系统 $N^{上}_{改编}$ 和 $N^{下}_{改编}$ 分别计算,全站的改编能力为二者之和,即

$$N^{站}_{改编} = N^{上}_{改编} + N^{下}_{改编}（列）; \quad B^{站}_{改编} = B^{上}_{改编} + B^{下}_{改编}（辆） \tag{4-4}$$

有交换车重复解体时,其改编能力应按含交换车和不含交换车分别计算。

含交换车时:

$$N^{交}_{改编} = N_{改编} + N_{交换}（列）; \quad B^{交}_{改编} = B_{改编} + B_{交换}（辆） \tag{4-5}$$

式中 $B_{交换}$,$N_{交换}$——重复解体交换车的列数和辆数。

第二节 驼峰解体能力的查定

"驼峰解体能力"应根据车站调车机车配备情况,在以下内容中选择编制:一台调车机

车单推单溜的解体能力；两台调车机车双推单溜的解体能力；多台调车机车双推单溜的解体能力；多台调车机车双推双溜的解体能力；高峰小时的解体能力。

一、一台调车机车单推单溜的解体能力

1. 一台调车机车单推单溜的解体能力的计算方法

（1）以列数为单位时按下式计算：

$$N'_{解} = (1 - a_{空费}) \frac{1140 - \sum t'_{固}}{t^{单单}_{解占}} \tag{4-6}$$

式中 $N'_{解}$——使用一台调车机车实行单推单溜时的日解体能力（列/d）；

$a_{空费}$——驼峰空费系数，一般可采用 0.03～0.05；

$\sum t'_{固}$——固定作业占用总时间，按下式计算：

$$\sum t'_{固} = \sum t_{交接} + \sum t_{吃饭} + \sum t_{整备} + \sum t_{客妨} + \sum t^{取送}_{占} \tag{4-7}$$

其中 $\sum t_{交接}$，$\sum t_{吃饭}$——调车组和乘务组一昼夜的交接班、吃饭时间（min）；

$\sum t_{整备}$——一台调车机车一昼夜的整备时间（min）；

$\sum t_{客妨}$——一昼夜旅客（通勤）列车横切峰前咽喉妨碍驼峰解体时间（min）；

$\sum t^{取送}_{占}$——列入固定作业的取送等调车作业占用或中止使用驼峰的时间（min），含"天窗"检修时间 $t_{检修}$；

$t^{单单}_{解占}$——采用单推单溜作业方式时解体一个车列平均占用驼峰的时间（min），按下式计算：

$$t^{单单}_{解占} = t_{空程} + t_{推} + t_{分解} + t_{禁溜} + t_{妨碍} + t_{整场} \tag{4-8}$$

其中 $t_{禁溜}$——每解体一车列平均摊到的解、送禁溜车时间（min）；

$t_{整场}$——每解体一车列平均摊到的整场时间（min）；

$t_{妨碍}$——每解体一车列平均摊到的妨碍时间（min）。

（2）以辆数为单位的解体能力按下式计算：

$$B'_{解} = N'_{解} m_{编} \quad （车/d） \tag{4-9}$$

式中 $m_{编}$——解体车列的平均编成辆数，其他同式（4-6）。

2. $t_{空程}$ 的计算标准

$t_{空程}$ 为调车机自驼峰待作业地点起动时起经到达场入口咽喉折返与到达场车列连挂并完成试牵引时止的时间。调车机的空程按两种情况计算：

（1）当到达场与调车场纵列（见图 4-1）时的计算方法：

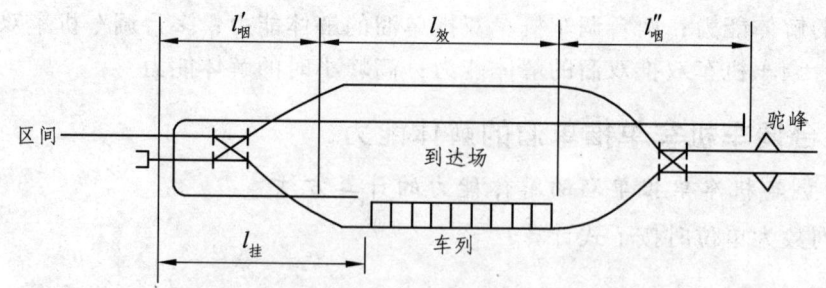

图 4-1 到达场与调车场纵列时空程计算图

$$t_{空程} = \frac{0.06(l'_{咽} + l_{效} + l''_{咽})}{v'_{空}} + \frac{l_{挂}}{v''_{空}} + t_{挂妨} + t_{岔} + t_{挂} \tag{4-10}$$

式中 $t_{空程}$——调车机空程时间（min）；

$l'_{咽}$，$l''_{咽}$——到达场出口咽喉区长度、进口咽喉区长度（m）；

$l_{效}$——到达场线路有效长（m）；

$l_{挂}$——由机待线去到达场连挂待解车列的平均走行距离（m）；

$t_{挂妨}$——在到达场入口由于顺向改编货物列车的到达与驼峰机车去机待线的进路或驼峰机车由机待线去连挂待解车列的进路，发生交叉而影响驼峰机车及时连挂的妨碍时间（min），此项妨碍时间与到达场入口咽喉的构造、顺向改变货物列车接入线路位置有关；

$t_{岔}$——机待线道岔转换时间（可取 0.2 min）；

$t_{挂}$——驼峰调车机车连挂车列后的试牵引时间（可取 1 min）；

$v'_{空}$，$v''_{空}$——驼峰调车机车自驼峰待作业地点到机待线、机待线至挂车的平均运行速度（$v'_{空}$ 可按 25 km/h、$v''_{空}$ 可按 15 km/h 计算）。

（2）当到达场与调车场横列时（见图 4-2）的计算方法：

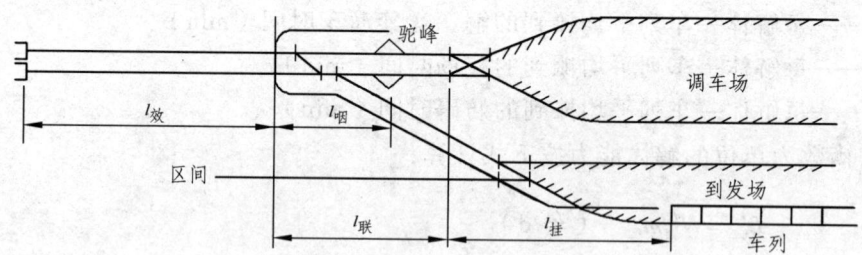

图 4-2 到达场与调车场横列时空程计算图

$$t_{空程} = 0.06\left(\frac{l_{咽} + l_{联}}{v'_{空}} + \frac{l_{挂}}{v''_{空}}\right) + t_{挂妨} + t_{岔} + t_{挂} \tag{4-11}$$

式中 $l_{联}$——联络线长度（m）；

$l_{咽}$——峰前咽喉区长度（m）；

其余符号表示与（1）同。

3. $t_{推}$ 的计算标准

$t_{推}$ 为驼峰机车推送车列的时间，可分为预推和续推时间两部分计算，即

$$t_{推} = t_{预推} + t_{续推} = 0.06\left(\frac{l_{预推}}{v_{预推}} + \frac{l_{续推}}{v_{续推}}\right) \qquad (4\text{-}12)$$

式中　$t_{预推}$ ——驼峰调车机车自到达场推送车列起动时起，至将车列的第一辆车推至预推停车点时止的时间；

$t_{续推}$ ——驼峰调车机车推送车列的第一辆车自预推停车点至驼峰信号机处所需的时间；

$v_{预推}$，$v_{续推}$ ——驼峰调车机车平均预推（6 km/h）和续推（3~6 km/h）速度；

$l_{预推}$，$l_{续推}$ ——预推、续推距离（m）。

4. $t_{分解}$ 的计算标准

驼峰分解车列的时间（$t_{分解}$），是自车列的第一辆车进入驼峰信号机内方时起，至最后一组车溜出后调车机车停轮时止的纯分解时分，不包括分解过程中产生的进路交叉妨碍时间和解送禁溜车时间。可按下列公式计算：

$$t_{分解} = 0.06\frac{ml_{车}}{v_{分解}} \qquad (4\text{-}13)$$

式中　m ——车列平均编成辆数；

$l_{车}$ ——每辆车平均长度，取 14.3 m；

$v_{分解}$ ——驼峰调车机车平均分解速度，取 5~7 km/h。

5. $t_{禁溜}$ 的计算标准

解、送禁溜车可按两个过程分别进行查定。

（1）解禁溜车：指在解体过程中将车列中禁止溜放的车辆送往禁溜线的作业，其时间应自调车机车停止溜放车组时起至将禁溜车送往禁溜线或迂回线后返回驼峰峰顶时止。

（2）送禁溜车：指驼峰调车机车将存放在禁溜线或迂回线上的禁溜车送往峰下固定线路的作业，或者是解体过程中将挂在车列中的禁溜车直接送往峰下线路的作业。

影响解送禁溜车时间的因素有：

① 车列中禁溜车的数量；

② 禁溜车组在车列中的位置；

③ 峰顶禁溜线的出岔位置。

每解体一车列平均摊到的解送禁溜车时间可用写实查定方法按下式进行计算：

$$t_{禁溜} = \frac{\sum t_{解禁} + \sum t_{送禁}}{n_{解}} \qquad (4\text{-}14)$$

式中　$\sum t_{解禁}$，$\sum t_{送禁}$ ——每昼夜查定的解、送禁溜车时间；

$n_{解}$ ——查定期间解体的列车数。

6. $t_{整场}$ 的计算标准

驼峰调车机车下峰整理车辆产生的中断驼峰作业时间称为整场时间（$t_{整场}$）。包括：

（1）为腾出空线使车组能自驼峰继续溜放，驼峰调车机车下峰将线路上的车辆连挂而产生的驼峰作业中断时间。

（2）为恢复调车场线路固定使用，驼峰调车机车下峰将混线的车辆进行整理而产生的驼峰作业中断时间。

影响整场时间的主要因素有：

① 调车场采用的调速方式：调车场调速系统可大大提高车辆的连挂率，减少"天窗"，可使整场时间减少许多。

② 调车场线路的有效长度及线路数量：调车场线路的有效长度应满足列车长度加20%的富余量要求，以保证必需的"天窗"和安全距离；如能满足要求，则下峰"推场子"的时间和次数可以减少。调车场的线路数量规定应保证每一个组号设一条，如满足不了这个要求，就会产生"借线"或"共用线"等情况，使整场时间增加。

③ 解体钩数及钩车大小：驼峰每昼夜解体的钩数及钩车大小对整场时间有一定的影响，大组车多"天窗"数就少，整场时间就会少；碎钩车多"天窗"就多，则下峰次数也会增加。

④ 气候条件：雾天、雨天能见度低，使制动准确性降低车辆连挂率降低；顺风溜放利于车组连挂，而逆风又会使"天窗"加大；天气严寒车辆容易凝轴，制动距离不易掌握，这些都直接影响整场时间。

⑤ 作业人员的技术水平和作业组织能力：调车和制动人员的技术水平，驼峰头、尾部作业分工等都对整场时间有影响。

整场时间可以采用写实查定的方法求得，每解体一列车平均摊到的整场时间为：

$$t_{整场}=\frac{\sum t_{整场}}{n_{解}} \quad (4-15)$$

式中 $\sum t_{整场}$——每昼夜该驼峰调车系统查定的总整场时间（min）；

$n_{解}$——查定期间该驼峰解体的列车数。

二、两台调车机车双推单溜的解体能力

1. 两台调车机车双推单溜的解体能力的计算方法

在两台调车机车实行双推单溜解体时，交接班、吃饭及禁溜车解送作业期间驼峰停止作业；而整备是轮流进行的，这时驼峰采取单推单溜；其他时间除固定作业取送车以外均采用双推单溜进行解体。

（1）"使用两台调车机车实行双推单溜的解体能力"按下式计算：

$$N''_{解}=(1-a_{空费})\left(\left(\frac{1440-\sum t''_{固}}{t_{解占}^{双单}}\right)+\left(\frac{2\sum t_{整备}+\sum t_{取送}}{t_{解占}^{单单}}\right)\right) \quad (4-16)$$

式中 $t_{解占}^{双单}$——采用双推单溜作业方式时,解体一个车列平均占用驼峰的时间(min),按下式计算:

$$t_{解占}^{双单} = t_{分解} + t_{禁溜} + t_{妨碍} + t_{整场} + t_{间隔} \qquad (4\text{-}17)$$

$\sum t_{固}''$——固定作业占用总时分,按下式计算:

$$\sum t_{固}'' = \sum t_{交接} + \sum t_{吃饭} + 2\sum t_{整备} + \sum t_{客妨} + \sum t_{占}^{取送} + \sum t_{取送} \qquad (4\text{-}18)$$

$\sum t_{取送}$——驼峰调车机车应担当的取送调车作业中未占用或未中止使用驼峰的时间(min)。

其他符号意义同前。

(2) 以辆数为单位的解体能力按下式计算:

$$B_{解}'' = N_{解}'' m_{编} \quad (车/d) \qquad (4\text{-}19)$$

2. $t_{间隔}$ 的计算标准

$t_{间隔}$ 是指自第一车列在峰顶溜放完毕调车机车停轮时起至第二车列开始溜放时止的最小技术间隔时间,包括转换道岔、开放驼峰信号、司机确认信号和推峰等项作业时间。

驼峰间隔时间与驼峰调车的作业组织方式、采用的调车机车台数、推送线上预推停车点离驼峰信号机的距离及预推速度等项因素有关。

(1) 单推单溜的最小间隔时间。

驼峰只配备 1 台调车机车,其间隔为:

$$t_{间隔}^{单单} = t_{空程} + t_{推} \quad (\text{min}) \qquad (4\text{-}20)$$

式中 $t_{空程}$——调车机车空程走行时分;

$t_{推}$——驼峰调车机车挂车后将车列第一辆车推送至驼峰信号机处的时间。

(2) 双推单溜的最小间隔时间。

驼峰上配备两台及其以上调车机车,其间隔为:

$$t_{间隔}^{双单} = t_{岔} + t_{确} + 0.06\left(\frac{l_{续推}}{v_{续推}}\right) \quad (\text{min}) \qquad (4\text{-}21)$$

式中 $t_{岔}$——转换道岔、开放驼峰信号机时间(min);

$t_{确}$——司机确认信号时间(min);

$l_{续推}$——续推距离(m);

$v_{续推}$——续推速度(km/h)。

当驼峰只配备两台调车机车,且 $(t_{空程} + t_{推}) > (t_{分解} + t_{禁溜} + 2t_{间隔}^{双单})$ 时,其间隔时间需附加空峰时间 Δt:

$$\Delta t = \frac{1}{2}[(t_{空程} + t_{推}) - (t_{分解} + t_{禁溜} + 2t_{间隔}^{双单})] \qquad (4\text{-}22)$$

式中 $t_{推} = t_{预推} + t_{续推}$。

(3) 双推双溜的最小间隔时间。

当驼峰配备 3 台及其以上的调车机车，其间隔时间应分别一峰、二峰按下式计算：

$$t_{间隔}^{双单} = t_{岔} + t_{确} + 0.06\left(\frac{l_{续推}}{v_{空}} + \frac{l_{续推}}{v_{续推}}\right) \tag{4-23}$$

式中 $v_{空}$——驼峰调车机车从峰顶返回顶推停车点的平均速度（km/h），其他符号意义同前。

三、三台及其以上调车机车双推单溜的解体能力

使用三台调车机车实行双推单溜解体时，除交接班、吃饭及禁溜车取送作业时间内驼峰停止作业外，3 台调车机车可轮流整备和固定取送车，故其他时间内均可采用双推单溜进行解体。

(1) 以列数为单位时按下式计算：

$$N_{解}''' = (1 - a_{空费})\left(\frac{1440 - \sum t_{固}'''}{t_{解占}^{双单}}\right) \quad （列/d） \tag{4-24}$$

式中 $\sum t_{固}''' = \sum t_{交接} + \sum t_{吃饭} + \sum t_{客妨} + \sum t_{占}^{取送}$

其他各项符号意义同前。

(2) 以辆数为单位的解体能力按下式计算：

$$B_{解}''' = N_{解}''' m_{编} \quad （车/d） \tag{4-25}$$

四、多台调车机车双推双溜的解体能力

实行双推双溜解体作业的驼峰，设有两条及其以上推送线和溜放线，并具有两套独立的驼峰自动信号设备和较多的调车线。解体时可将到达场、驼峰和调车场按纵向划分成两个作业区，各区自成独立的调车系统，并各自配备 1~2 台调车机车。这样两作业区的驼峰调车机车可以同时进行推峰作业，实行双推双溜，可显著地提高驼峰的解体能力。此时，该驼峰的解体能力即为两系统解体能力之和，可以分别计算而后加总。但由于两作业区间不可避免地要产生大量的交换车，拉取交换车和交换车重复分解时又将占用驼峰部分工作时间，降低了双溜放所增加的能力，即应扣除这种情况对能力的影响，这就增加了计算的工作量。

为减少交换车所产生的负面影响，必须采用合理的调车场线路固定使用方案和使用适量的调车机车。在调车场固定使用方案和调车机车使用台数给定的条件下，双推双溜的驼峰解体能力，可按配置 3 台、4 台、5 台的几种情况分别进行计算。

1. 使用 3 台调车机车实行双推双溜时的解体能力

峰上配备 3 台调车机车作业时有下列几种情况：

(1) 3 台机车的交接班、吃饭同时进行，在这段时间内驼峰停止作业。

(2) 机车的整备作业轮流进行，则在 1 台机车进行整备和车辆取送作业的时间内，

峰上仍有 2 台机车进行作业，这时应采用双推单溜的作业组织方式，以减少交换车的重复解体。

（3）当 3 台机车均在峰上作业时，如果 $t_{空程}+t_{推} \geq t_{分解}+2t_{间隔}^{双单}$，则可以认为其中一半时间仍应采用双推单溜，另一半时间采用双推双溜，于是此种情况下驼峰的解体能力可按下式近似计算：

$$N_{解3}^{双双} = (1-\alpha_{空费})\left(\frac{1440-\sum t_{固}^{双双}}{2t_{解占}^{双双}} + \frac{1440-\sum t_{固}^{双单}}{2t_{解占}^{双单}}\right)$$

$$= (1-\alpha_{空费})\left(\frac{1440-\sum t_{固}^{双双}}{2\left(\frac{t_{解占}^{双单}}{2}+\alpha_{交换}t_{解}^{交换}\times\frac{m}{m_{解}^{交换}}\right)} + \frac{1440-\sum t_{固}^{双单}}{2t_{解占}^{双单}}\right) \quad (4-26)$$

式中 $\sum t_{固}^{双双}$ ——双推双溜固定作业总时间，按下式计算：

$$\sum t_{固}^{双双} = \sum t_{交接} + \sum t_{吃饭} + \sum t_{客妨} + \sum t_{占}^{取送} + \sum t'_{取送} + 3\sum t_{整备} \quad (4-27)$$

$\sum t_{固}^{双单}$ ——双推单溜固定作业总时间，按下式计算：

$$\sum t_{固}^{双单} = \sum t_{交接} + \sum t_{吃饭} + \sum t_{客妨} + \sum t_{占}^{取送} - 3\sum t_{整备} - \sum t'_{取送} \quad (4-28)$$

$\alpha_{交换}$ ——交换车流占总车流的比重；

$m_{解}^{交换}$ ——平均每次交换的辆数；

m ——解体车列平均编成辆数；

$N_{解3}^{双双}$ ——使用三台调车机车实行双推双溜时的解体能力（列/d），其他符号意义同前。

2. 使用 4 台调车机车实行双推双溜时的解体能力

峰上配备 4 台调车机车时有下列几种情况：

（1）4 台调车机车交接班、吃饭同时进行。

（2）整备作业轮流进行，因此在 1 台调车机车进行整备和取送作业时，峰上仍有 3 台调车机车工作。

在这期间可认为峰上一半时间采用双推双溜，另一半时间采用双推单溜。因此驼峰的解体能力可按下式近似计算：

$$N_{解4}^{双双} = (1-\alpha_{空费})\left[\frac{1440-(\sum t_{交接}+\sum t_{吃饭}+\sum t_{客妨}+\sum t_{占}^{取送}+2\sum t_{整备}+\sum t'_{取送})}{\frac{1}{2}t_{解占}^{双单}+\alpha_{交换}t_{解}^{交换}\times\frac{m}{m_{解}^{交换}}} + \right.$$

$$\left.\frac{2\sum t_{整备}+\frac{1}{2}\sum t'_{取送}}{t_{解占}^{双单}}\right] \quad (4-29)$$

式中　$N_{\text{解}4}^{\text{双双}}$——使用四台调车机车实行双推双溜时的解体能力（列/d），其他符号意义同前。

3. 使用 5 台调车机车实行双推双溜时的解体能力

峰上配备 5 台调车机车时有下列几种情况：
（1）机车交接班及机车乘务组、调车组吃饭同时进行。
（2）机车整备作业可轮流进行。

所以当有 1 台机车去进行整备作业或取送作业时，峰上还有 4 台机车进行解体，驼峰的最大解体能力为：

$$N_{\text{解}5}^{\text{双双}} = (1-\alpha_{\text{空费}})\left[\frac{1440-(\sum t_{\text{交换}}+\sum t_{\text{吃饭}}+\sum t_{\text{客妨}}+\sum t_{\text{取送}}^{\text{占}})}{\frac{1}{2}t_{\text{解占}}^{\text{双单}}+\alpha_{\text{交换}}t_{\text{解}}^{\text{交换}}\times\frac{m}{m_{\text{解}}^{\text{交换}}}}\right] \quad (4\text{-}30)$$

式中　$N_{\text{解}5}^{\text{双双}}$——使用 5 台调车机车实行双推双溜时的解体能力（列/d），其他符号意义同前。

五、高峰小时的解体能力

在编组站上一昼夜的个别时间内，往往有改编列车密集到达的情况，即所谓高峰阶段。为提高高峰阶段驼峰的解体能力，在此期间内整场作业全部由调车场尾部调车机车担当，暂时停止驼峰设备的检查和日常维修，驼峰调车机车不进行整备（无替班调车机车时），不进行车辆的取送作业，除反接改编列车产生妨碍外，没有其他妨碍时间，故"高峰小时驼峰的解体能力"按下式计算。

1. 以列数为单位的高峰小时解体能力

（1）实行双推单溜时：

$$N_{\text{小时}}^{\text{高峰}} = \frac{60}{t_{\text{分解}}+t_{\text{禁溜}}+t_{\text{间隔}}+t_{\text{反妨}}} \quad (\text{列}/h) \quad (4\text{-}31)$$

式中　$t_{\text{反妨}}$——每列摊到的反接妨碍时间（min），其他符号意义同前。

（2）实行双推双溜时：

$$N_{\text{小时}}^{\text{高峰}} = \frac{60}{\frac{1}{2}(t_{\text{分解}}+t_{\text{禁溜}}+t_{\text{间隔}}+t_{\text{反妨}})+\alpha_{\text{交换}}t_{\text{解}}^{\text{交换}}\times\frac{m}{m_{\text{解}}^{\text{交换}}}} \quad (\text{列}/h) \quad (4\text{-}32)$$

式中符号意义同前。

2. 以辆数为单位的高峰小时解体能力

$$B_{\text{小时}}^{\text{高峰}} = N_{\text{小时}}^{\text{高峰}} m_{\text{解}} \quad (\text{车}/h) \quad (4\text{-}33)$$

式中符号意义同前。

第三节 尾部编组能力的查定

主要担当编组作业的调车场尾部牵出线编组能力，可采用直接计算法或利用率计算法计算。

一、计算方法

1. 直接计算法

（1）直接计算法按下式计算：

$$N_{编} = \frac{(1440M_{机} - \sum t_{固})(1-\alpha)}{t_{编组}} + N_{摘} \quad (列/d) \tag{4-34}$$

式中 $M_{机}$——尾部编组调车机车台数；

$\sum t_{固}$——尾部调车机车一昼夜固定作业总时间（min），按下式计算：

$$\sum t_{固} = \sum t_{交接} + \sum t_{吃饭} + \sum t_{整备} + \sum t_{摘挂} + \sum t_{取送} \tag{4-35}$$

α——妨碍系数，1台调车机车时取 0.06，2台调车机车时取 0.06~0.08，3台调车机车时取 0.08~0.12；

$N_{摘}$——一昼夜编组的摘挂列车数（列/d）；

$t_{编组}$——平均编组一个车列的时间（min），按下式计算：

$$t_{编组} = t_{空程} + t_{连挂} + t_{选编} + t_{整场} + t_{转线} \tag{4-36}$$

（2）以辆数为单位的编组能力按下式计算：

$$B_{编} = N_{编} m_{编} \tag{4-37}$$

式中 $m_{编}$——编组车列的平均编成辆数。

2. 利用率计算法

（1）利用率计算法按下式计算：

$$N_{编} = \frac{n}{K} + N_{摘} \quad (列/d) \tag{4-38}$$

式中 n——列入计算的每昼夜编组的直通、区段、小运转及交换车总列数；

K——利用系数，按下式计算：

$$K = \frac{T - \sum t_{固}}{(1440M - \sum t_{固})(1-\alpha)} \tag{4-39}$$

T——每昼夜尾部牵出线的总作业时间（min）（不含妨碍时间），计算方法见表4-1；

α——驼峰取值 0.05，牵出线取值 0.06（根据设备情况由铁路局确定）。

（2）以辆数为单位的编组能力按下式计算：

$$B_{编} = N_{编} m_{编} \tag{4-40}$$

二、单项时间的计算标准

1. 编组 $t_{空程}$ 时间的计算标准

编组 $t_{空程}$ 时间是指调车场尾部调车机车自离开已完成转线作业的车列之时起，至驶往调车线上挂车之时止的作业时间。

（1）当调车场与出发场纵列时空程时间，如图4-3（a）所示。

$$t_{空程} = \frac{2l'_{咽} + l_{效} + l''_{咽}}{v_{空}} \times 0.06 \quad (\text{min}) \tag{4-41}$$

式中 $l'_{咽}$——出发场出口咽喉长度（一般为 300～400 m），并附加从列检试风管道安装位置至警冲标（出站信号机）的距离（一般为 100 m）；

$l_{效}$——出发场到发线有效长（一般为 850～1050 m）；

$l''_{咽}$——包括出发场入口咽喉及其与调车场连结部分，调车场尾部咽喉的总长度（450～1000 m），并附加尾部调车线上第一辆车停车位置至警冲标（调车信号机）的平均距离（80～250 m）；

$v_{空}$——尾部调车机车空程平均走行速度（内燃机车采用 26 km/h）。

（2）当调车场与到发场横列时空程时间，如图4-3（b）所示。

$$t_{空程} = \frac{l_{咽} + l_{联} + l_{挂}}{v_{空}} \times 0.06 \quad (\text{min}) \tag{4-42}$$

式中各项符号意义同前。

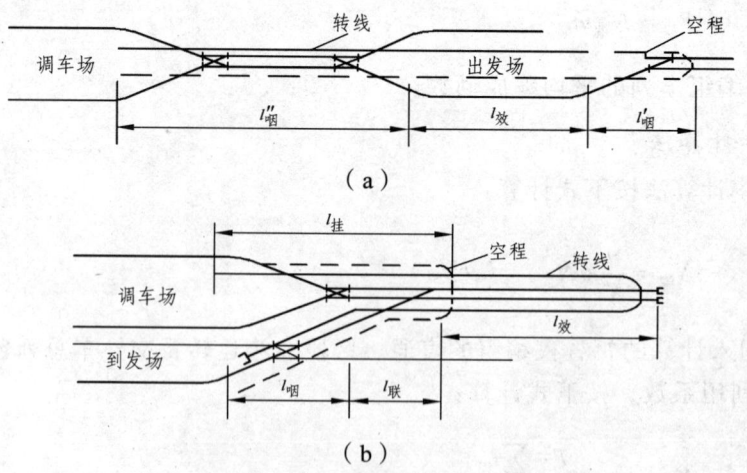

图 4-3 编组时间空程计算图

2. 编组 $t_{转线}$ 的计算标准

编组 $t_{转线}$ 时间是指将连挂好的车列自调车场内起动之时起，至转往出发场（或到发场）

停车摘钩完了之时至的时间。它与调车场尾部咽喉的长度、出发场入口咽喉的长度及两者连接部分的长度、出发场线路有效长以及列车编成辆数和尾部道岔操纵方式等因素有关。其值可按下式计算：

（1）调车场与出发场纵列的编组站，如图 4-3（a）所示。

$$t_{转线} = \frac{l_{效} + l''_{咽}}{v_{转}} \times 0.06 \tag{4-43}$$

（2）调车场与出发（到发）场横列的编组站，如图 4-3（b）所示。

$$t_{转线} = \frac{0.06(l_{挂} + 2l_{效} + l_{联} + l_{咽})}{v_{转}} \tag{4-44}$$

式中　$v_{转}$——车列平均转线速度（一般采用 13.5 km/h），其他符号意义同前。

第四节　车站能力的汇总

一、车站能力概念

车站能力是指在现行作业组织方法及调车机车配备情况下各车场、驼峰或牵出线及整个车站所具有的通过能力和改编能力。车站能力应按表 4-1、表 4-2 的格式进行汇总。汇总时：

（1）几个车场或几条平行进路咽喉道岔或几个驼峰、牵出线所承担该方向的列车接发通过能力或改编能力应加总后一并列入。

（2）全站通过能力和改编能力应将各方向能力加总后一并列入。

（3）车站能力应将车站通过能力和改编能力分别汇总。

（一）汇总车站通过能力的方法

车站通过能力应将车站到发线通过能力和咽喉通过能力分别汇总。

1. 到发线通过能力

汇总到发线通过能力的目的在于查明车站到发线接发各方向各种列车的能力。

汇总到发线通过能力，应根据各方向接、发列车车场的固定使用方案，分别确定其有调和无调中转列车的通过能力。汇总时应注意：

（1）某方向接车或发车由几个车场办理时，则车站该方向到发线的通过能力应等于各车场办理该方向接车和发车的通过能力之和。

（2）各方向的接车和发车通过能力如果是按改编列车和无改编中转列车分别计算时，则该方向总的接车和发车能力应等于改编列车和无改编中转列车数之和。

（3）各车场无改编中转列车的接车通过能力应等于其发车通过能力。

2. 咽喉通过能力

汇总咽喉通过能力的目的在于查明车站咽喉接发各方向各种列车的能力。

汇总咽喉通过能力时应根据各方向接、发进路上的咽喉道岔（组）能力利用率，分别确定其有调和无调中转列车的通过能力。汇总时应注意：车站各咽喉在作业进路上是相互联系和相互制约的，因此在计算车站咽喉接发各方向列车的能力时，不能孤立地按某一个咽喉道岔来确定，而必须综合地分析接发该列车进路上有关联的各个咽喉道岔后予以确定。

（1）计算某方向的接车或发车咽喉通过能力时，应考虑该方向接车或发车进路上及其本务机车出入段进路上所经由的咽喉道岔，从中选择受控制的即利用率最大的那个咽喉道岔，作为计算该方向咽喉通过能力的道岔。

（2）某方向接车或发车，遇有相互"汇合进路"上的两个咽喉道岔时，应选择其中受控制的那个咽喉道岔作为计算该方向的接车和发车咽喉通过能力的道岔。

当某方向接车或发车经由两条及其以上进路时，汇总后的咽喉能力应等于各进路咽喉道岔组办理该方向接车或发车的通过能力之和。

表 4-1 车站通过能力汇总

车场	方向	接车或发车	咽喉通过能力（列/d）			到发线通过能力（列/d）			限制能力（列/d）			限制能力的设备
			旅客列车	货物列车		旅客列车	货物列车		旅客列车	货物列车		
				有调	无调		无调	有调		有调	无调	
		接										
		发										
		接										
		发										
		接										
		发										
	小计	接										
		发										
		接										
		发										
		接										
		发										
		接										
		发										
	小计	接										
		发										
全站合计		接										
		发										
		接										
		发										
		接										
		发										
	总计	接										
		发										

编制填写说明：

① 车站通过能力：其单位是列"列/d"（列/日）。

② 无调、有调：系指无调、有调中转列车，各方向的接车和发车通过能力如果是按改编列车和无改编中转列车分别计算时，则将栏目名改为"改编"和"无改编"。

③ 能力受限设备：即利用率最大的设备。应按方向别和车场（小计）车站（总计）别填写。如填写"××咽喉"或受控咽喉道岔组名称、"×场"或到发线等。将原表中的"号码"移至该项。

（二）汇总车站改编能力的方法

汇总车站改编能力的目的在于查明该站调车设备解体和改编各方向列车的能力。在汇总改编能力时注意：

（1）当一个方向的列车由两个或两个以上调车设备进行解编时，该方向的改编能力应等于各调车设备改编该方向能力之和；

（2）一个调车系统的改编能力为该系统解编各方向能力之和；

（3）全站的改编能力应为两个调车系统解编能力之和。

表 4-2　车站改编能力汇总

驼峰或牵出线名称	方向	解体能力（列/d）		编组能力（列/d）		改编能力（列/d）		调车机	
		列	辆	列	辆	列	辆	型号、号码	台数
	小计								
	小计								
全站合计									
	总计								

二、车站能力分析

1. 分析车站通过能力

车站通过能力应按表 4-3 格式内容进行分析。

表 4-3 车站通过能力分析

项目			时间	20××年能力查定	年度	年度	年度	最高月
咽喉道岔区	场别及号码	××场×××号	列　数					
			利用率%					
		××场×××号	列　数					
			利用率%					
		××场×××号	列　数					
			利用率%					
		××场×××号	列　数					
			利用率%					
		××场×××号	列　数					
			利用率%					
××场	股道数（ ）	列车数	无　调					
			有　调					
			始　发					
			合　计					
			每股平均					
	利用率%							
××场	股道数（ ）	列车数	无　调					
			有　调					
			始　发					
			合　计					
			每股平均					
	利用率%							
××场	股道数（ ）	列车数	无　调					
			有　调					
			始　发					
			合　计					
			每股平均					
	利用率%							
××场	股道数（ ）	列车数	无　调					
			有　调					
			始　发					
			合　计					
			每股平均					
	利用率%							

编制填写说明：通过能力最高月系指20××年以来出入车数最高月份的日均列数。

2. **分析车站改编能力**

车站改编能力应按表4-4格式内容进行分析。

表4-4 车站改编能力分析

设备名称	项目	时间	20××年能力查定	20××年度	20××年度	20××年度	最高月
	解体	列数					
		车数					
	编组	列数					
		车数					
	利用率%	列数					
		车数					
	解体	列数					
		车数					
	编组	列数					
		车数					
	利用率%	列数					
		车数					
全站	解体	列数					
		车数					
	编组	列数					
		车数					
	利用率%	列数					
		车数					
日均办理车数（其中无调）			( )	( )	( )	( )	( )

编制填写说明：
① 设备名称指驼峰、牵出线。
② 改编能力的最高月是指20××年以来办理有调出入车数最高月份的解编列数、车数。

3. **分析车站高峰阶段能力**

车站高峰阶段能力应按表4-5格式内容进行分析。

表 4-5　车站高峰阶段能力

项目	高峰阶段能力（列/h）					
	高峰阶段时间（××：××—××：××）					
	通过能力				改编能力	
	图发		查定		解体	编组
方向	接	发	接	发		
合计						

编制填写说明：

① 高峰阶段的起止时间由车站自行确定。高峰阶段能力应是该阶段各方向时均通过能力和时均改编能力，其单位为（列/h）。

② 通过能力：高峰阶段查定的通过能力为不考虑空费时间的高峰小时通过能力。

③ 改编能力：高峰阶段查定的改编能力为高峰小时改编能力。此时，暂停驼峰设备检修。

驼峰调车机车不进行整场、整备（无替班调车机车时）作业，不进行车辆的取送作业，除反接改编列车产生妨碍外，不产生其他妨碍时间，也不考虑空费时间。

三、车站最终能力

1. 方向别最终通过能力的确定

咽喉和到发线通过能力按方向别汇总后，车站最终通过能力应按办理该方向列车的各项设备中受限制的（即利用率最大）那项设备的能力来确定。

当车站有几个到发场分别接发列车，而经由的咽喉有几个不同进路时，则最终通过能力的确定应考虑以下两种情况：

（1）一条固定进路在一个到发场接发：如果同一方向的列车，只经由一条固定的接（发）车进路并在一个到发场内办理接（发）列车作业时，则该方向的接（发）车最终通过能力，即等于该进路上受控制的那项设备（咽喉或到发线）能够办理该方向最多的列车数。

（2）几条不同进路在几个到发场接发：如果同一方向的列车，经由几条不同的接（发）车进路并在不同的到发场内办理接（发）车作业时，则该方向的接（发）车最终通过能力，应等于各该进路上受控制的那几项设备（咽喉或到发线）能够办理该方向最多的列车数之和。

确定时还必须注意：当某些区段站上有调改编中转列车较多时，其接发车能力还可能受车站改编能力的限制。遇到这种情况，应对该站改编能力进行计算平衡后，再求得该站按方向别有调中转列车的最终接（发）车通过能力。

2. 车站最终通过能力的确定

车站最终通过能力应按受限制的那项设备的接车和发车通过能力分别进行计算、确定。

接车能力：

$$N_{接}=\sum n_{接}^{i} \quad (列/d) \tag{4-45}$$

发车能力：

$$N_{发}=\sum n_{发}^{i} \quad (列/d) \tag{4-46}$$

式中 $n_{接}^{i}$，$n_{发}^{i}$——i 方向的接车或发车能力。

3. 车站最终能力的编制

"车站最终能力"应用表列出车站最终能力的技术数据，并用文字说明车站最终能力的限制因素及对策。

（1）车站最终能力数据。

"车站最终能力"应编制按方向影响接发车最终能力以及全站的接、发车能力，全站最终办理能力（包括办理车数，有调、无调车数和无调比重）。编制格式、内容如表4-6、表4-7所示。

表 4-6 车站最终能力（区段站）

车场	项目	通过能力（列/d）				改编能力（列/d）			限制能力（列/d）				限制能力的设备
		咽喉能力		到发线能力		驼峰或牵出线	能力		旅客列车	货物列车			
		旅客列车	货物列车	旅客列车	货物列车		列数	车数		列数	无调比（%）	日办理车数	
	小计												
	小计												
	小计												
车站合计													

填写说明：

① 本表适用于区段站。
② 项目：指接、发，编、解，方向，有调、无调等。
③ 限制能力设备：咽喉道岔组名称、到发线、调车线、驼峰等。
④ 限制能力：在车站通过能力和改编能力中较小的能力。
⑤ 办理车数：车站日均到达与出发总车数。
⑥ 车站合计：栏内与"限制能力"所对应的数据（粗实线表内）即车站最终能力。

表 4-7 车站最终能力（编组站）

方向	接或发	咽喉通过能力（列/d）									到发线通过能力（列/d）								
		××咽喉道岔			××咽喉道岔			汇总			到达场	出发场			编发场			汇总		
		有调	无调	计	有调	无调	计	有调	无调	计	有调	有调	无调	计	有调	有调	无调	计
	接																	
	发																	
	接																	
	发																	
	接																	
	发																	
合计	接																	
	发																	

方向	解或编	改编能力（列/d）				最终能力（列/d）							
		驼峰	牵1	牵2	汇总	方向	接、发、解、编	货物列车（列/d）				图定旅客列车	限制能力的设备
								有调	无调	总计	无调比重（%）	日办理车数		
	解						接							
	编						发							
	解						接							
	编						发							
	解						接							
	编						发							
合计	解				合计		接							
	编						发							

— 78 —

编制填写说明：

① 该表为编组站车站最终能力表，各栏目应根据车站实际情况而增减。

② 表中的数据，是在表 4-1、4-2、4-3、4-4 的基础上，经综合分析汇总，并与 GB9654—88 进行检算、调整后的数据。

③ 最终能力：列出了车站最终办理能力（包括办理车数、有调、无调车数及无调比重）。表中"接、发或解、编"栏，根据受限能力种类，只填其一。表中方向栏内的"接""发"，是通过能力为受限能力时的填法。

④ 表中通过能力和改编能力为货物列车数据，未含图定旅客列车数。

（2）最终能力的限制因素及对策。

应根据车站的实际情况，用文字说明车站最终能力的限制因素及其改进措施。可编制以下内容：

① 根据车站图型布置情况，分析限制车站最终能力的客观因素，并列出限制能力的处所及设备名称；

② 提出站场技术设备的更新改造建议；

③ 根据车站的作业组织办法，分析限制车站最终能力的主观因素和产生原因；

④ 提出改进车站行车作业办法和车站扩能的建议方案。

第二篇　基于计算机联锁系统的技术站能力查定方法

随着铁路信息化的发展,以计算机为核心的微机联锁系统逐步替代了传统的继电电气集中联锁系统。即使未采用微机联锁的车站,为了适应铁路电务部门现代化管理的需要,大部分也都安装了微机信息监测管理系统。这些先进设备的广泛使用为实现能力查定自动化提供了条件。通过采集微机上已存储的数据,代替人工采点写实,再结合行车日志、技术作业大表、调车作业通知单等生产记录,形成完整的查标写实数据,然后人工输入计算机,利用数据自动化处理软件,能够实现技术站能力的自动计算。

第五章　利用计算机联锁系统的数据采集方法

第一节　计算机联锁系统

请扫描二维码查看本章部分插图

一、计算机联锁系统结构和功能

（一）计算机联锁系统结构

计算机联锁系统是通过计算机技术、控制技术和通信技术来实现车站联锁控制功能的实时控制系统。根据系统各主要部分功能的不同,计算机联锁系统一般采用如图 5-1 所示的层次结构。整个计算机联锁系统由室内和室外设备构成,室内设备由人机交互层、联锁

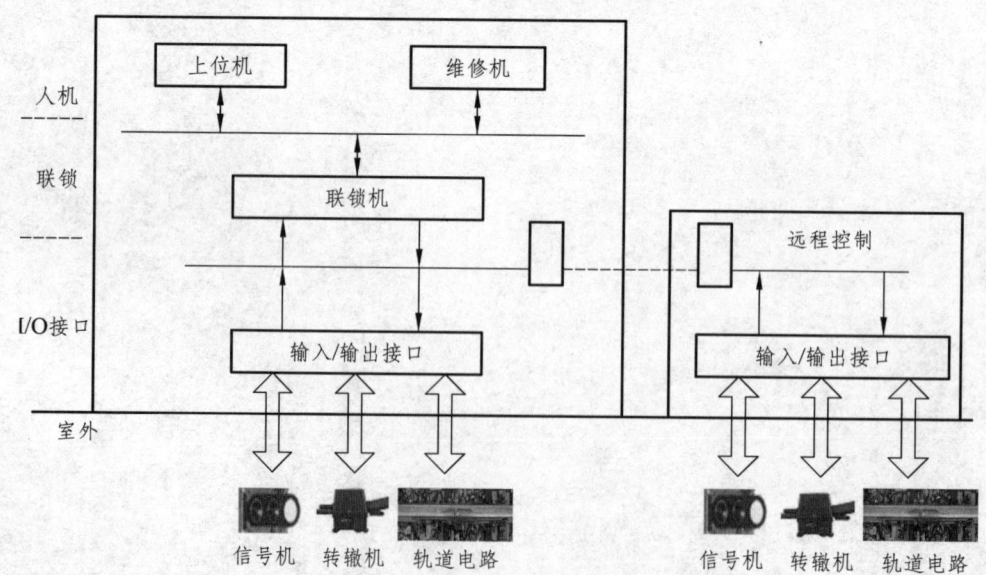

图 5-1　计算机联锁系统体系结构

控制层和 I/O 接口层设备所构成，室外设备主要是信号机、转辙机和轨道电路等。人机交互层与联锁控制层之间、联锁控制层与 I/O 接口层之间、I/O 接口层与室外设备之间通过各种不同通信方式进行相互连接，构成一个具有三个层次的实时控制系统。

人机交互层由人机接口计算机和维修机构成，它们是车站操作人员和维修人员的操作与维护平台。人机接口计算机也被称为上位机，一般采用高可靠性的工业控制计算机（包括主机及其外围设备，如鼠标、键盘、显示器、音箱等），并采用双机冗余结构形式，其功能类似于 6502 的控制台，即接收车站操作人员下达的各种操作命令，并将其下发给联锁控制层的联锁机，同时实时显示站场的作业情况（如信号机当前工作状态、道岔当前位置、进路当前的处理状态等），图 5-2 是典型计算机联锁系统的运行界面（请扫描本章章首二维码查看）。

维修机，一般也采用高可靠性的工业控制计算机，用来实时显示站场的作业情况，对系统中各种工作信息的存储（存储时间一般为一个月），根据存储的工作信息对历史作业情况进行回放，对设备故障进行显示、分析、统计和打印等，为车站维修人员进行设备维护或故障维修时使用。

联锁机一般采用单片机、可编程逻辑控制器等硬件结构形式，采用冗余结构形式。联锁机实时接收从上位机下达的联锁命令，根据从 I/O 接口层接收到的室外信号机、道岔和轨道电路的状态，进行联锁逻辑运算，并根据运算结果来下达控制命令，如道岔的操纵、信号开放/关闭等。

I/O 接口一般由具有采集/驱动功能的电路板和继电器电路两部分硬件构成。其中，继电器电路由很多安全型继电器构成，实现与室外信号机、转辙机、轨道电路等信号设备进行硬件连接；具有采集/驱动功能的电路板在联锁机和继电器电路之间起着信息转换和信息传递的作用。具有驱动功能的电路板从联锁机实时接收信号开放/关闭、道岔操纵等操作命令来驱动继电器电路工作，继电器电路工作后将接通/断开室外信号机、转辙机等控制电路的工作；具有采集功能的电路板通过采集继电器电路中各个继电器的接点来得到室外信号设备的当前状态，将其提供给联锁控制层的联锁机。

此外，一些计算机联锁系统具有区域控制功能，即将周围距离不太远的一些小站的车站联锁，纳入到一个中心车站来实现集中控制。具体实现时，将 I/O 接口层设备放在小站内，然后通过专用线（如光纤）将其信息传送到中心车站，由中心车站执行对该小站的联锁逻辑控制功能。

（二）计算机联锁系统工作原理

计算机联锁系统的工作原理如图 5-3 所示。下面从命令执行和信息反馈两个方面来介绍计算机联锁系统的工作原理。

命令执行过程：车站操作人员根据站场显示、调度命令要求，利用上位机的鼠标、键盘等办理操作命令（如选排进路、道岔单操等）。上位机接收到操作人员的操作命令之后，将操作命令以固定的命令格式发送给联锁机。当然，上位机也可以对命令进行简单的判断，对判定不成立的操作命令不予发送。联锁机接收到操作命令之后，根据从输入/输出层采集到的继电器的状态信息（即室外设备信息）、联锁机内部状态信息和故障检测情况来进行联锁处理，联锁处理之后，如果产生驱动命令（如使 DCJ 吸起的命令、LXJ 吸起的命令等），则将该驱动命令以数字量形式发送给输入/输出接口中的驱动电路板。输入/输出接口电路中的驱动电路板接收到驱动命令后，为相应的继电器提供（或断开）驱动电源，使继电器电路中相应的继电器动作（吸起或落下）；继电器电路主要由信号机控制电路和道岔控制电路构成，当继电器动作（吸起或落下）后，将连通或断开相应的控制电路，使室外的信号设备动作（如信号开放/关闭，或转辙机开始转换等）。

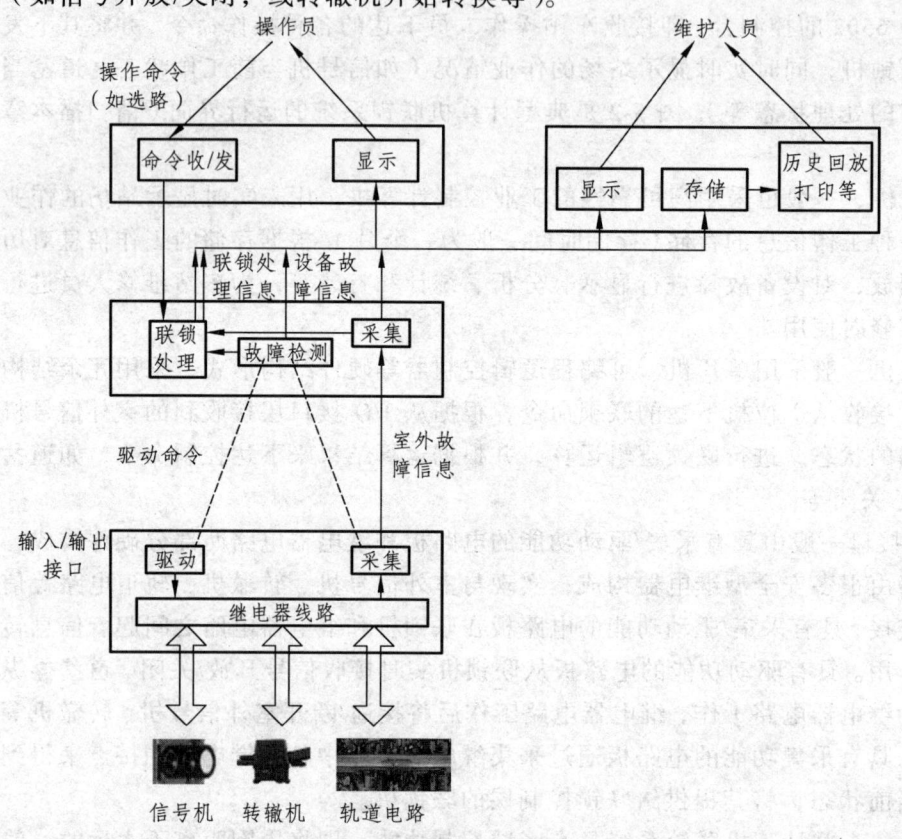

图 5-3 计算机联锁系统工作原理

信息反馈过程：室外信号设备动作后（如道岔开始向反位转换），将使室内的表示继电器电路发生变化（如 DBJ 电路将断开），表示继电器的状态及其状态变化又会通过采集电路板实时反馈到联锁机。联锁机将这些采集信息进行存储，一方面供联锁处理使用，作为联锁处理的依据，另一方面将其发送给上位机，以供上位机进行站场的实时显示使用；为保证系统的故障-安全性，联锁机还需进行故障检测，检测联锁机、采集电路板、驱动电路板等是否出现故障。故障检测的结果一方面供联锁运算使用，作为是否进行联锁运算的依据，另一方面将出现的设备故障信息发送到上位机和维修机，以便于提醒操作人员注意，提醒维护人员是否进行故障维护或者维修。此外，联锁机还要将命令的执行情况（如排列进路时进路中道岔转换是否超时、进路是否在锁闭状态等）反馈给上位机和维修机，以便于上位机和维修机进行站场的实时显示。

（三）联锁机软件

联锁机的软件功能可分为五大模块：与上位机通信模块、采集模块、联锁运算模块、输出模块和自检模块。

（1）与上位机通信模块：该模块的基本任务是接收上位机送来的操作信息和向上位机输出各种表示信息。联锁机是经由通信接口与上位机通信的。

（2）采集模块：联锁机利用该模块控制各采集板的工作，采集各种状态信息，其中包括有关信号、道岔以及轨道电路等的状态信息。

（3）联锁处理模块：该模块是联锁机所执行的最复杂的模块，在该模块中除了完成进路控制这一主体部分外，还要包括道岔的单独操纵、单独锁闭与解锁等。另外，还需结合车站具体结构和作业需求，完成一些辅助性联锁功能，例如与机务段的联系、场间联系、非进路调车、平面溜放调车等。

（4）输出模块：该模块的基本功能是把已生成的信号控制命令、道岔控制命令或控制其他继电器励磁的信息传送到相关的输出驱动板，驱动所控制的继电器。

（5）故障检测模块：该模块的功能是对联锁机自身的硬件故障进行检测。故障检测既是为实现故障-安全要求而采取的措施，也是为尽快发现故障以便及时维护的重要措施，更是为提高系统的可靠性而采取的冗余结构所必需。

联锁机在执行上述 5 个模块时，只能按预定顺序周而复始地进行。这 5 个模块的顺序安排并非是唯一的，图 5-4 给出了一种执行顺序。联锁机软件的上述 5 个功能模块中，4 个模块（上位机通信模块、采集模块、故障检测模块和输出模块）与具体计算机联锁系统所采用的具体硬件结构和通信方式有关，以下仅对其中的联锁处理模块进行介绍。

联锁处理主要包括命令处理和进路处理两部分，如图 5-5 所示。命令处理部分判定是否接收到上位机的操作命令，一旦接收到操作命令，则对简单的操作命令进行命令的判定和处理。对一些与进路有关的复杂的操作命令，如选排进路、取消进路、人工解锁等，由

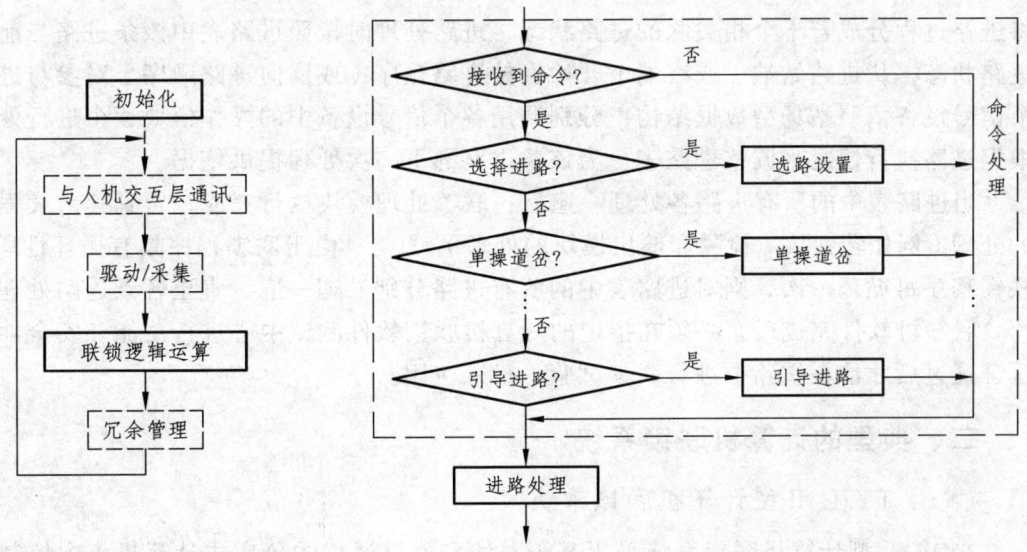

图 5-4 联锁机软件模块执行顺序　　　　　　图 5-5 联锁处理

于涉及多个信号设备且处理时间较长,所以在命令处理部分一般只进行简单的命令判定和设置(即设置一个能存储多条进路的进路表),具体处理部分放在进路处理部分来完成。在进路处理部分,对存储在进路表中的各条进路依次进行处理。对其中某一条具体进路的处理过程,如图 5-6 所示。

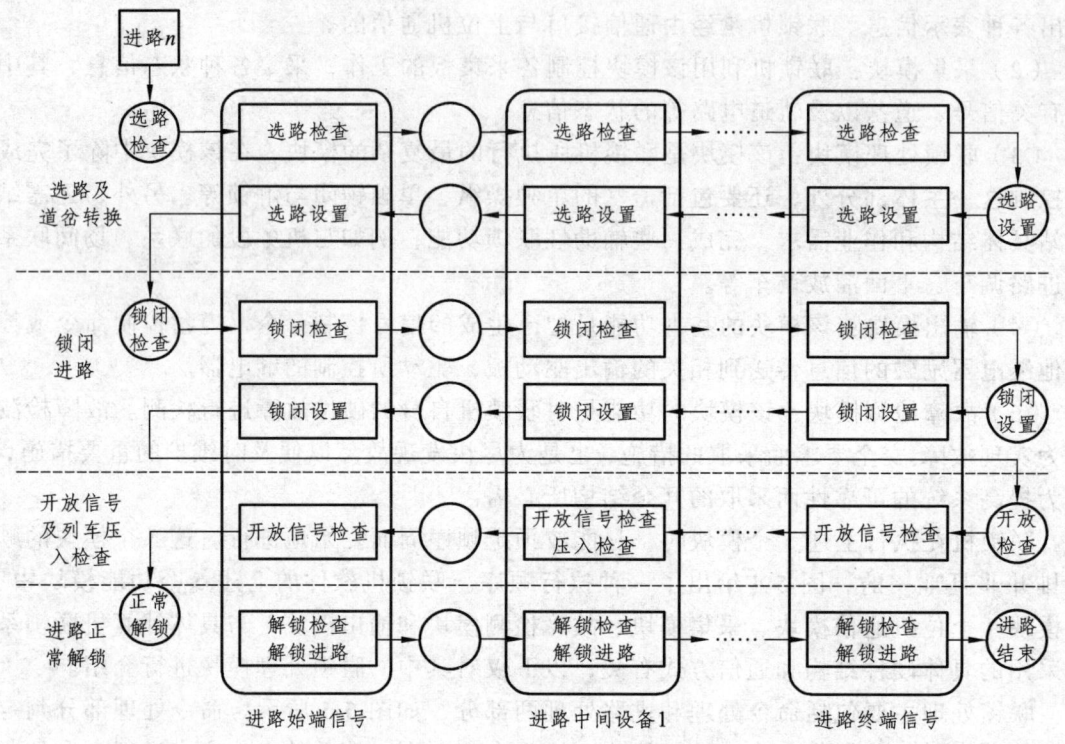

图 5-6　单条进路的处理过程

对单条进路进行处理时,为了方便进路过程的处理,可依据 6502 电气集中电路原型,将进路过程分成若干个相关联的进路状态,进路处理时按照进路表中该条进路当前所处的进路状态,从进路始端(或终端)开始,按进路顺序(或反向进路顺序)对参与进路的各个信号设备依照站场型数据结构,分别调用各个信号设备中的操作模块逐个进行处理,并根据进路执行情况来调整进路表,为该条进路的下一次处理提供依据。

当进路表中的所有进路各处理一遍后,联锁处理模块执行完成,转到其后续程序模块的处理(例如转到故障检测和输出模块的处理)。总之,由于联锁程序具有循环性质,所以联锁程序每循环一次,则对进路表中的所有进路分别处理一遍,直至各条进路处理完成。

联锁机软件完成后,必须在指定的计算机联锁软件测试中心进行功能和安全性认证,认证通过后才能在铁路上进行联锁试验、投入应用。

二、典型的计算机联锁系统

(一)TYJL-Ⅱ型计算机联锁系统

TYJL-Ⅱ型计算机联锁系统采用基于总线和网络通信的分布式计算机集中控制方式。系统中所有主要的功能模块均为双机互备,并采用了独特的双总线的切换方式,使主、备系统切换简便，且在物理层上完全相互独立，不但大大提高了系统的可靠性，而且对备用系统的维护维修可以在对工作系统毫无影响的情况下从容进行。

系统可划分为控制管理、联锁控制和现场接口3个层次，其结构如图5-7所示。

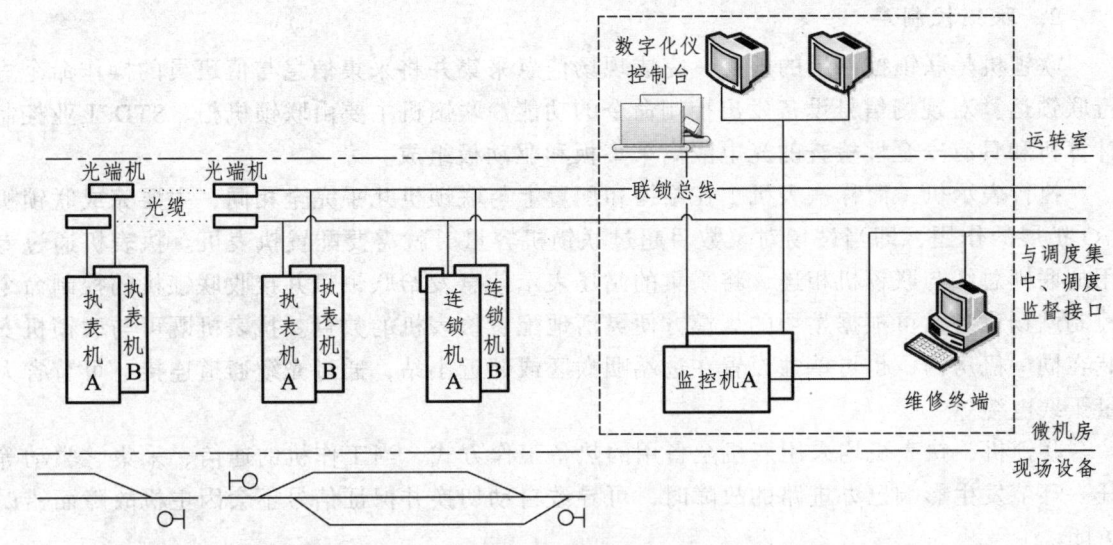

图5-7　TYJL-Ⅱ型计算机联锁系统体系结构

1. 控制管理层

控制管理层主要由值班员控制台、监控（上位）机、维修机等组成，主要完成人机对话、记录储存、为微机监测子系统提供人机界面及调度集中（监督）或信息管理系统联网等功能。

（1）值班员控制台。

可提供鼠标加监视器、数字化仪加监视器或新型模块拼装式光带表示盘、按钮控制盘加监视器以及控制表示合一的模块拼装式等多种制式的控制台。根据车务人员的操作需要可分设控制台，每个控制台对现场既可分区局控，又可统一集中操作。对后台值班员可提供复示监视器。

（2）监控机。

采用工业控制 PC 机，完成值班员操作命令处理和现场信息图像处理以及语音报警功能。监控机还具有最少4h的全部记录储存能力，即使在维修机脱线或故障的情况下仍可确保不会丢失信息记录，并可分类显示记录信息。监控机采用双机互为备用并可迅速切换的工作方式，以保证系统不受任何单机故障的影响。在监控机上附加安全信道后，还可实现枢纽或编组站与各站或各场联锁系统之间的站联、场联信息的上网传输。

（3）维修机。

采用工业控制 PC 机，一般通过以太网与监控机相连（构成管理局域网）。采用先进先出的循环储存方式可自动储存多达1个月的站场信息、值班员操作信息以及联锁系统给出的提示信息和故障诊断信息的全部记录，并对以手动方式储存的记录永久保存。记录信息可以多种方式分类检索查询和打印，并可在线以图像方式再现。

维修机还可为微机监测子系统提供人机界面，为远程维修中心、调度监督等提供上网接口。在中小站的联锁系统中，维修机可与监控机合一，即由处于备用状态工作的上位机完成维修机的功能。

2. 联锁控制层

联锁机是联锁控制层的核心，完成现场信息采集并将采集信息与值班员的操作命令进行联锁运算对现场信号设备发出控制命令的功能。联锁机主要由联锁机柜、STD 工业控制计算机和具有安全性检查的光电隔离采集板和驱动板组成。

执行表示机（简称执表机）在结构和配置上与联锁机几乎完全相同，主要完成联锁机 I/O 扩展的作用，即当站场对象数目超过联锁机容量时就需要配置执表机。执表机通过专用的联锁总线与联锁机相连，将采集的站场表示信息发给联锁机并接收联锁机的控制命令控制站场设备。可根据站场的规模方便灵活地配置执表机的数目。执表机既可与联锁机安装在同一机房内，也可单独设置在远端咽喉区或邻近小站，通过光缆通道连接，可节省大量干线电缆。

联锁机、执表机均采用双机全备用的热备工作方式，当工作机的通信、采集、驱动等任一环节发生影响已办进路的故障时，可导致自动切换并保证信号不会因主机故障而错误关闭。

3. 现场接口层

现场接口层主要由计算机联锁系统与现场信号设备的接口电路以及各种结合电路构成。TYJL-Ⅱ型的接口电路主要采用国内计算机联锁普遍采用的动态安全电路。其道岔和信号点灯等控制接口电源，采用基本保留原继电电路而将原定、反操和信号继电器等替换为可由计算机直接控制的动态安全型继电器的方式。动态继电器目前已普遍采用普通安全型继电器加分离的动态驱动组合的构成方式，这样既可以减少复示继电器，又利于维护维修。

为确保安全，每一个联锁或执表机柜均设一个事故继电器，控制该机柜所属全部动态继电器的电源，当计算机发现可能有危及安全的故障发生时即令事故继电器落下，切断其动态继电器的电源。

4. 系统技术特点

（1）系统采用高可靠的工业控制机，以双机热备冗余结构组成联锁处理系统，可实现双套联锁控制系统的快速同步功能，不影响值班人员的操作和显示。

（2）联锁程序采用双软件结构，在控制命令级进行比较。每套程序的数据来自物理地址不同的存储空间，提高了联锁运算的安全性。而且，程序设计采用分层网络结构，进一步提高了软件的安全性。

（3）系统的采集电路和驱动电路采用动态脉冲工作方式，当电路中的任一部件发生故障时，均能导致信息脉冲中断，使设备导向安全。

（4）系统严格采用闭合控制原理，通过对输出控制命令分层双重回读的闭环控制，可对驱动混线、驱动板故障、I/O 板故障、各级译码器电路错误等故障进行有效检查，当发现可能危及安全的失控情况时，立即切断电源，导向安全。

（5）系统设置有切换校核电路对切换电路的一致性进行检查，校核有误时联锁机将停止输出，以保证系统安全。

（二）DS6-K5B 型计算机联锁系统

DS6-K5B 型计算机联锁系统采取 2×2 取 2 的冗余方式，所有涉及安全信息处理和传输的部件均按照故障-安全原则采取了两重系结构设计。

系统由控制台、电务维护台、联锁机、输入/输出接口（在系统中，输入/输出电路称作"电子终端"，Electronic Terminal，简称 ET）和电源 5 部分组成，如图 5-8 所示，分为人机界面层、联锁运算层和执行控制层三个层次。

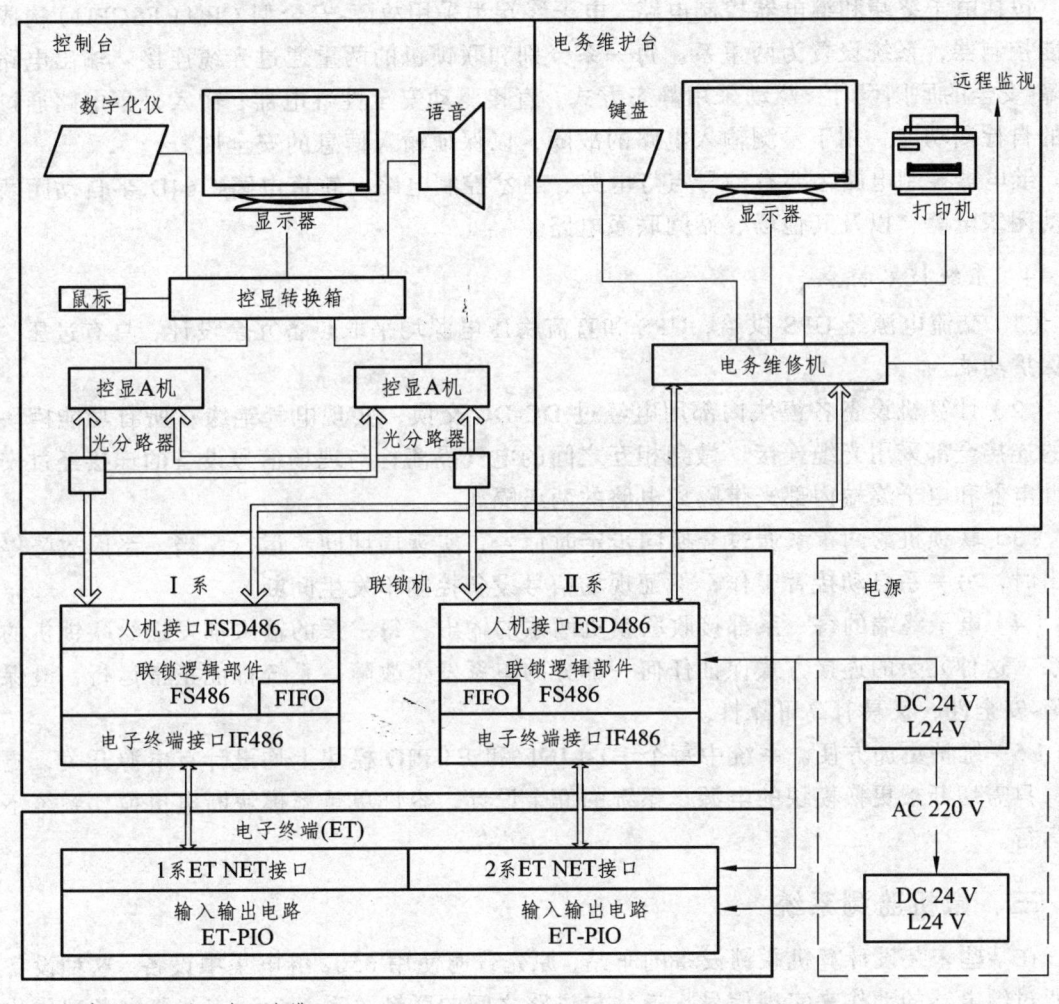

图 5-8 DS6-K5B 型计算机联锁系统体系结构

1. 人机界面层

包括控制台分机和维修机，实现车站控制台操作，站场图形显示，系统设备故障监视和人机界面等功能。控制台分机采用标准工业控制计算机，硬件上为双机热备，用光缆经过光分路器与联锁机的两系连接。

2. 联锁运算层

即联锁计算机，实现联锁逻辑运算，输入/输出控制，诊断信息处理及二重系管理等功能。

联锁机由并列二重系组成，每系都具有故障-安全型的主机模块 F486，称逻辑控制单元，用于完成联锁逻辑运算和联锁控制系统软件和硬件管理。每系都具有两套智能通信接口，分别为输入/输出接口 ETSIO、人机界面接口 MTSIO，通道全部采用光缆连接。两系之间有系统切换装置，负责系间数据同步、时钟同步、主从系管理监视和单系到双系的重构。

3. 执行控制层

包括电子终端和继电器控制电路。电子终端为采用故障-安全型 CPU（FSCPU）构成的智能控制器，系统设置为两重系。每一系分别和联锁机的两重通过光缆连接。输出电路按故障-安全的原则设计，驱动采用静态方式，直接驱动安全性继电器；输入采集电路通过有效的自检测功能，用于检测输入电路的故障，以保证输入信息的安全性。

继电器控制电路主要有信号点灯电路、道岔控制电路、轨道电路、64D 半自动闭塞或自动闭塞电路，以及其他场、站间联系电路。

4. 系统技术特点

（1）交流电源经 UPS 供给，UPS 和直流稳压电源均采取热备冗余设计，具有过压、过流保护功能。

（2）计算机设备各模块内部用电经过 DC-DC 交换，实现电气绝缘；所有功能模块之间的连接全部采用光缆连接，做到相互之间的电气隔离；与现场信号设备的连接经过安全型继电器和电子终端内部光带隔离电路的两级隔离。

（3）联锁机的两重系通过交换同步定时信号，实现周期同步运行。当一系因故障停止输出时，另一系自动接替工作，保证现场信号设备控制不发生间断。

（4）电子终端的每一系都接收联锁机两系的输出，每一系的输入都发送给联锁机的两重系。这种冗余的连接方式保证任何一部分的单系发生故障，系统都能正常运行，既保证故障-安全性，又具有高可靠性。

（5）维护更加方便。系统中每个 ET-LINE 和 ET-PIO 模块上均设计有电源开关，更换时，只需切断被更换模块的电源。系统的冗余设计，容许单重系模块断电更换，系统不间断运行。

三、微机监测系统

在某些未装设计算机联锁设备的车站，原先普遍使用 6502 继电集中设备。这种设备主要通过继电器的动作来实现信号、道岔与进路之间的联锁关系。为适应铁路电务现代化管理的需要，大多数车站使用微机信息监测管理系统，对车站的 6502 电气集中设备运行状况进行实时监督、记录和故障分析，对信号设备的电气性能进行自动测量，并能通过铁路专用通信线路将车站信号设备的状态信息，传送到管理部门的监测管理终端。电务管理部门通过监测管理终端能够及时、全面地了解管内车站信号设备的运行状况和技术状态。系统主要由三部分组成：

（1）设置在管理部门的监测管理终端（简称主机）；

（2）安装在铁路车站的微机监测系统（简称分机）；

（3）主机与分机之间的通信线路及数据调制解调器。主机能监督、查询管内装有监测分机的车站信号设备的运行状态和故障信息，远程监测分机进行自动测量。分机负责各类信息的采集、处理和输出。主机和分机之间通过通信线路进行信息交换。

该系统具有实时监督、自动测量、信息管理的功能。其中信息管理功能包括：

（1）信息传送：分机能按照主机命令，将车站信号设备的即时状态信息或有关记录传送给主机。

（2）记录重现：主、分机内的各类记录均能保存一定时间，可按记录的特征（如时间、位置或名称等）为索引进行查询或拷贝。

（3）数据维护：主机能定时自动将有关记录生成数据文件，也可人工选择记录生成数据文件。这些文件可显示、打印或制作软盘备份。

（4）图表输出：各类信息均可处理成直观的图表形式输出，也可根据需要生成各类生产报表和技术档案。

所以，在没有安装计算机联锁的车站，使用6502继电集中联锁设备并安装了微机信息监测管理系统的主机或分机也可实现站场记录的再现功能。

第二节 原始数据的采集方法

传统的能力查定方法，原始数据采集以调查人员现场跟班采点为主，记录每条进路占用相关信息。以微机监测或计算机联锁系统为基础，利用系统的"记录再现"功能，通过人工记录，可以得到计算咽喉通过能力、到发线通过能力、牵出线编组能力和驼峰解体能力所需要的数据。

一、微机联锁数据

微机联锁系统中操作和记录着与行车和调车有关的信息，包括反映道岔状态的信息、反映轨道区段状态的信息、反映道岔锁闭的信息、开放信号的控制信息、转换道岔的控制信息、反映信号是否开放的状态信息、反映敌对进路是否建立的状态和其他检查信息。这些信息形成了联锁数据。

联锁数据是指在联锁计算机中，所有参与逻辑运算的逻辑变量。数据有静态数据（常量）和动态数据（变量）两类。

1. 静态数据

静态数据即常量，比如对于一条进路，该进路的特性和有关监控对象的特征及其数量，就是静态数据。建立任何一条进路，其标准的、各条进路共享的联锁程序的静态数据包括：

（1）进路性质，是列车进路还是调车进路；
（2）进路方向，是接车方向还是发车方向；
（3）进路的范围，即进路的始端和终端，如果是迂回进路，应指明变更点（相应于变通按钮所对应的位置）；
（4）防护进路的信号机（信号机名称）；
（5）与建立进路相敌对的信号机及敌对条件；
（6）进路中的轨道电路区段（名称）及数量；
（7）进路中的道岔（名称），所处的位置、数量；
（8）进路所涉及的侵限绝缘轨道区段（名称）及检查条件；
（9）进路的接近区段（名称）和离去区段（名称）；
（10）进路末端是否存在需要结合或照查的设施，如闭塞设备、驼峰信号设备、机务段联系等。

给定一个车站的信号平面布置图后，就可选定全部静态数据块。

2. 动态数据

参与联锁运算的动态数据即变量，主要包括操作输入变量、状态输入变量、表示输出变量、控制输出变量以及为实现联锁逻辑所需的控制变量及中间变量等。

（1）操作输入变量是反映操作人员操作动态的开关量，除了用以形成操作命令外，还作为表示信息的原始数据以及检测系统的记录内容；
（2）状态输入变量是反映监控对象状态的变量，如轨道电路区段状态、道岔状态、信号机状态、灯丝状态，以及与进路有关的其他设备状态等；
（3）表示输出变量是指向控制台、表示盘或显示器提供的变量，反映有关列车或调车车列运行情况、操作人员的操作情况以及联锁设备工作情况；
（4）设备控制变量是指控制信号机和转辙机的变量；
（5）中间变量是指联锁程序执行过程中产生的一些变量，为实现联锁逻辑而起到过渡或中间转换的作用。

二、写实内容

微机监测和计算机联锁系统中回放界面布置不尽相同，但大体功能一致。以 TYJL-II 型计算机联锁系统为例介绍原始数据的采集方法。

屏幕显示按站场图形布置，平时显示的灰色光带为基本的轨道图形。屏幕图形对轨道区段、列车信号、道岔等不同颜色的显示有不同的含义。

1. 轨道区段

灰色光带——基本图形；
白色光带——进路在锁闭状态；
红色光带——轨道区段有车占用或区段故障。

2. 列车与调车信号

与站场实际信号颜色大体一致：

红色——列车信号关闭；

绿色——列车信号开放；

白色——调车信号开放。

列车（或机车车辆）由咽喉区一端 A 处，经过若干道岔前进至咽喉区另一端 B 的一条通路叫作一条进路。原始数据写实，要求将各项作业进路的作业项目、进路经由，进路的准备、开始占用、道岔解锁的时刻准确记录，有到发线占用时，要记录到发线的列车停妥和线路腾空时刻，以便计算该项作业占用咽喉和到发线或者调车作业占用驼峰和牵出线的时间。

根据站场图形轨道区段和信号机颜色的含义，可以确定以下时刻的记录方法：

准备进路——进路锁闭或者信号机开放时刻，屏幕上显示为进路所有轨道区段完全变白的时刻或列车信号由红变绿，调车信号由蓝变白的时刻，如图 5-9 所示。

开始占用——接车时为列车轮压上预告信号的时刻，屏幕上表现为接车信号由绿变红的时刻；发车、调车则是列车或机车正式开动时刻，屏幕上表现为进路的部分轨道区段由白变红的时刻，如图 5-10 所示。

道岔解锁——作业进路最后一个道岔解锁，屏幕显示为进路最后一部分轨道区段红色光带熄灭时刻，如图 5-11 所示。

列车停妥——列车、机车车辆完全进入到发线警冲标内方停妥，按接车进路解锁后 1 分钟计。

线路腾空——列车或车列出清到发线，屏幕显示为该股道红色光带熄灭时刻，如图 5-12 所示。

注：图 5-9 ~ 5-13 请扫描本章章首二维码查看。

三、写实方法

电务维修机显示屏的图形框平时复示控制台的显示状况。若进行站场再现，首先点击电务维修机屏幕主菜单栏的"再现"图标按钮，如图 5-13 所示，进入选择再现记录文件对话框，然后选择需要再现的时间段，并点击"确定"按钮即可开始站场再现操作。屏幕上出现站场再现控制按钮条，如图 5-14 所示，其上显示再现的当前记录时间。此时，由人工按作业进路动作时间标准，对站场每条作业进路一一记录。

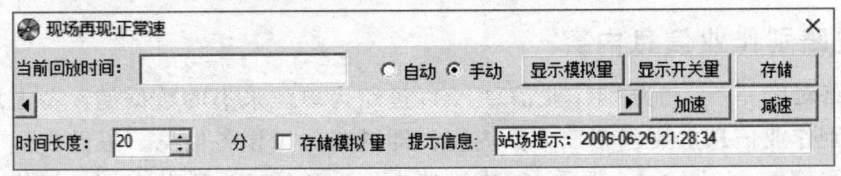

图 5-14 站场再现控制条

通过站场再现控制条，可控制站场回放的速度、选择回放时间，显示模拟量、开关量，或是进行存储等操作。由于回放时可以控制播放速度，因此在繁忙时段可以适当减慢速度，以便准确记录作业时间。

站场再现可以得到作业进路起止点、经由道岔号码，区分接、发车和调车信号、进路动作时刻等信息，但不能得到具体的作业内容。若要得到完整的写实资料，还须参照车站行车日志、技术作业图表、调车作业通知单等对微机回放记录数据分析整理。

第三节 原始数据的采集对象

一、设备占用过程与进路占用过程

在车站设备运用过程中,每一项设备的每一次占用都属于车站某种具体的技术作业过程中一环或全部,而车站移动设备在车站固定设备上是不能随意移动的,必须在开通特定作业进路的前提下移动设备才能移动,完成固定设备的占用过程。因而,车站作业过程、进路占用过程、设备占用过程就车站作业总体而言属于同一个过程,只是从不同侧面的描述而已,所以它们之间存在着特定的对应关系。图 5-15 是这种关系的一种简单表示。

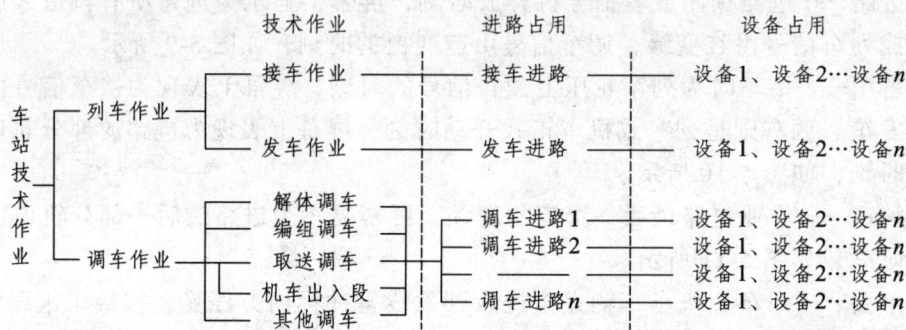

图 5-15 技术作业过程、进路占用过程和设备占用过程的对应关系

图 5-15 中,一项作业过程包含 1 到多项进路占用过程,即 $\dfrac{技术作业数}{作业设备数}=\dfrac{1}{n_{进}}$,$n_{进} \geqslant 1$;而一条作业进路包含 1 到多项技术设备,即 $\dfrac{作业近路数}{作业设备数}=\dfrac{1}{n_{设}}$,$n_{设} \geqslant 1$;而一项作业过程和设备占用过程之间的数量关系 $\dfrac{技术作业数}{作业设备数}=\dfrac{1}{n_{设} \times n_{进}}$,这种关系相当复杂,而且难以分析。

为简化三者之间的关系,以作业进路作为联系技术作业和作业设备的纽带,以作业进路及其占用过程的记录作为车站能力查定的原始数据来源和采集对象,将其命名为"进路别作业信息"。

二、进路别作业信息内容

一条进路对应一条"进路别作业信息",以进路为单位采集的数据是设备占用信息的来源,而进路别作业信息主要包含三方面内容,即进路占用设备信息、进路占用时间信息、进路作业内容信息,如图 5-16 所示。其中进路占用设备信息和进路占用时间信息是根据进路占用人工跟班写实采点得到的,或者通过车站设备记录的信息得到,进路作业内容信息是依据行车部门的相关作业记录(如行车日志、技术作业大表、调车作业通知单等)经过分析整理得到。

以"进路别作业信息"作为车站能力查定原始数据采集对象,将上述三种信息按照作业过程一一匹配,可以得到完整的进路别作业信息,从中可以推导和转换车站各种技术设备的占用过程信息,在实际车站能力查定工作中也是这样进行的。

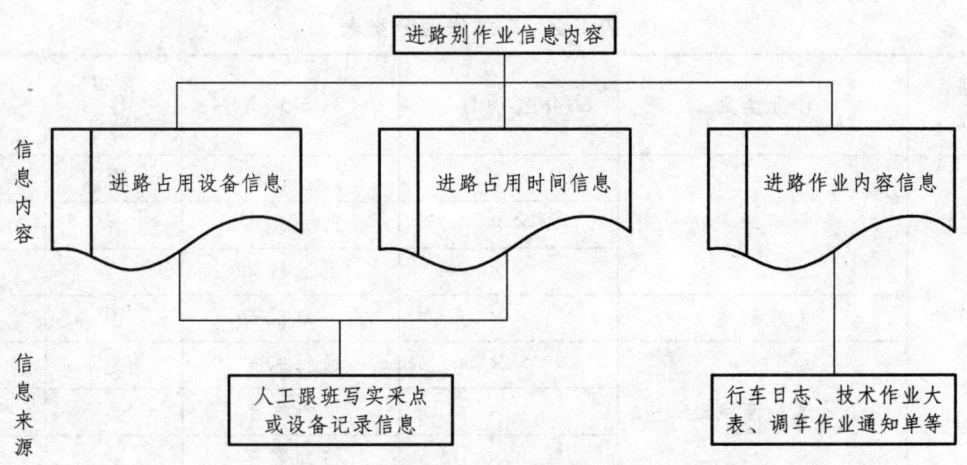

图 5-16 进路别作业信息内容及来源

第四节 原始数据的整理

由于原有的微机联锁系统没有导出以进路为单位的进路别作业信息的接口，而且其记录的信息对于车站能力查定也不完整，需要一个人工提取和转换的过程，以便将微机联锁记录数据转换为完整的"进路别作业信息"。

一、咽喉道岔组和到发线原始数据

根据能力计算方法及车站现场工作实际情况，结合能力计算方法的改进，设计出"咽喉道岔组和到发线原始数据表"，以采集车场范围内所有技术作业的"进路别作业信息"。其具体表格结构如表 5-1 所示。

表 5-1 咽喉道岔组和到发线原始数据表

方向	始末		道岔组号	时间					作业大类	作业类别	作业项目	辆数	列车种类	是否固定	有无调车	备注
	由	到		进路开通	进路占用	进路解锁	股道占用	股道腾空								
1	2	3	4	5	6	7	8	9	10	11	12	13	14	15	16	17

说明：表中包括 17 个栏目，原始数据表分别按车场、咽喉端别、日期记录信息。

表 5-1 中第 10、11、12、14、15、16 填写内容属进路作业类别相关信息，它们之间相互关系如表 5-2 所示。

表 5-2 车站作业分类表

作业大类	作业类别	作业项目	列车种类	是否固定	有无调车
接车	货物列车到达	××	无改编	否	无调
		××	部分改编	否	有调
		××	到达解体	否	有调
	单机到达	××	单机	否	非
	旅客列车到达	××	通过客车	是	非
		××	立折客车	是	非
		××	终到客车	是	非
发车	货物列车出发	××	无改编	否	无调
		××	部分改编	否	有调
		××	编组始发	否	有调
	单机出发	××	单机	否	非
	旅客列车出发	××	通过客车	是	非
		××	立折客车	是	非
		××	始发客车	是	非
调车	车列牵出	××牵出	非	否	非
	车列转线	××转线	非	否	非
	摘挂调车	摘挂	非	否	非
	调机走行	空程	非	否	非
	其他作业	其他	非	否	非
	取送调车	取送	非	是	非
机车	货机入段	××入段	非	否	非
	单机入段	××入段	非	否	非
	客机入段	××入段	非	是	非
	调机入段	××入段	非	是	非
	货机出段	××出段	非	否	非
	单机出段	××出段	非	否	非
	客机出段	××出段	非	是	非
	调机出段	××出段	非	是	非

注：其中"××"代表具体列车的车次，"非"表示没有该分类仅用于占位。

表 5-1 中记录了完整的"进路别作业信息"，在表中具体体现为：进路占用设备信息为第 1、2、3、4 栏，进路占用时间信息（含到发线）体现在表中第 5、6、7、8、9 栏；

进路作业内容信息体现在表中第 10、11、12、13、14、15、16、17 栏。此表格既是原始微机联锁数据提取、分析、汇总的结果，也是进行咽喉和到发线通过能力数据处理和计算的基础。

二、微机联锁系统数据采集

在 TYJL-Ⅱ型车站微机联锁系统，作业进路占用过程可以通过监视器直观感受，以图中车场下方到发线接车作业进路为例，其完整的作业进路图像显示如图 5-17～图 5-22 所示。

由图 5-18 进路开通，可得到表 5-1 中作业进路占用对象信息第 1、2、3、4 栏，即第 1 栏：接车进路、第 2 栏：右端某方向、第 3 栏：左端某到发线、第 4 栏：接车进路上的每个道岔组；进路占用时间信息（含到发线）体现在表中第 5、6、7、8、9 栏，即图 5-18 进路开通当前时刻为第 5 栏、图 5-19 进路占用当前时刻为第 6 栏、图 5-22 进路解锁当前时刻为第 7 栏、图 5-20 全面占用列车进入到发线时刻为第 8 栏，由于没有第 9 栏"股道腾空"，所以不填写（或用"—"占位）。

咽喉道岔组和到发线原始数据实例，采自郑州北站上行到达 3 昼夜咽喉道岔组和到发线数据，经过整理分析得到完整的"进路别作业信息"，见附录 2。

三、咽喉道岔组占用过程数据

在获取表 5-1"咽喉道岔组和到发线原始数据"，得到完整的"进路别作业信息"后，可以对每一道岔组导出其"咽喉道岔组占用过程数据"，其具体表格结构见表 5-3。

数据导出方法：表 5-1 中每一条进路包含的道岔组设备填在第 4 栏"道岔组号"中，包含 1 个或多个道岔组，以之为依据进行拆分，即按照道岔组进行"拆分转换"，提取每个道岔组的相关信息填入表 5-3 中，即可得咽喉道岔组占用数据。

表 5-3 咽喉道岔组占用过程数据表

道岔组号	方向	始末		时间				作业大类	作业类别	作业项目	辆数	列车种类	是否固定	有无调车	备注
		由	到	日期	进路开通	进路占用	进路解锁	占用时间							
1	2	3	4	5	6	7	8	9	10	11	12	13	14	15	16	17

说明：咽喉道岔组占用过程数据表按车场、咽喉端别统计信息，表中包括 17 个栏目，其中第 2、3、4、6、7、8、10、11、12、13、14、15、16、17 栏共计 14 栏与表 5-1 所表示内容完全一致，仅第 1、5、9 栏内容发生变化。

咽喉道岔组占用过程数据实例，提取附录 2 中 2 号道岔组的占用过程数据，得到 2 号道岔组占用过程数据表，见附录 3。

四、到发线占用过程数据

到发线占用过程与咽喉占用过程迥然不同。到发线的一次完整占用过程至少需要开通两条进路，第1条进路占用使到发线的状态"由空闲转为占用"，可以得到"股道占用"时刻，第2条进路占用使到发线的状态"由占用转为空闲"。对于这次到发线占用过程称第1条进路为该次占用的"首进路"，称第2条进路为该次占用的"尾进路"。如果首、尾进路之间还有其他进出该到发线的进路统一称为"中间进路"。

同样，在获取表5-1"咽喉道岔组和到发线原始数据"，得到完整的"进路别作业信息"后，可以对每一到发线导出其"到发线占用过程数据"，其具体表格结构如表5-4所示。

数据导出方法：首先从表5-1中提取第2栏"由"或"到"为该到发线号的所有与该到发线有关的占用进路，并按开通时间先后顺序排列，从中找到到发线每一次占用的首、尾进路，以之为依据进行合并，即按照到发线首、尾占用进路进行"合并转换"，2条或多条进路转换为一条到发线占用过程数据，分别将表5-1中首、尾进路占用相关信息填入表5-4中，即可得到发线占用数据。

表5-4 到发线占用过程数据表

到发线号	接车性质							发车性质						日期	列车种类	是否固定	有无调车	占用时间			备注
	作业大类	作业项目	由	辆数	进路开通	进路占用	进路解锁	作业大类	作业项目	到	辆数	进路占用	股道腾空					占用时间	接车占用	发车占用	
0	1	2	3	4	5	6	7	8	9	10	11	12	13	14	15	16	17	18	19	20	21

说明：到发线占用过程数据表按车场统计信息，表中除了到发线号外包括21个栏目，分别来自首、尾占用进路相关信息，其中第1、2、3、4、5、6、7栏来自首进路中表5-1相应信息，第8、9、10、11、12、13栏来自尾进路中表5-1相应信息，其他几栏具体填写内容如下：到发线占用过程数据实例，提取附录2中2号到发线（即到达场2道）的占用过程数据，得到2号到发线占用过程数据表，见附录4。

五、车站改编能力数据

车站改编能力原始数据包括驼峰解体占用原始数据和尾部编组占用原始数据两种。为统一车站通过能力和改编能力原始数据的采集方法，依然以进路为单位采集驼峰和尾部占用的进路别作业信息，其原始数据存在于驼峰信号楼设备或尾部信号楼设备中，可能是微机联锁设备也可能是其他驼峰自动化设备，具体车站因存储设备和作业过程不同应进行相应的调整。由于现有设备还没有完整导出以进路为单位的进路别作业信息的接口，需要一个人工提取转换的步骤。结合机车速监装置记录、调车作业通知单、调车区长作业写实、技术作业大表等进行辅助分析，可以得到设备占用完整的进路别作业信息。

参考大量文献、能力计算方法及车站现场工作实际情况，设计出"驼峰和尾部原始数据表"，以采集调车场两端（驼峰和尾部）所有技术作业的"进路别作业信息"，其具体表格结构如表5-5所示。

表 5-5 驼峰和尾部原始数据表

调次	始末		道岔组号	时间				作业项目	作业类别	辆数	钩数	列车方向	列车种类	是否固定	备注
	由	到		进路开通	进路占用	进路解锁	占用时间								
1	2	3	4	5	6	7	8	9	10	11	12	13	14	15	16

说明：表中包括16个栏目，原始数据表分别按驼峰、尾部、日期记录信息。

表 5-5 中记录完整了的"进路别作业信息"，在表中具体体现为：进路占用设备信息为第 2、3、4 栏，进路占用时间信息体现在表中第 5、6、7、8 栏；进路作业内容信息体现在表中第 1、9、10、11、12、13、14、15、16 栏。此表格采集了完整的驼峰或尾部作业信息，是进行驼峰解体能力和尾部编组能力数据处理和计算的基础。

由于对每一具体列车无论是解体作业还是编组作业，都存在着多种作业过程，需要开通多条进路，因而需要结合多条进路对具体的改编能力相关设备占用过程进行分析，从而得到其占用过程序列等能力计算数据。

第六章 原始数据的分析与处理方法

第一节 原始占用时间的数据分析

一、占用时间数据的性质分析

各项作业占用咽喉道岔（组）、到发线的时间既取决于咽喉布置形式、机车类型、线路使用方案等比较固定的因素，又与查标期间作业量大小、各种性质作业所占比重有关，同时还受到工作人员操作以及外界环境的影响，因而占用时间数据包含着复杂性，既不是完全确定的变量，也不是完全随机的变量。

在能力查定与计算过程中，技术作业占用固定设备的时间分为实际占用时间和最小占用时间两种。如果定义一个参数 $R \in [0,1]$ 来描述占用时间数据的随机性，那么当 $R \to 0$ 时，数据趋近于确定的；当 $R \to 1$ 时，数据趋近于完全随机的。由实践得知，在车站能力计算中，实际占用比最小占用的时间数据序列随机性大，即 $R_{实际} > R_{最小}$。这是因为，对于一条进路而言，最小占用时间包含于实际占用时间。最小占用时间主要受列车进站速度和咽喉区布置的影响，而对于一个车站，咽喉区结构是固定的。实际占用时间除了受列车进站速度影响外，还受到准备进路时间的影响。同时，作业性质、工作人员素质及作业习惯等都会影响准备进路时机的确定。若比较占用咽喉道岔（组）时间的 $R_{咽喉}$ 与占用到发线时间的 $R_{到发线}$，那么 $R_{咽喉} < R_{到发线}$。

对于一条进路，最小占用与实际占用的时间数据具有一定的相关性，但在考虑实际占用、最小占用时间数据序列的随机波动时，两者之间的相关性对整个计算的影响不大。

二、时间数据分布拟合检验

分布拟合检验是假设检验的一种，其基本思想是根据实际需要或经验对总体作出某种假设，再利用样本构造统计量，依据统计量的数值来决定是否肯定所作假设。在假设的分布选定后，统计检验的任务是由数据计算检验统计量的值并求出该值对应的 p 值。如果 p 值很小，则所假设的分布不能很好的拟合数据。这一方法允许拒绝不适宜的分布，从而给出一个关于所假设分布的概率陈述。假设的统计检验依赖有效数据的数量；存在的数据越多，拒绝一个不适宜分布的机会就越大。

占用时间数据的分布拟合检验主要分为两个步骤。首先，通过观察样本数据的直方图，假设其概率密度函数；其次，利用样本数据推断所作假设是否成立。以六盘水南站各项技术作业占用固定设备的时间数据为例，所用数据均为车站查标时所得的原始数据。

1. 样本数据的直方图

如图 6-1、图 6-2、图 6-3 所示分别为六盘水南站峰前场、出发场中的技术作业占用咽喉道岔（组）、到发线的时间数据直方图或数据拟合图。

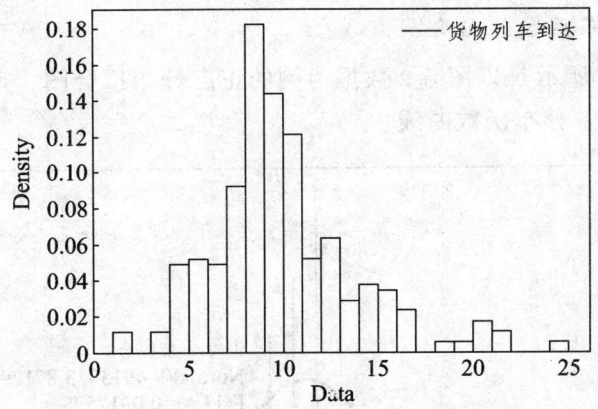

图 6-1　接车作业占用咽喉道岔（组）的实际占用时间

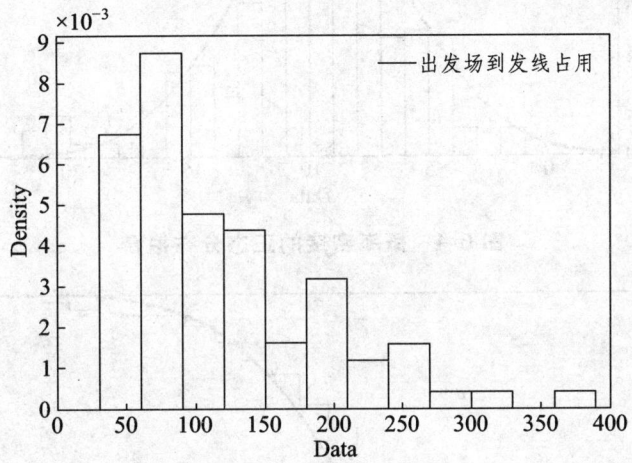

图 6-2　到发线的占用时间数据直方图（出发场）

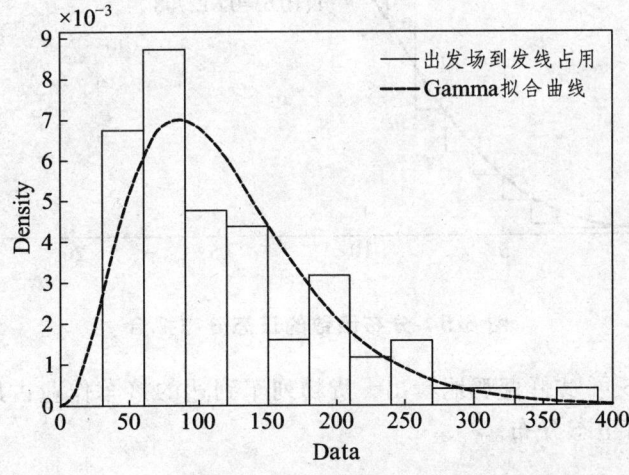

图 6-3　到发线的占用时间数据拟合图（出发场）

由图 6-1、图 6-2、图 6-3 可以粗略估计：前者具有正态分布的特征，后者趋于偏态分布。

2. 样本数据分布函数的拟合

如图 6-4、图 6-5 所示是以图 6-2 数据为例的正态分布拟合图,其中平滑的曲线分别是正态分布的概率密度、分布函数曲线。

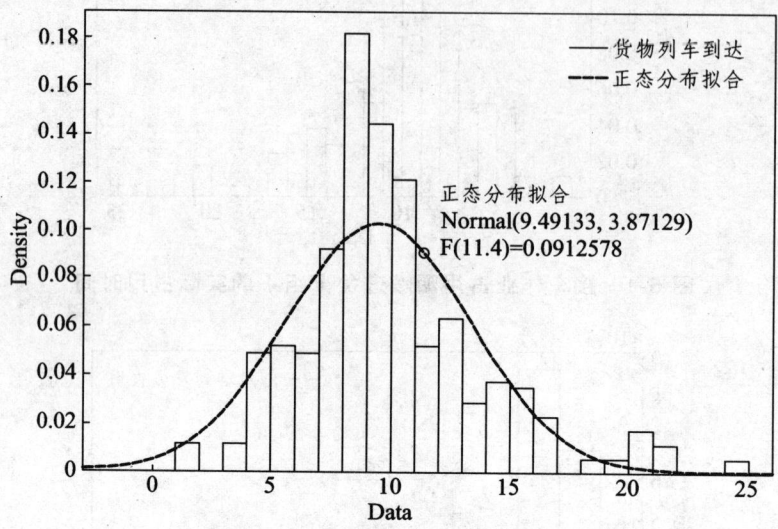

图 6-4　概率密度的正态分布拟合

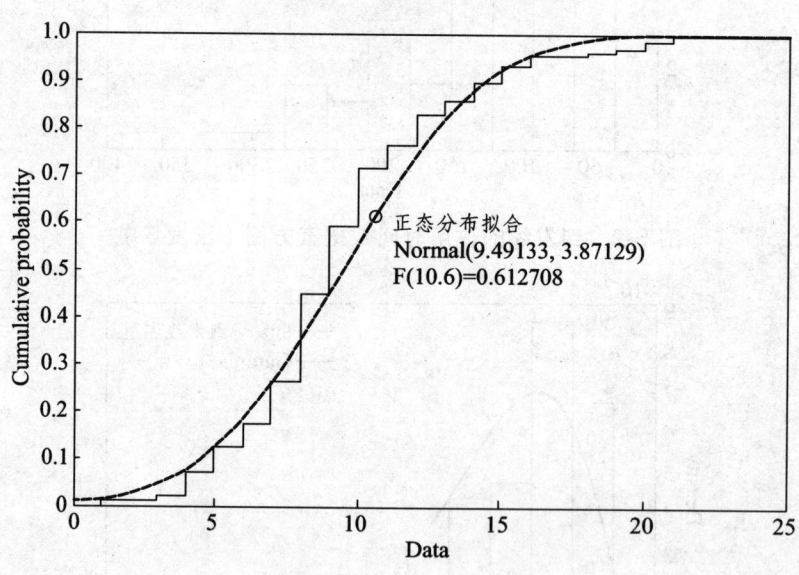

图 6-5　分布函数的正态分布拟合

由图 6-4、图 6-5 可以更直观地看出,货物列车到达的接车作业占用咽喉道岔(组)的时间数据可以假设为正态分布。

3. 假设检验

首先,估计拟合曲线的均值及标准差,如图 6-6 所示。

其次,假设货物列车到达的接车作业对咽喉道岔(组)的占用时间数据服从 $N(9.49, 3.87)$,图 6-7 为拟合分布函数的理论值。

```
Results:
Distribution:    Normal
Log likelihood:  -958.794
Domain:          -Inf < y < Inf
Mean:            9.49133
Variance:        14.9869

Parameter   Estimate    Std. Err.
mu          9.49133     0.208122
sigma       3.87129     0.147484

Estimated covariance of parameter estimates:
            mu              sigma
mu          0.0433147       4.07605e-018
sigma       4.07605e-018    0.0217516
```

图 6-6　正态拟合曲线的参数估计

X	正态分布函数		
	F(X)	LB	UB
0	0.00711	0.00387	0.01253
4	0.07803	0.05845	0.10221
8	0.35003	0.31049	0.39127
12	0.74151	0.70266	0.77756
16	0.95364	0.93541	0.96749
20	0.99668	0.99354	0.99837
24	0.99991	0.99972	0.99997

图 6-7　拟合正态分布函数的理论值

于是，运用 χ^2 检验法检验原始数据是否与理论值匹配，并得出结论。表 6-1 为检验过程，其中实际频数为 m_i，理论频数为 np_i。

表 6-1　占用时间数据的 χ^2 检验计算表

序号	组限	m_i	np_i	$m_i - np_i$	$(m_i - np_i)^2$	$(m_i - np_i)^2 / np_i$
1	$-\infty \sim 0$	0	2.46	-2.46	6.0516	2.46
2	$0 \sim 4$	25	24.54	0.46	0.2116	0.008 623
3	$4 \sim 8$	130	94.11	35.89	1288.092	13.687 09
4	$8 \sim 12$	132	135.45	-3.45	11.9025	0.0878 74
5	$12 \sim 16$	43	73.49	-30.49	929.6401	12.649 89
6	$16 \sim 20$	10	14.89	-4.89	23.9121	1.605 917
7	$20 \sim 24$	4	1.12	4.87	23.7169	20.988 41
8	$24 \sim +\infty$	2	0.01			
Σ		346				51.4878

在表 6-1 的计算中，对于 $i=7$ 和 $i=8$ 予以合并，使每组频数大于 5，即组数为 7 组（$k=7$）。估计两个参数，于是自由度为 4。当 $\alpha=0.0005$ 时，由函数 CHIINV（probability，

deg_freedom）返回 $\chi^2_{0.0005}(4) = 19.99735$，统计量 $51.4878 > 19.99735$，故在 $\alpha = 0.0005$ 不能接受假设，即货物列车到达的接车作业对咽喉道岔（组）的占用时间数据不服从正态分布。

根据峰度－偏度的正态分布检验（正态分布的偏度为 0，峰度为 3），计算得出数据的偏度 0.929，峰度 1.88343，从而认为数据服从近似正态分布。

三、占用时间数据的特征分析

通过分布检验样本数据的实例可以看出，上述占用时间数据具有近似正态分布的特征。但并不能肯定的说明：各种作业的占用时间数据、同一作业的实际占用与最小占用时间数据也都具有正态或近似正态分布的特征。同样，更不能广义地表明不同车站的技术作业占用设备时间数据也具有近似正态分布的特征。

由于占用时间本身的特性以及采集数据的技术方法，使得占用时间数据是正整数。显然，占用时间数据一定是正值，但其值为整数是因为在处理数据过程中进行了四舍五入。计算过程的四舍五入产生了系统的舍入误差。虽然一部分舍入误差可以在计算中相互抵消，但是仍会影响最后的计算结果，同时增加了假设检验的难度。

总体的信息是很重要，样本数据的反复试验就是为了获得总体信息的性质。占用时间的样本数据分析也不例外，通过六盘水南站的数据分析发现各种作业占用时间数据具有以下特性：

（1）接车、发车作业占用咽喉道岔（组）的时间数据具有正态或偏态分布的性质。图 6-8、图 6-9 分别为货物列车到达的接车作业占用咽喉道岔（组）的实际占用、最小占用时间数据直方图。

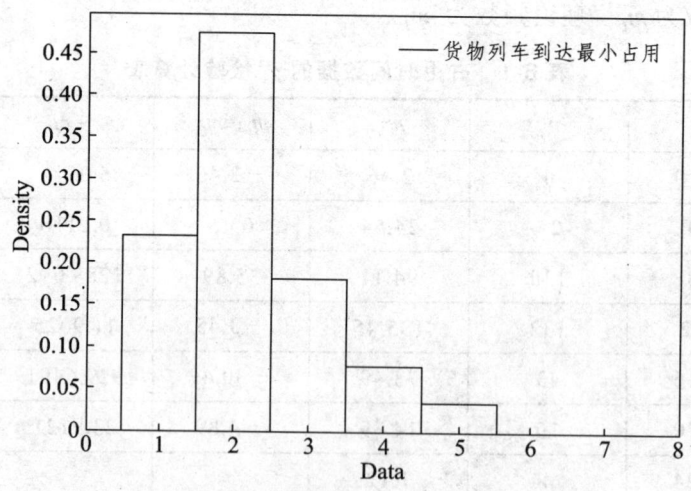

图 6-8　接车作业占用咽喉道岔（组）的最小占用时间

（2）在以"分钟"为单位的计量条件下，一部分接车、发车作业占用咽喉道岔（组）的最小占用时间数据较稳定，有时无法看出其波动性。图 6-9（直方图）为旅客列车出发的发车作业占用咽喉道岔（组）的最小占用时间数据，其中 27 项数据，仅 1 项为 3 分钟。

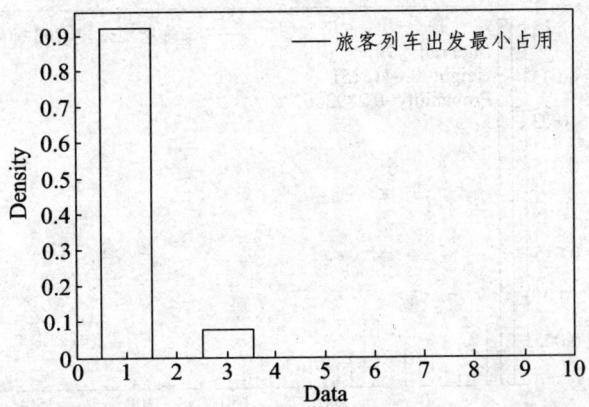

图 6-9 发车作业占用咽喉道岔（组）的最小占用时间

（3）调车、机车作业占用咽喉道岔（组）时间数据更多地趋于指数分布，也有少量的偏态分布。

（4）各种车辆（列车、机车）占用到发线时间趋于偏态，如图 6-10、图 6-11、图 6-12 表示的是六盘水南站各种车占用到发线的时间数据图。

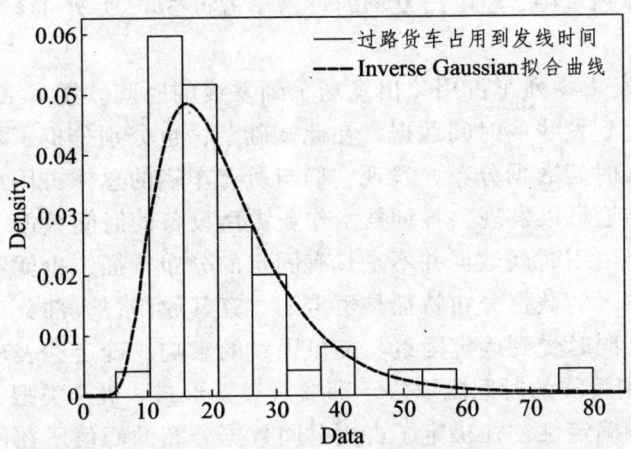

图 6-10 过路货车占用（出发场）到发线的时间

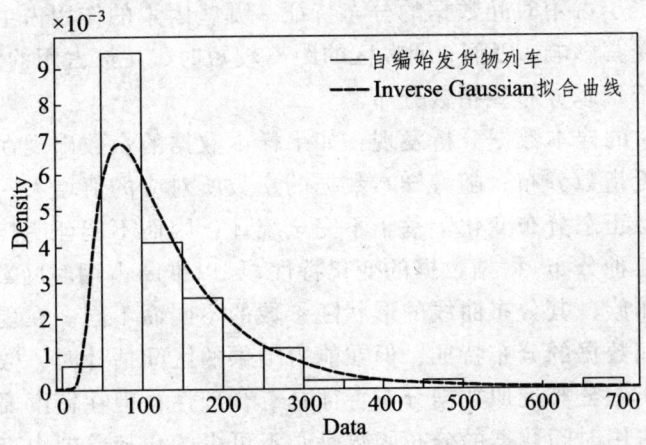

图 6-11 自编始发货物列车占用（出发场）到发线的时间

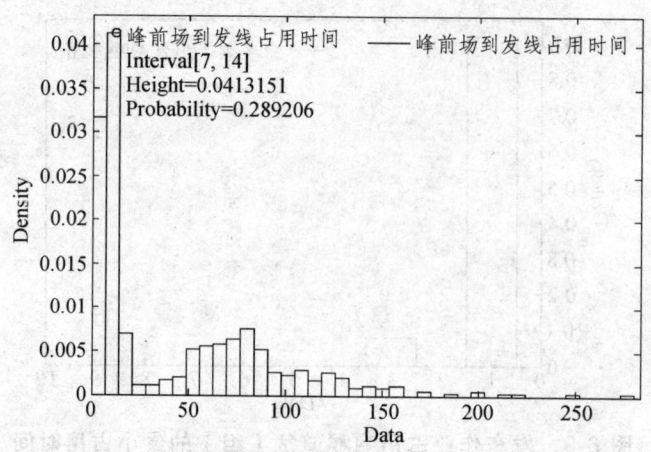

图 6-12　各种车占用峰前场到发线的时间

  图 6-10 表示的是过路货车占用出发场到发线的时间数据图。这里的过路货车是指经过某车场到发线（或咽喉区）而不在该车场停留的列车。六盘水南站典型的、也是最多发生的过路货车是由贵阳方向接入，经由出发场到达峰前场的列车。查定期间自贵阳方向至峰前场的全部到达解体列车中，经由出发场的过路车占近 3/4，另外 1/4 是由编发场外的外包正线接入的。

  图 6-11 自编始发货物列车占用（出发场）到发线的时间。图 6-12 是峰前场通过的所有车辆（列车）占用到发线的时间数据。在此基础上，也分别分析了峰前场通过的列车、机车作业占用到发线时间数据分布，发现它们与所有车辆的总体占用情况相似。

  由上述分析的结论可以发现，各种技术作业占用设备的时间数据、同一种作业占用设备的实际占用、最小占用时间数据并不是具有固定的分布特征，也就不能证明不同车站的技术作业占用设备的时间数据分布特征是恒定的。究其原因，大部分是因为占用时间数据本身包含着复杂性，同时受到确定因素与随机因素的影响。确定性表现在各项技术作业占用咽喉道岔（组）、到发线的时间既取决于咽喉区布置形式、机车类型、线路使用方案等比较固定的因素，这种确定性往往决定了占用时间数据分布的峰值所在位置。随机性则表现在工作人员操作以及外界环境的影响，这种随机性导致了占用时间数据的分散性。多种复杂而动态的因素决定了占用时间数据的分布特征，哪些因素的作用占主导，数据的分布特征也就更大程度地受其影响。因而，咽喉区的距离较短时，其被占用的时间也就相对较小，从而使数据分布趋于偏态分布或指数分布。

  通过六盘水南站的样本数据分析发现：如果样本数据的众数出现在"一分钟"的坐标点时，其分布就趋近指数分布；随着样本数据的众数所对应的值增大，其分布就会从指数分布向着偏态、近似正态分布变化。基于不完全统计，因而不能证明技术作业占用设备的时间数据最终属于何种分布。根据数据的变化特性，可以推断占用时间数据是属于 Gamma、Weibull 或 Beta 分布族，其分布曲线的形状随参数的不同而不同。在现有的条件下，虽然还不能肯定占用时间数据的分布特征，但在能力结果的区间估计时，数据处理均以正态分布为模型。虽然以正态分布近似数据分布特征具有合理性，但在精度要求更高的能力查定时，检验各项作业占用时间数据的分布函数是必不可少的。随着能力查定自动化水平的不断提高，以计算机编程建立能力查定的数据分布检验模块也是可以实现的。

第二节 能力计算的数据处理方法

一、数据预处理的原理及方法

基于灰色系统理论中的序列算子缓冲弱化原理，对采集到的某种技术作业占用咽喉时间的原始数据进行预处理，具体计算步骤如下：

（1）从原始数据写实表中提取某种技术作业占用咽喉道岔（组）时间 t 的原始数据序列，并计算其算术平均值 $\bar{t}$：

$$\bar{t} = \frac{1}{n}\sum_{i=1}^{n} t(i) \tag{6-1}$$

式中，n 为从原始数据写实表中提取的某种技术作业占用咽喉道岔（组）时间原始数据序列的数据项数。

（2）通过对原始数据写实表中提取某种技术作业占用咽喉道岔（组）时间的原始数据序列进行定性分析，界定不合理的数据并将其提取出来，与 $\bar{t}$ 组成一个振荡序列：$T = \{t(1), t(2),\cdots,t(m),\bar{t}\}$，$m$ 为某种技术作业占用咽喉道岔（组）时间写实记录中的不合理记录数。

（3）利用式（6-2）对振荡序列 T 进行一阶缓冲弱化，即

$$t(i)d = \frac{it(i)+(i+1)t(i+1)+\cdots+mt(m)+(m+1)\bar{t}}{(m+1+i)(m-i+2)/2} \tag{6-2}$$

得到序列

$$TD = \{t(1)d, t(2)d,\cdots,t(m)d,\bar{t}d\}$$

式中 $t(i)d$——对振荡序列 T 中第 i 项数据进行一阶缓冲弱化后的结果，$i = 1,2,\cdots,m$；

TD——对振荡序列 T 进行一阶缓冲弱化后得到的时间数据序列；

D——缓冲弱化算子。

（4）若认为序列 TD 仍不够合理，则对其进行二阶弱化，得到序列 TD^2，以此对应替代原始数据序列。

在车站能力查定计算中，各种技术作业占用设备时间标准以"min"为单位，精确到小数一位，二阶弱化一般可满足精度要求。上述数据预处理流程如图 6-13 所示。

二、时间标准的合理确定

占用时间是指各项技术作业对车站咽喉、到发线等

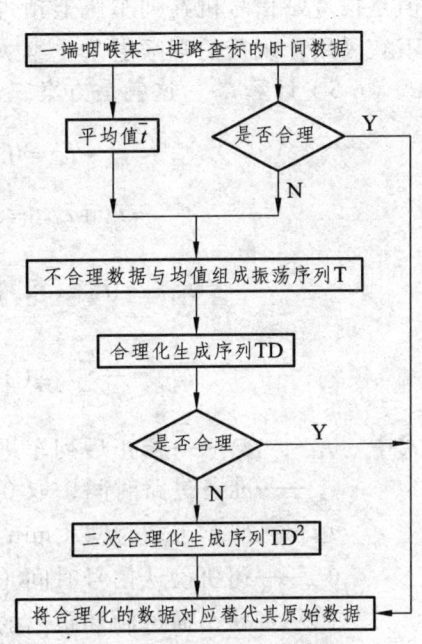

图 6-13 数据预处理流程

固定设备的每次占用时间,它是通过对原始数据进行汇总处理得到的,是计算能力的基础。咽喉道岔(组)占用时间按作业性质的不同,通常分为"接车、发车、调车和机车出入段四大类"。到发线占用时间按列车种类不同可分为四种,分别为无改编中转列车占用到发线时间、部分改编中转列车占用到发线时间、到达解体列车占用到发线时间和自编出发列车占用到发线时间。

根据查标的方法与步骤,需填写"咽喉占用时间写实表",然后分析数据并按照不同作业性质分别汇总,如表 6-2 所示。在确定占用时间(统称咽喉道岔(组)和到发线占用时间)时存在着三种方案。下面以接车作业占用咽喉道岔(组)时间为例,对三种方案确定的占用时间标准进行分析。

表 6-2　×场×端咽喉道岔(组)每次占用时间写实表＿＿年＿＿月＿＿日

作业项目	进路		接车				道岔号码	实际占用	最小占用	备注
	由	到	准备进路	开始占用	道岔解锁	列车停妥				
1	2	3	4	5	6	7	8	9	10	11

注:实际占用 $t_{实际}(i)$ = 道岔解锁 − 准备进路,最小占用 $t_{最小}(i)$ = 道岔解锁 − 开始占用。

接车占用咽喉道岔(组)时间标准是指自开始准备接车进路时起,至列车进入到发线警冲标内方停妥时止占用咽喉区的时间,记作 $t_{接}$,它等于准备进路时间与列车通过进站距离时间之和。式(6-3)的计算方法为方案一,式(6-4)的计算方法为方案二。按方案一定标,信号员很难掌握进站信号机的开放时间;按方案二定标,数值偏大,原因是这个数值是按进站信号机在列车压上预告信号机之前的 2～6 分钟开放来确定。所以方案一、二都不宜采用,现行的咽喉道岔(组)占用时间标准计算方法是取方案一、二的平均值,即用式(6-5)计算 $t_{接}$,这就是方案三。

$$t_{接}^{min} = t_{准} + t_{进} = 0.2 + (0.1 + 1.2 + \bar{t}_{最小}) \tag{6-3}$$

$$t_{接}^{max} = t_{准} + \bar{t}_{实际} = 0.2 + \bar{t}_{实际} \tag{6-4}$$

$$t_{接} = \frac{1}{2}(t_{接}^{min} + t_{接}^{max}) \tag{6-5}$$

$$\bar{t}_{实际} = \frac{1}{n}\sum_{i=1}^{n} t_{实际}(i),\ \bar{t}_{最小} = \frac{1}{n}\sum_{i=1}^{n} t_{最小}(i) \tag{6-6}$$

式中　$t_{接}^{min}$,$t_{接}^{max}$——修正后列车进站占用咽喉时间的最小值和最大值,min;

　　　$t_{准}$——准备进路时间,取 0.2 min;

　　　$t_{进}$——列车进站时间(min);

　　　0.1——司机确认信号时间(min);

　　　1.2——列车通过制动距离的时间(min),此参数可按不同的制动距离和平均进站速度计算调整;

$\overline{t}_{最小}$——n次接车占用咽喉道岔（组）最小占用时间的平均值（min）；
$\overline{t}_{实际}$——n次接车占用咽喉道岔（组）实际占用时间的平均值（min）；
$t_{最小}(i)$、$t_{实际}(i)$——第i次接车占用咽喉道岔（组）的最小占用时间、实际占用时间。

为了更加合理地确定接车作业占用咽喉道岔（组）的时间标准$t_{接}$，参考数据的分布特征，不能用简单算术平均法计算，故将式（6-3）、式（6-4）、式（6-5）改写为：

$$t_{接} = \alpha_{接} E(T_{接}^{\min}) + (1-\alpha_{接}) E(T_{接}^{\max}) \tag{6-7}$$

其中

$$E(T_{接}^{\min}) = \frac{1}{n}\sum_{i=1}^{n} t_{接}^{\min}(i), \quad E(T_{接}^{\max}) = \frac{1}{n}\sum_{i=1}^{n} t_{接}^{\max}(i) \tag{6-8}$$

$$t_{接}^{\min}(i) = t_{准} + t_{进} = 0.2 + [0.1 + 1.2 + t_{最小}(i)] \tag{6-9}$$

$$t_{接}^{\max}(i) = t_{准} + t_{实际}(i) = 0.2 + t_{实际}(i) \tag{6-10}$$

式中 $\alpha_{接}$——权重系数；

n——接车作业总次数，即数据总项数；

$t_{接}^{\min}(i)$，$t_{接}^{\max}(i)$——第i次作业占用咽喉时间的最小值、最大值；

$E(T_{接}^{\min})$，$E(T_{接}^{\max})$——n次接车作业占用咽喉时间最小值、最大值的平均值；

$t_{最小}(i)$，$t_{实际}(i)$——第i次接车占用咽喉道岔（组）的最小占用时间、实际占用时间。

在形成符合要求的数据后，根据数理统计原理，用下面的方法计算$\alpha_{接}$：

（1）由式（6-9）、式（6-10）计算每次作业占用咽喉时间的最小值、最大值；

（2）计算平均值$E(T_{接}^{\min})$，$E(T_{接}^{\max})$和标准差$\sqrt{D(T_{接}^{\min})}$，$\sqrt{D(T_{接}^{\max})}$；

（3）令$p_{接} = \dfrac{\sqrt{D(T_{接}^{\max})}}{E(T_{接}^{\max})}$，$q_{接} = \dfrac{\sqrt{D(T_{接}^{\min})}}{E(T_{接}^{\min})}$，则得到：

$$\alpha_{接} = \frac{p_{接}}{p_{接} + q_{接}} \tag{6-11}$$

上述公式是以接车作业占用咽喉道岔（组）的时间为例，由此可得出各项技术作业占用设备时间标准的通用公式组：

$$\begin{cases} p = \dfrac{\sqrt{D(T^{\max})}}{E(T^{\max})}, p \neq 0 \\ q = \dfrac{\sqrt{D(T^{\min})}}{E(T^{\min})}, q \neq 0 \\ \alpha = \dfrac{p}{p+q} \\ t = \alpha E(T^{\min}) + (1-\alpha) E(T^{\max}) \end{cases} \tag{6-12}$$

式中，符号带上标 max, min 分别代表实际占用、最小占用的变量；$\sqrt{D[(T^{max})]}$、$\sqrt{D[(T^{min})]}$ 为抽样时间数据序列的样本标准差；$E(T^{max})$、$E(T^{min})$ 为抽样时间数据序列的样本期望。需要说明的是，当公式组（6-12）中 p、q 任何一个为 0 或均为 0 时，α 仍取 0.5。

三、实例分析

选用重庆站连续 72 h 记录自成都方向接入到发线 2 道的 21 列终到旅客列车接车作业占用咽喉道岔（组）的最小占用、实际占用时间（原始数据），分别用 $T^O_{最小}$、$T^O_{实际}$ 表示，预处理后的数据序列用 $T^N_{最小}$、$T^N_{实际}$ 表示。据此对该项作业占用咽喉道岔（组）时间标准进行计算。

$$T^O_{最小} = \{3,2,6,2,2,3,2,3,2,3,3,3,3,2,2,2,3,3,3,2,3\}$$

$$T^O_{实际} = \{6,10,17,7,14,6,8,8,6,7,16,17,13,9,5,8,5,10,14,5,16\}$$

由上看出，$T^O_{最小}$ 序列总体上非常平稳，而 $T^O_{实际}$ 序列波动很大，需要对其进行合理化处理。计算过程如下：

（1）计算 $T^O_{实际}$ 数据序列的平均值：

$$\bar{t}^O_{实际} = \frac{\sum_{i=1}^{21} t^O_{实际}(i)}{21} = 9.86$$

（2）在原始数据序列 $T^O_{实际}$ 中找出 $t^O_{实际} \geq 10$ 的数据共 9 项，与 $\bar{t}^O_{实际}$ 一起组成振荡序列：

$$T_{实际} = \{10,\ 17,\ 14,\ 16,\ 17,\ 13,\ 10,\ 14,\ 16,\ 9.86\}$$

（3）对该振荡序列用式（6-1）进行一阶缓冲弱化，得到序列：

$$T_{实际}D = \{13.41,\ 13.47,\ 13.33,\ 13.29,\ 13.05,\ 12.56,\ 12.48,\ 13.13,\ 12.76,\ 9.86\}$$

（4）由于所得数据序列的标准差 $\sqrt{D(T^{max}_{接})} = 1.015 > 1$，仍不理想，故进行二阶弱化，得到序列：

$$T_{实际}D^2 = \{12.36,\ 12.34,\ 12.30,\ 12.24,\ 12.14,\ 12.03,\ 11.94,\ 11.79,\ 11.23,\ 9.86\}$$

所得序列的标准差 $\sqrt{D(t^{max}_{接})} = 0.731 < 1$，满足要求。

（5）对二阶弱化数据序列作四舍五入的近似处理，并替代对应的原始数据，得合理化后的数据序列为：

$$T^N_{最小} = \{3,2,6,2,2,3,2,3,2,3,3,3,3,2,2,2,3,3,3,2,3\}$$

$$T^N_{实际} = \{6,12,12,7,12,6,8,8,6,7,12,12,12,9,5,8,5,12,12,5,11\}$$

数据合理化预处理的效果如图 6-14 所示。

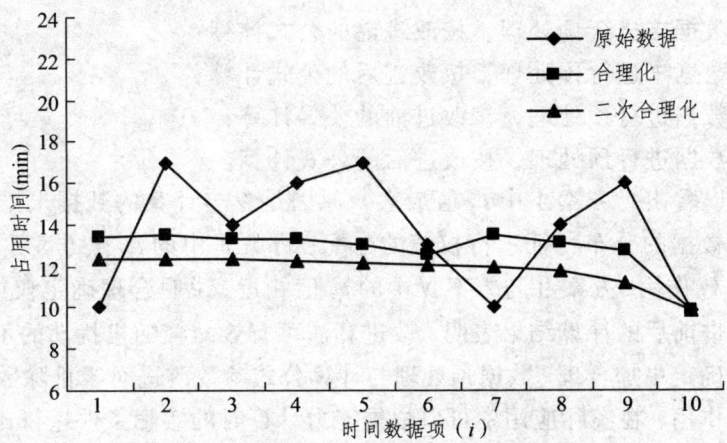

图 6-14 数据合理化预处理效果示意图

在数据合理化预处理的基础上计算 $\alpha_{接}$。将 $T^N_{最小}$，$T^N_{实际}$ 的数据元素一一代入式（6-9）和式（6-10）计算 $t^{\min}_{接}(i)$ 和 $t^{\max}_{接}(i)$，然后求出：

$$E(T^{\max}_{接}) = 9.10，\quad E(T^{\min}_{接}) = 4.21；$$

$$\sqrt{D(T^{\max}_{接})} = 2.78，\quad \sqrt{D(T^{\min}_{接})} = 0.88；$$

$$p_{接} = \frac{\sqrt{D(T^{\max}_{接})}}{E(T^{\max}_{接})} = \frac{2.78}{9.10} = 0.305；$$

$$q_{接} = \frac{\sqrt{D(T^{\min}_{接})}}{E(T^{\min}_{接})} = \frac{0.88}{4.21} = 0.209；$$

于是，由式（6-11）得：

$$\alpha_{接} = \frac{p_{接}}{p_{接} + q_{接}} = \frac{0.305}{0.305 + 0.209} \approx 0.59$$

由此得出接车占用时间标准：

$$t_{接} = \alpha_{接} E(T^{\min}_{接}) + (1-\alpha_{接}) E(T^{\max}_{接}) = 0.59 \times 4.21 + 0.41 \times 9.10 = 6.21$$

为了分析方法改进后产生的效果，选取下面 4 个方案对计算结果进行比较，如表 6-3 所示。

表 6-3 实例计算结果的比较

方案	数据预处理	运用公式	系数（权值）$\alpha_{接}$	$t_{接}$/min
方案 I	未进行	式（2-1）	0.50	7.13
方案 II	未进行	式（4-2）	0.66	6.20
方案 III	进行	式（2-1）	0.50	6.65
方案 IV	进行	式（4-2）	0.59	6.21

方案Ⅰ——数据未进行预处理，按改进前的公式计算；
方案Ⅱ——数据未进行预处理，按改进后的公式计算；
方案Ⅲ——数据进行预处理，按改进前的公式计算；
方案Ⅳ——数据进行预处理，按改进后的公式计算。

从表 6-3 可以看出，方案Ⅰ中 $t_{接}$ 值最大，原因是参与计算的数据未排除系统的粗大误差，也没有按照数据的分布特征进行权值的分配；方案Ⅲ中的 $t_{接}$ 比方案Ⅰ中的 $t_{接}$ 小，表明数据预处理的有效作用；方案Ⅱ与方案Ⅳ中的 $t_{接}$ 值相近，说明合理确定权重系数十分重要。

对比算法改进前后的计算结果表明，改进算法可有效减轻随机扰动的不利影响，使设备占用时间标准的确定更加合理。数据预处理与计算公式参数改进对于排除数据偏差在一定程度上具有相同的作用，在实际应用中可以根据能力计算时的实际条件进行比选。在车站能力查定过程中，不合理的数据往往难以避免。如果简单地将它们全部剔出，则因数据量的减少可能影响到计算结果的可信度，所以在计算之前对数据进行一定的预处理较为妥当。

第七章 技术站能力计算的图解插值法

第一节 图解插值法

一、图解插值法原理

图解插值法，其中的图是设备占用过程实迹图，插值是有效的占用时间。对于车站通过设备，如果从资源角度而言，其可供利用的资源就是其可供作业的时间 T，一般一昼夜为 1440 min。该设备单独的占用过程分为 3 种情况：

第一种情况是在极端情况下，该设备完全没有被占用，如图 7-1 所示，其总占用时间 $T_占 = 0$ 分钟，则设备资源利用率 $K = T_占/T = 0/1440 = 0$；

第二种情况是在极端情况下，该设备完全被占用，如图 7-2 所示，其总占用时间 $T_占 = 1440$ 分钟，则设备资源利用率 $K = T_占/T = 1440/1440 = 1$；

第三种情况是通常情况下，该设备一段时间被占用，一段时间空闲，二者以不同的大小交替排列，构成整个设备资源占用的完整过程，如图 7-3 所示，其 k 次占用的总占用时间 $T_占 = \sum_{i=1}^{k} t_i$，则设备资源利用率 $K = T_占/T = \sum_{i=1}^{k} t_i /1440, 0 < K < 1$。

车站能力对应着车站设备及其运用过程，前两种极端占用情况，不在讨论之列，第三种通常情况可以按不同的能力计算方法算出设备能力。

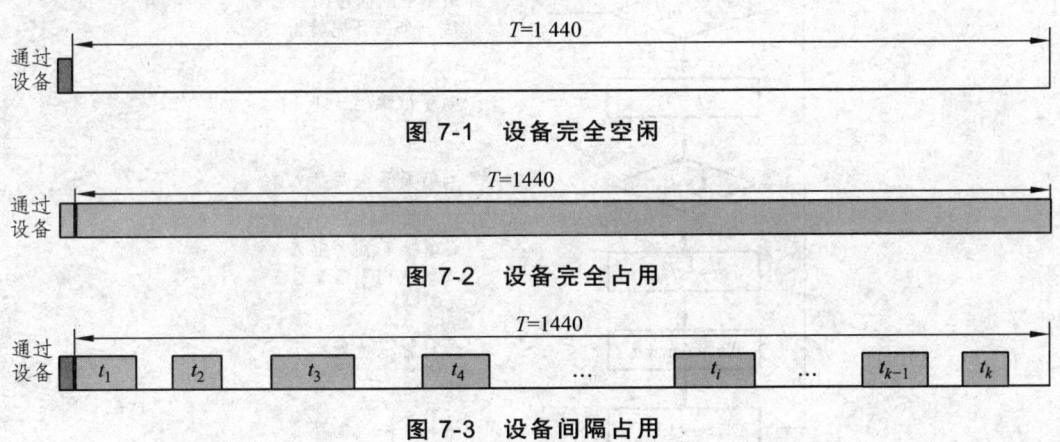

图 7-1 设备完全空闲

图 7-2 设备完全占用

图 7-3 设备间隔占用

对于具体车站通过设备的第三种通常占用情况，其设备占用过程可分为纳入统计的作业和不纳入统计的作业两类。这里"纳入统计"是指在计算最终结果的过程中，某项作业既要统计占用次数又要统计占用时间的作业，如货物列车到达和出发；而只统计占用时间的作业，如机车出入段、调车机车走行等则属于"不纳入统计"的作业。第三种通常占用情况根据其复杂程度可以分为以下 3 类：

第 1 类，最简单的也是最理想的情况，是只有 1 种纳入统计的作业。

第 2 类，比较复杂的情况是 1 种纳入统计的作业和 1 种或多种不纳入统计的作业；

第 3 类，复杂情况是多种纳入统计的作业和多种不纳入统计的作业交替出现。

事实上，上述第 1 类和第 2 类情况可以认为是第 3 类情况的特例，故下面仅对第 3 类情况进行讨论。通过实际的写实采点，可以得到设备的占用过程序列 $(w_1,w_2,\cdots,w_i,\cdots,w_k)$、占用时间序列 $(t_1,t_2,\cdots,t_i,\cdots,t_k)$、空闲时间序列 $(v_1,v_2,\cdots,v_i,\cdots,v_k)$，然后便可以画出如图 7-3 所示的占用过程实迹图。这是图解插值法的计算基础。

因车站通过能力是一昼夜内最多能够接发的列车数，所以通过能力的计算应以设备的充分利用为出发点。在不打乱设备占用过程序列的情况下，要实现设备的充分利用，就只能向空闲时间内插入有效的占用时间。尽可能多地插入这种有效占用时间 $t_{插}$，就可以实现设备的充分利用。如果现有设备占用次数为 $n_{占}$、尽可能插入后增加的占用次数为 $\Delta n_{占}$，那么 $n_{占}+\Delta n_{占}$ 就是该设备的通过能力，而 $n_{占}/(n_{占}+\Delta n_{占})$ 则可以表示该设备的利用率。这就是图解插值法的基本原理。

二、图解插值法实施步骤

用图解插值法计算车站设备能力的关键是在不同的设备占用情况下确定插入占用时间、执行插入占用过程和调整插入结果。图解插值法计算流程如图 7-4 所示，具体实施步骤如下：

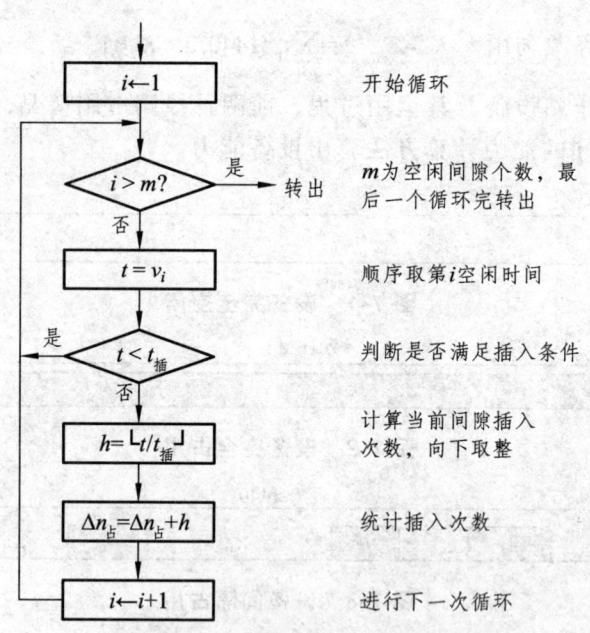

图 7-4　图解插值法计算流程

第 1 步：通过采集设备"进路别作业信息"，得到该设备占用过程序列、占用时间序列、空闲时间序列，进而描画出其占用过程实迹图。

假定设备可供利用的总时间为 T，总占用时间为 $T_{占}$，总占用次数为 $N_{占}$，则总空闲时间为 $T-T_{占}$。按照接发车方向、列车种类、技术作业性质不同将列车分为 k 类，标记为 $1,2,\cdots,k$，则每一类都可以通过设备占用序列统计汇总得到 k 个占用次数 $n_1,n_2,\cdots,n_k$ 及其 k

个总占用时间 $\sum t_1, \sum t_2, \cdots, \sum t_k$，也能得到 k 个平均占用时间 $\overline{t_1}, \overline{t_2}, \cdots, \overline{t_k}$，其中 $\overline{t_i} = \sum t_i / n_i, i = (1, 2, \cdots, k)$。这些参数构成图解插值法计算的已知条件。

第2步：通过对设备占用过程分析，确定合理的有效占用时间 $t_{插}$。

$t_{插}$ 根据不同的方法可以得到一个或多个，这需要结合车站的具体情况来确定。如以所有 k 类列车的总平均占用时间作为 $t_{插}$，则 $t_{插} = \sum_{i=1}^{k}\sum t_i / \sum_{i=1}^{k} n_i$；如将平均占用时间按照占用次数权重来合成一个 $t_{插}$，则 $t_{插} = \sum_{i=1}^{k}\left(\left(n_i / \sum_{i=1}^{k} n_i\right) * \overline{t_i}\right)$；如将每一个平均占用时间都作为一个插入占用时间，则可以得到 k 个插入占用时间，即对应 $\overline{t_1}, \overline{t_2}, \cdots, \overline{t_k}$ 可以得到 $t_1^{插}, t_2^{插}, \cdots, t_k^{插}$，其中 $t_i^{插} = \overline{t_i}, i = (1, 2, \cdots, k)$。一般情况，为了得到每一类列车的插入次数，选择以每类列车平均占用时间作为插入占用时间，得到 k 个插入占用时间 $t_1^{插}, t_2^{插}, \cdots, t_k^{插}$。

第3步：确定合理的占用时间插入策略，为了使设备能力得到充分利用，对于所有大的空闲时间采用密集插入多个 $t_{插}$ 的策略，进而得到插入次数 $\Delta n_{插}$，或者 $\Delta n_1^{插}, \Delta n_2^{插}, \cdots, \Delta n_k^{插}$。

为保障插入次数的合理和有序，需要在尽量多插入占用时间之后，留足其他相关作业（即非接发列车作业）占用设备的空闲时间。为此，在分配上应满足下式：

$$\sum t_{插} / (T - T_{占} - \sum t_{插}) \leq \sum_{i=1}^{k}\sum t_i / \left(T_{占} - \sum_{i=1}^{k}\sum t_i\right) \tag{7-1}$$

式中　$\sum t_{插}$——总的插入列车占用时间。

式（7-1）的物理意义是：插入后总的接发列车占用时间与非接发列车作业占用时间之比不应大于插入前的二者之比。

第4步：计算各种列车的通过能力。

对获得的增加的占用次数 $\Delta n_{插}$，或者 $\Delta n_1^{插}, \Delta n_2^{插}, \cdots, \Delta n_k^{插}$，在保持列车比例一致的前提下，按照一定的调整方案分配到具体的列车种类中，得到每种列车的通过能力。

对于 $\Delta n_{插}$ 需要在 k 种列车间合理分配，对 $\Delta n_1^{插}, \Delta n_2^{插}, \cdots, \Delta n_k^{插}$ 需要剔除其中重复插入过程然后在 k 种列车间合理分配。为符合车站实际作业情况，在插入后每种列车的总数需要保持比例不变，即需要满足：

$$n_1 / n_2 / \cdots / n_k = (n_1 + \Delta n_1)/(n_2 + \Delta n_2)/\cdots/(n_k + \Delta n_k) \tag{7-2}$$

式中：$\Delta n_1, \Delta n_2, \cdots, \Delta n_k$ 为最终每种列车插入增加占用次数，而各种列车的通过能力则为：$n_i + \Delta n_i, 1 \leq i \leq k$。

三、图解插值法的特点

图解插值法是针对车站通过能力提出的，具有如下特点：

（1）以设备占用过程数据为分析的基础，以计算机为实现手段，结合分析计算法、图解法和计算机模拟法的部分思想和手段，能够直观形象化地表示设备能力计算过程；

（2）以设备作业空闲时间分析为重点，以实现空闲时间的尽可能的充分利用为目标，不需对设备占用过程进行线性假设，也不需对空费系数进行人为设定，计算出的车站能力更加科学、合理和有效；

（3）保持各方向各种类列车比例一致，设备占用时间和占用序列与现有设备占用情况相同，体现了车站作业过程的非均衡性和不确定性；

（4）先计算设备能力，再得到设备能力利用率，与区间通过能力利用率计算方法一致，保持运输组织学科内部概念的协调性；

（5）对数据要求比较严格，但结合计算机处理手段，可以变得简便易行，节省计算时间，适用范围广，对车站所有通过设备都可适用。

第二节 咽喉通过能力的图解插值法

一、图解插值计算方法

对于咽喉区的各道岔组，在得到咽喉道岔组占用过程数据表中所有数据记录之后，就可以得到每个道岔组的占用过程序列 $(w_1, w_2, \cdots, w_i, \cdots, w_k)$、道岔组占用时间序列 $(t_1, t_2, \cdots, t_i, \cdots, t_k)$、道岔组空闲时间序列 $(v_1, v_2, \cdots, v_i, \cdots, v_k)$，描画出道岔组占用过程实迹图，统计得出各种类别作业进路的占用次数 n_i 及其占用总时间 $T_{占}$、固定作业占用时间 $\sum t_{固}$、直接妨碍时间 $\sum t_{直妨}$，然后按照以下步骤计算咽喉通过能力。

（一）判别方向别列车种类的咽喉道岔组

根据技术作业性质，一般把编组站货物列车分为四类：无改编中转列车、部分改编中转列车、编组始发列车、到达解体列车。为了叙述方便和能力查定过程中对各种列车在车站技术作业分类更加简便和科学，界定无调货物列车和有调货物列车两个概念，其中无调货物列车仅包含无改编中转列车一种列车，有调货物列车包含部分改编中转列车、编组始发列车、到达解体列车三种列车。这样，对于同一端咽喉来说，就存在三种属性，即：方向、接车或发车、有调列车或无调列车。在确定咽喉道岔组时，需要对三种属性的所有组合分别确定其咽喉道岔组。称三种属性的每一个组合为一个方向别列车种类。就具体的车站来说，一端咽喉所包含的方向别列车种类是极为有限的，所以计算起来并不复杂。例如，某站到达场某端入口咽喉衔接 A、B 两个方向、承担接入有调列车任务，那么方向别列车种类分为两类，即 A 方向、接车、有调列车和 B 方向、接车、有调列车。

为了确定某方向别列车种类的咽喉道岔组，需要对该方向别列车种类的所有道岔组计算实际利用率 $K_{实}$，计算公式为：

$$K_{实} = \frac{T_{占} - \sum t_{固}}{1440 - \sum t_{固}} \tag{7-3}$$

式中 $T_{占}$——道岔组占用总时间；

$\sum t_{固}$——道岔组固定作业占用总时间；

注：式（7-3）中的实际利用率不是用来计算能力的，只是用来判断最繁忙的道岔组的，所以相对于传统利用率计算公式而言，分母中省掉了空费系数一项。

计算出每组道岔组的实际利用率 $K_{实}$ 之后，将其中 $K_{实}$ 值最大的道岔组（即负荷最大的道岔组）选定为这一方向别列车种类的咽喉道岔组，填入表中。其格式如表 7-1 所示。

表 7-1　方向别列车种类咽喉道岔组表

方向	接或发车	有无调车	实际利用率	咽喉道岔组	实际列车数	咽喉道岔组占用时间
A	接车	有调	×%	#	$n^A_{接有调}$	$\sum t^A_{接有调}$
A	接车	无调	×%	#	$n^A_{接无调}$	$\sum t^A_{接无调}$
A	发车	有调	×%	#	$n^A_{发有调}$	$\sum t^A_{发有调}$
A	发车	无调	×%	#	$n^A_{发无调}$	$\sum t^A_{发无调}$
B	接车	有调	×%	#	$n^B_{接有调}$	$\sum t^B_{接有调}$
B	接车	无调	×%	#	$n^B_{接无调}$	$\sum t^B_{接无调}$
B	发车	有调	×%	#	$n^B_{发有调}$	$\sum t^B_{发有调}$
B	发车	无调	×%	#	$n^B_{发无调}$	$\sum t^B_{发无调}$
—	—	—	—	—	—	—
—	—	—	—	—	—	—

注：×表示具体数字，×%表示百分数，#表示具体道岔组号。

表中不是每一方向都有 4 种列车，只需要填写有方向别列车种类的咽喉道岔组。有的道岔组可能同时是几个方向别列车种类的咽喉道岔组，将其个数记为 k，$k \geq 1$。

（二）确定图解插值占用时间 $t_{插}$

在得到道岔组占用序列及其实迹图和确定方向别列车种类咽喉道岔组之后，能确定具体某一咽喉道岔组包含的方向别列车种类个数 k。考虑到每一种方向别列车种类的特殊性，以及咽喉通过能力需要计算每一种方向别列车种类的通过能力，因而对含有 k 种方向别列车种类的咽喉道岔组，每一种都确定其图解插值占用时间。

设某咽喉道岔组包含 k 个方向别列车种类，记第 i 个方向别列车种类的插值时间为 $t_i^{插}$，这样便得到 k 个图解插值占用时间 $t_1^{插}, t_2^{插}, \cdots, t_k^{插}$。计算 $t_i^{插}$ 的公式为：

$$t_i^{插} = \frac{\sum t_i}{n_i}, \ i = (1, 2, \cdots, k) \tag{7-4}$$

式中　k——包含方向别列车种类的个数；
　　　n_i——占用该咽喉道岔组的第 i 类方向别列车种类的列车数；
　　　$\sum t_i$——占用该咽喉道岔组的第 i 类方向别列车种类的总占用时间。

为了综合考虑直接妨碍作业对道岔组占用时间的影响，在算出 $t_i^{插}$ 之后，对其按比例适当增大，即可得到调整后的插值占用时间，记作 $t_i'^{插}$。$t_i'^{插}$ 的计算公式如下：

$$t_i'^{插} = t_i^{插} * \frac{T_{占}}{T_{占} - \sum t_{直妨}} \tag{7-5}$$

式中 $T_占$——道岔组占用总时间；

$\sum t_{直妨}$——道岔组直接妨碍占用总时间。

为了后续表述方便简洁，仍然以 $t_i^{插}$ 表示调整后的插值占用时间。

（三）图解插值法计算流程

综合考虑车站各种列车接、发和道岔组实际占用情况，咽喉通过能力图解插值法流程图中插入占用时间 $t_{插}$ 的策略如图 7-5 所示。采用在该咽喉道岔组空闲时间序列 $(v_1, v_2, \cdots, v_k)$ 中用 k 个插值占用时间 $(t_1^{插}, t_2^{插}, \cdots, t_k^{插})$ 分别进行插入。对于每一个 $t_i^{插}$，所有大于等于 $t_i^{插}$ 的空闲时间中尽可能多地插入 $t_{插}$，令每个 $t_i^{插}$ 的插入的总次数为 $\Delta n_i^{插}$，即可得到 k 个插入次数 $\Delta n_1^{插}, \Delta n_2^{插}, \cdots, \Delta n_k^{插}$。

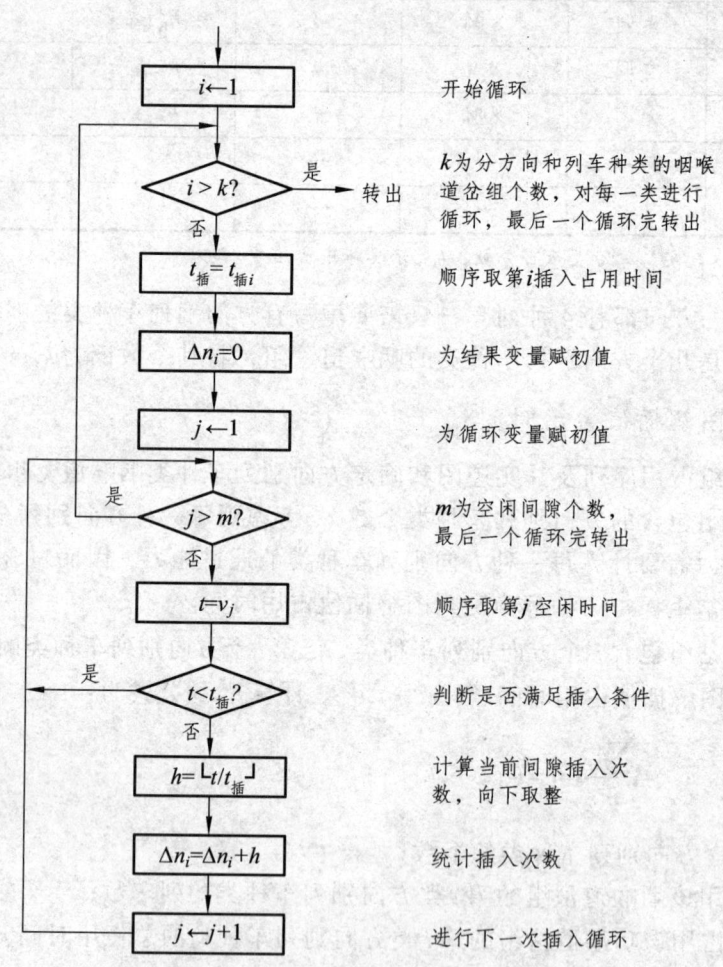

图 7-5 咽喉通过能力图解插值法计算流程

（四）图解插值法咽喉通过能力

对咽喉道岔组经过 k 次循环插入得到各方向别列车种类的插入数量 $\Delta n_i^{插}$，即 $(\Delta n_1^{插}, \Delta n_2^{插}, \cdots, \Delta n_k^{插})$，由于该咽喉道岔组空闲时间序列 $(v_1, v_2, \cdots, v_k)$ 只有一个，因而上述 $\Delta n_i^{插}$

存在重复插入情况，$\Delta n_i^{插}$ 只是第 i 类方向别列车种类理想情况下的最大插入数量。另外对于 $(t_1^{插}, t_2^{插}, \cdots, t_k^{插})$ 中最小的 $t_m^{插}$，$m = (1, 2, \cdots, k)$，所有能插入其他插值时间的空闲时间都能插入 $t_m^{插}$，因而所得的 $\Delta n_m^{插}$ 是最大的，覆盖了所有可能的能够插值的空闲时间。事实上每种方向别列车种类不可能进行无限制的插入，这就需要确定空闲时间序列中各种方向别列车种类的有效插入数量，即以合理的最终结果调整方案确定每一方向别列车种类的能力在原有列车数上的增加值。

记 k 种方向别列车种类的最终插入数量为 x_i，$1 \leq i \leq k$，其序列为 $(x_1, x_2, \cdots, x_k)$，根据式（7-1）和式（7-2）的约束条件，以及各类列车的最大插入数量 $\Delta n_i^{插}$ 的限制，建立线性规划模型，求得 $(x_1, x_2, \cdots, x_k)$ 的最大值。

$$\text{目标函数：} \max z = (x_1 + x_2 + \cdots + x_k) = \sum_{i=1}^{k} x_i \tag{7-6}$$

$$\text{满足约束条件：} \begin{cases} x_i \leq \Delta n_i^{插}, \ i = (1, 2, \cdots, k) \\ \sum_{i=1}^{k} x_i \leq \Delta n_m^{插} \\ \left(\sum_{i=1}^{k} t_i^{插} * x_i \right) \Big/ \left(T - T_{占} - \sum_{i=1}^{k} t_i^{插} * x_i \right) \leq \sum_{i=1}^{k} \sum t_i \Big/ \left(T_{占} - \sum_{i=1}^{k} \sum t_i \right) \\ n_1 / n_2 / \cdots / n_k = (n_1 + x_1) / (n_2 + x_2) / \cdots / (n_k + x_k) \\ x_i \geq 0, i = (1, 2, \cdots, k) \end{cases} \tag{7-7}$$

式中　T——道岔组可供利用的总时间；

$T_{占}$——道岔组总占用时间；

$\sum_{i=1}^{k} \sum t_i$——道岔组各方向别列车种类的总占用时间；

n_i——道岔组第 i 类方向别列车种类的接发车占用次数；

$\Delta n_m^{插}$——道岔组方向别列车种类最大的插入次数（即最小插入时间插值统计得到的插入次数）。

式（7-7）所示的模型中共有 5 个约束条件。第 5 个是非负约束，其余 4 个约束条件的意义分别说明如下：

（1）任何一个列车类别的插入次数不能大于其最多可能插入的次数。

（2）各列车类别的插入次数之和不应大于最多插入次数中的最大者。

（3）插值后总空闲时间中接发列车作业占用时间与非接发列车作业占用时间之比应与插值前的二者之比保持一致。这是因为非接发列车作业也要占用设备资源，其占用时间长短应按插值前的比例确定。但由于插值后仍不可避免地存在空费时间，而这部分时间是无法事先确定的，故只好将它与非接发列车作业占用时间一并考虑。这将导致本约束表达式左边的分母会比右边的分母大一些，所以本约束条件最终采用不等式，而不是等式。

（4）各列车类别的总列数在插值后与插值前应保持比例不变。这是为了避免追求插入数量最多而尽量插入 $t_i^{插}$ 小的列车类别，导致不符合车站实际作业情况。

求解上述线性规划模型所得到的 $(x_1, x_2, \cdots, x_k)$ 就是各方向别列车种类列车最终插入数量。

然后，咽喉道岔组的通过能力 $N_i, i=(1,2,\cdots,k)$ 计算如下：

$$N_i = n_i + x_i, i = (1, 2, \cdots, k) \tag{7-8}$$

则对于整个咽喉道岔组的利用率 K，可按下列公式计算：

$$K = \frac{\sum n_i}{\sum N_i} \tag{7-9}$$

二、图解插值法实例

以附录 3 中郑州北站上行到达场 2 号道岔组的占用过程数据为例，可以得到其占用过程时间序列 $(t_1, t_2, \cdots, t_i, \cdots, t_n)$ 及其相应的空闲时间序列 $(v_1, v_2, \cdots, v_j, \cdots, v_n)$，其占用过程数据如表 7-2 所示（仅截取部分），以之描述的 2 号道岔组占用过程实迹图如图 7-6 所示，统计汇总可以得到 2 号道岔组 3 昼夜总占用时间 $\sum t_{实占} = 1906$ min、总占用次数 $n = 261$ 次、固定作业占用时间 $\sum t_{固} = 0$ min、直接妨碍占用时间 $\sum t_{直妨} = 0$ min，2 号道岔组的实际利用率 $K_{实} = \frac{\sum t_{实占} - \sum t_{固}}{3*1440 - \sum t_{固}} = \frac{1906 - 0}{3*1440 - 0} \approx 0.44$，其方向别列车种类咽喉道岔组表如表 7-3 所示。表中，"非"表示"接发列车以外的作业"。因 2 号道岔组只接 A（西）、B（下）方向的到达解体列车，故 $k=2$。

表 7-2　某车场咽喉区 2 号道岔组占用过程数据示例（节选）

序号	作业大类	由	到	作业类别	作业项目	进路开通	进路解锁	占用时间	空闲时间	列车种类
1	调车	下	直	调机走行	调机走行	18:00	18:08	8	0	非
2	接车	西	2	货物列车到达	22014	18:08	18:14	6	0	到达解体
3	调车	发	2	调机走行	调机走行	18:17	18:21	4	3	非
4	调车	下	直	调机走行	调机走行	18:29	18:37	8	8	非
5	调车	下	直	调机走行	调机走行	18:38	18:48	10	1	非
6	调车	4	双5	调机走行	调机走行	19:00	19:05	5	12	非
7	调车	下	直	调机走行	调机走行	19:25	19:32	7	20	非
8	调车	下	直	调机走行	调机走行	19:49	19:55	6	17	非
9	调车	下	直	调机走行	调机走行	20:00	20:06	6	5	非
⋮	⋮	⋮	⋮	⋮	⋮	⋮	⋮	⋮	⋮	⋮

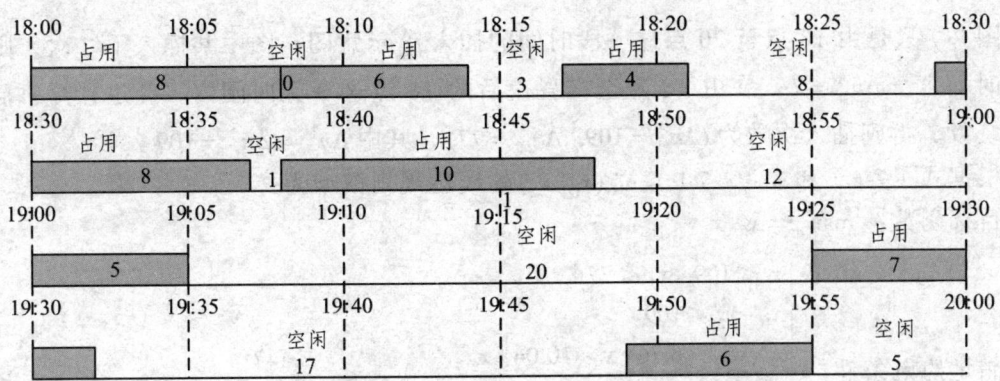

图 7-6 某车场咽喉区 2 号道岔组实迹图示例

表 7-3 方向别列车种类 2 号咽喉道岔组表

方向	接或发车	有无调车	实际利用率	咽喉道岔组	3昼夜实际列车数	咽喉道岔组3昼夜列车占用时间
A	接车	有调	0.44	2	29	196
B	接车	有调	0.44	2	25	251
合计					54	447

2 号咽喉道岔组的图解插值占用时间：

$$t_{插}^{A} = \frac{\sum_{i=1}^{n_A} t_i}{n_A} = \frac{196}{29} \approx 6.76 \quad (\min)$$

$$t_{插}^{B} = \frac{\sum_{i=1}^{n_B} t_i}{n_B} = \frac{251}{25} \approx 10.04 \quad (\min)$$

由于 $\sum t_{直妨} = 0$，所以不对插值占用时间进行调整。

通过计算机以图解插值法计算流程对其道岔组实际空闲时间序列进行插值计算，如在 2 号道岔组占用实迹图中插入 $t_{插}^{A}$，如图 7-7 所示。

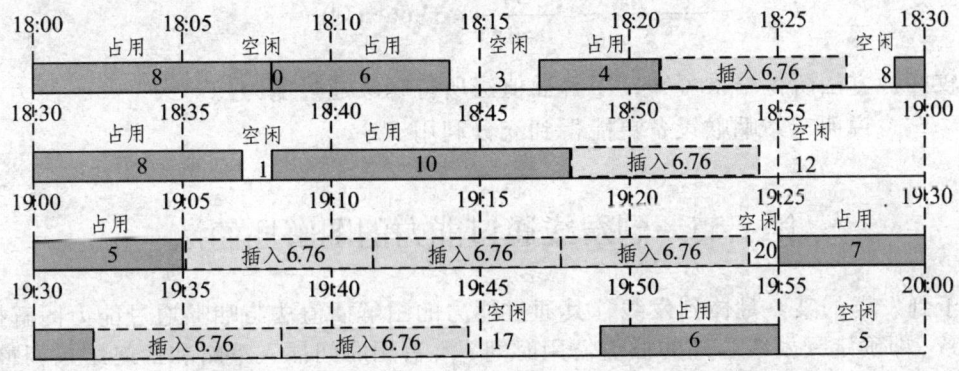

图 7-7 通过能力 2 号咽喉道岔组实迹图插值示例

图 7-7 只是由 18 点至 20 点这一段时间的插入 $t_{插}^A$ 示意图，图中共插入了 7 次，则对这两小时而言，$\Delta n_{插}^A = 7$。在由 18 点至三昼夜后的 18 点这 3 天时间内，经过计算机插值运算和统计，得到插入次数为 ($\Delta n_{插}^A = 109$, $\Delta n_{插}^B = 77$)，其中 $\Delta n_m^{插} = \Delta n_{插}^A = 109$。

根据式（7-6）和式（7-7）建立 (x_1, x_2) 的线性规划模型为：

目标函数：$\max z = x_1 + x_2$

满足约束条件：
$$\begin{cases} x_1 \leqslant 109, \ x_2 \leqslant 77 \\ x_1 + x_2 \leqslant 109 \\ \dfrac{6.76 * x_1 + 10.04 * x_2}{1440 * 3 - 1906 - (6.76 * x_1 + 10.04 * x_2)} \leqslant \dfrac{447}{1906 - 447} \\ (29 + x_1)/(25 + x_2) = 29/25 \\ x_1, x_2 \geqslant 0 \end{cases}$$

求解得到 $(x_1 \approx 36.73, \ x_2 = 31.66)$。

然后，咽喉道岔组的通过能力计算如下：

A 方向接有调货物列车通过能力

$$N_{接有调}^A = (n_A + x_2)/3 = (29 + 36.73)/3 \approx 21.91 \quad (列)$$

B 方向接有调货物列车通过能力

$$N_{接有调}^B = (n_B + x_1)/3 = (25 + 31.66)/3 \approx 18.89 \quad (列)$$

2 号咽喉道岔组的通过能力为 A、B 方向能力之和，即 40.80 列。

于是，2 号咽喉道岔组的利用率：

$$K = \frac{n_A + n_B}{N_A + N_B} = \frac{29 + 25}{(29 + 36.73) + (25 + 31.66)} \approx 0.44$$

就上述 2 号咽喉道岔组相关数据，若用利用率法进行计算，取空费系数 $\gamma_{空费} = 0.175$，可得 2 号咽喉道岔组利用率 $K_{利用率} = \dfrac{1960 - 0}{(1440 * 3 - 0) * (1 - \gamma_{空费})} \approx 0.53$，其相应的通过能力为：

$$N_{利用率} = \frac{(n_{列}/K_{利用率})}{3} = \frac{54}{0.53 * 3} \approx 33.66 \quad (列)$$

比较两种方法所得结果可知，图解插值法所得咽喉通过能力相对大一些，能力利用率相对小一些，说明车站咽喉设备更能得到充分利用。

第三节 到发线通过能力的图解插值法

对于到发场的某一具体到发线，其通过能力的图解插值法与咽喉通过能力图解插值法基本一致，即确定到发线合理的插值占用时间 $t_{插}$、占用时间插入策略和最终结果调整方案，最终得到该到发线通过能力。

一、图解插值计算方法

对于到发场的各条到发线,在得到到发线占用过程数据表中所有数据记录之后,就可以得到每条到发线的占用过程序列 $(w_1,w_2,\cdots,w_i,\cdots,w_k)$、到发线占用过程时间序列 $(t_1,t_2,\cdots,t_i,\cdots,t_k)$、到发线空闲时间序列 $(v_1,v_2,\cdots,v_i,\cdots,v_k)$,描画出到发线占用过程实迹图,并能够统计得出各种类别作业进路的占用次数 n_i 及其占用总时间 $\sum t_i$,以及该到发线占用总时间 T、固定作业占用时间 $\sum t_{固}$。按照以下步骤计算到发线通过能力:

1. 分析到发线的方向别列车种类

同咽喉道岔组一样,也需要结合设备及作业实际情况定义方向别列车种类,如 A 方向接车有调到达解体列车。通过分析可以判断该到发线接发的方向别列车种类的个数,将其个数记为 k, $k \geqslant 1$。

如果将单一到发线看作一个咽喉道岔组的话,其通过能力计算步骤与咽喉道岔组图解插值法一致。

2. 图解插值占用时间 $t_{插}$

与咽喉道岔组图解插值法的图解插值占用时间 $t_{插}$ 一致,只是把咽喉占用时间换成相应的到发线占用时间即可,不用考虑妨碍时间对 $t_{插}$ 的影响。

3. 图解插值法计算流程

与咽喉道岔组图解插值法的图解插值法计算流程一致。

4. 图解插值法到发线通过能力

与咽喉道岔组图解插值法的图解插值法咽喉通过能力一致。

其得到的结果向量 $(x_1,x_2,\cdots,x_k)$ 就是各方向别列车种类在该到发线的最终插入数量;最后,该到发线的通过能力为:

$$N_i = n_i + x_i \quad i=(1,2,\cdots,k) \quad (7\text{-}10)$$

其到发线利用率为:

$$K = \frac{\sum n_i}{\sum N_i} \quad (7\text{-}11)$$

5. 确定最终到发线通过能力

设到发场到发线数量为 M,到发场方向别列车种类的总个数为 H,得到各具体到发线的方向别列车种类的实际列车数为 n_i^j、通过能力为 N_i^j,其中 i ($1 \leqslant i \leqslant H$) 为方向别列车种类编号,$j$ ($1 \leqslant j \leqslant M$) 为该到发线编号。

整个到发场的通过能力为:

$$N_i = \sum_{j=1}^{M} N_i^j, \quad 1 \leqslant i \leqslant H \quad (7\text{-}12)$$

则,整个到发场的利用率为:

$$K = \frac{\sum_{j=1}^{M}\sum_{i=1}^{H} n_i^j}{\sum_{i=1}^{H} N_i} \quad (7\text{-}13)$$

二、图解插值法实例

以附录 4 中郑州北站上行到达场 2 道（以下称为"2 号到发线"）的占用过程数据为例，可以得到其占用过程时间序列 $(t_1, t_2, \cdots t_i, \cdots t_n)$，及其相应的空闲时间序列 $(v_1, v_2, \cdots v_j, \cdots, v_n)$，其占用过程数据如表 7-4 所示，以之描述的 2 号到发线占用过程实迹图如图 7-8 所示，统计汇总可以得到 2 号到发线 3 昼夜总占用时间 $\sum t_{\text{实占}} = 1812 \text{ min}$、总占用次数 $n = 28$ 次、固定作业占用时间 $\sum t_{\text{固}} = 0 \text{ min}$。其方向别列车种类有两类，即 A（西）方向有调到达解体列车和 B（下）方向有调到达解体列车，可见 $k = 2$，相关统计数据见表 7-5。

表 7-4 郑州北站上行到达场 2 号到发线占用过程数据

序号	接车性质			发车性质			占用时间	空闲时间	列车种类
	大类	由	作业项目	大类	到	作业项目			
1	接车	西	22014	调车	推1	22014 推峰	196	8	到达解体
2	接车	西	10794	调车	推1	10794 推峰	145	10	到达解体
3	接车	西	22024	调车	推1	22024 推峰	108	29	到达解体
4	调车	编1	41297N 空程	调车	西	41297N 空程	9	14	非
5	接车	下	34015	调车	推1	34015 推峰	126	54	到达解体
6	接车	下	51014	机车	走	51014 入段	11	26	单机
7	接车	下	41191N	调车	推1	41191N 推峰	101	134	到达解体
8	接车	下	45007	调车	推1	45007 推峰	142	178	到达解体
9	接车	西	22008	调车	推1	22008 推峰	81	85	到达解体
10	调车	推1	26035 空程	调车	双6	26035 空程	11	5	非
⋮	⋮	⋮	⋮	⋮	⋮	⋮	⋮	⋮	⋮
28	调车	双6	24010 空程	调车	推1	24010 推峰	6	72	非

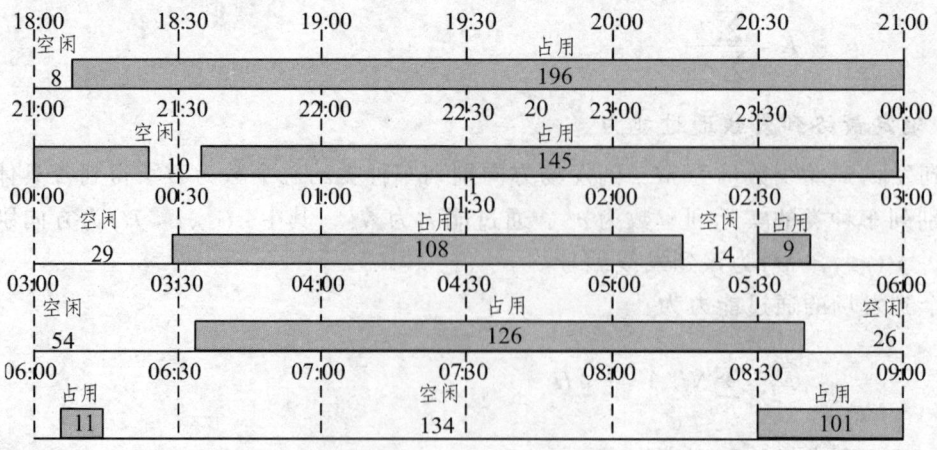

图 7-8 郑州北站上行到达场 2 号到发线实迹图示例

表 7-5 方向别列车种类 2 号到发线表

方向	接或发车	有无调车	列车种类	到发线编号	3昼夜实际列车数	到发线 3 昼夜列车占用时间
A	接车	有调	到达解体	2	9	992
B	接车	有调	到达解体	2	7	704
合计					16	1696

2 号到发线的图解插值占用时间

$$t_{插}^{A} = \frac{\sum_{i=1}^{n_A} t_i}{n_A} = \frac{992}{9} \approx 110.2 \quad (\text{min})$$

$$t_{插}^{B} = \frac{\sum_{i=1}^{n_B} t_i}{n_B} = \frac{704}{7} \approx 100.6 \quad (\text{min})$$

通过计算机以图解插值法计算流程对其到发线实际空闲时间序列进行插值计算，在 2 号到发线实迹图中插入 $t_{插}^{A}$ 表示，如图 7-9 所示。

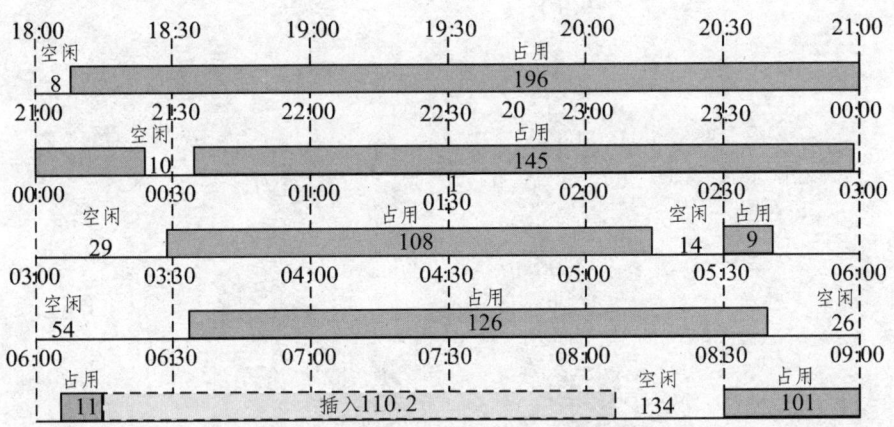

图 7-9 2 号到发线实迹图插值示例

图 7-9 只是由 18 点次日 9 点这一段时间的插入 $t_{插}^{A}$ 示意图，图中共插入了 1 次，则对这 15 小时而言，$\Delta n_{插}^{A} = 1$。在由 18 点至 3 昼夜后的 18 点这三天时间内，经插值运算和统计，得到插入次数为（$\Delta n_{插}^{A} = 13$，$\Delta n_{插}^{B} = 14$），其中 $\Delta n_{m}^{插} = \Delta n_{插}^{B} = 14$，根据式（7-6）和式（7-7）建立 (x_1, x_2) 的线性规划模型为：

目标函数：$\max z = x_1 + x_2$

满足约束条件：
$$\begin{cases} x_1 \leq 13, \ x_2 \leq 14 \\ x_1 + x_2 \leq 14 \\ \dfrac{110.2 * x_1 + 100.6 * x_2}{1440 * 3 - 1812 - (110.2 * x_1 + 100.6 * x_2)} \leq \dfrac{1696}{1812 - 1696} \\ (9 + x_1)/(7 + x_2) = 9/7 \\ x_1, \ x_2 \geq 0 \end{cases}$$

求解得到 (x_1=7.88, x_2=6.12)。

然后，2号到发线的通过能力计算如下：

A方向接有调货物列车通过能力

$$N^A_{接有调}=(n_A+x_2)/3=(9+7.88)/3\approx 5.63 \quad (列)$$

B方向接有调货物列车通过能力

$$N^B_{接有调}=(n_B+x_1)/3=(7+6.12)/3\approx 4.37 \quad (列)$$

则2号到发线A、B方向接有调货物列车通过能力为10.00列。

到发线能力很小是因此处仅仅为郑州北站上行到达场中1条到发线的能力，而整个到达场的能力还需要将每一条到发线能力加总后才能得到。

2号到发线的能力利用率为：

$$K=\frac{n_A+n_B}{N_A+N_B}=\frac{9+7}{(9+7.88)+(7+6.12)}\approx 0.53$$

第八章　技术站能力查定误差与作业分析

第一节　车站能力查定误差

车站能力查定工作是一项复杂而系统的工程，存在数据采集量大、分析和计算任务重、涉及面广、交叉干扰大、参与人员多等特点。车站能力查定虽然数据量大，但独立样本量却很少，一般以有限的比较典型的几天车站作业原始数据作为计算样本，通常为连续 3 昼夜数据，而作为查定对象的车站各项设备其自身作业情况每天也是存在差异的。因此，车站能力查定结果不可避免地存在偏差，查定结果的代表性、合理性和真实性也有待商榷。

一、原始数据样本来源及各项假定条件

（1）在车站全年 365 天中选择具有代表性的 3 昼夜车站设备运用情况作为车站能力查定原始数据样本来源；

（2）车站能力查定 3 昼夜期间，车站各项固定设备、活动设备状态良好，不考虑设备施工和检修的影响；

（3）车站各岗位管理人员和现场操作人员配备齐全，并能技术娴熟地完成各项技术作业，没有大的作业偏差；

（4）运输流特性保持一致，各到达旅客和货物列车在到达时刻和列车组成上没有大的波动，各出发旅客列车和货物列车在出发时刻和列车组成上也变化不大。

二、数据误差及其来源

在实际车站能力查定过程中可以发现，对车站某一设备能力进行查定，即使车站外界情况非常稳定，采用手段和人员完全相同，计算方法及其参数完全一致，分别查定时间连续不间断的几昼夜该项设备能力，各个计算结果都不可避免地存在一些微小的差异。这种差异就是查定误差存在的表现。

产生查定误差的原因是十分复杂的，排除查定对象本身存在的不确定性，概括起来主要有以下三个方面：

1. **工具和手段误差**

由于数据采集工具和手段的构造不完善以及工具制造工艺的限制，不只是传统的钟表时间记录工具存在误差，而且先进的微机联锁系统由于其系统组成构件、微电子技术和计算机技术的不完备以及操作软件的延误等也存在着误差。

2. **记录误差**

数据采集者的感觉器官的鉴别能力是有一定限度的，另外数据采集者自身对业务的熟练程度、习惯以及长时间工作状态保持等也会为数据采集带来一定的误差。

3. 外界环境误差

从客观上讲，数据采集地点及数据采集者所处位置的温度、湿度、风力、空气透明度、大气、折光等每时每刻都在不断变化，它们直接或间接地影响着数据采集者的数据采集结果。比如在温度适宜的情况下，人的注意力会更加集中，记录结果会更加真实、准确。

把以上工具和手段误差、记录误差、外界环境误差等综合起来看，都是数据采集时的查定条件好坏造成的误差，综合起来称为查定条件误差。相应地，把数据记录时采用的工具和手段、数据采集者的业务技术水平和记录时外界环境条件称之为查定条件。查定条件好，则查定条件误差小；查定条件差，则查定条件误差大。同等查定条件下数据的采集称之为等条件查定，不同等查定条件下数据的采集称之为不等条件查定。

第二节 车站作业复杂性分析

对于具体的车站通过能力相关设备，通过原始数据表 5-1 "咽喉道岔组和到发线原始数据表"可以得到完整的以进路为单位的"进路别作业信息"，得到进路的占用过程序列 $(w_1, w_2, \cdots, w_n)$、占用过程集合 W、占用过程时间序列 $(t_1, t_2, \cdots, t_n)$、占用过程实迹图，并且能够统计各种类别作业进路的占用次数 n_i 及其占用总时间 $\sum t_i$，而"进路别作业信息"忠实地反映了车站技术作业过程和设备占用过程，对进路所反映信息的分析就是对车站作业信息的分析。通过上述进路占用数据，以一定的方法就可以对车站作业复杂性进行分析。下面提出一种基于组成分析法的设备占用复杂性分析方法。

组成分析法为研究事物的组成（成分、构成）问题提供统一的认识模型、分析工具、计算方法和原理，它通过广义集合、分布函数和复杂程度分析事物组成，并揭示了有随机性的事物都遵循最复杂原理。将其原理引入车站设备占用过程分析，同样可以得到很多有益的认识，为选择或提出能力查定数据采集方法、车站能力计算方法提供有益的参考。

一、车站进路广义集合

1. 广义集合的一般定义

一个总体（客观事物、研究对象、系统、体系、集体）如果：

（1）可以分成多个（≥0）地位相同的个体；

（2）对某个（可能多个）标志而言，每个个体都有确定的标志值。

就说这个总体是一个明确的广义集合。

其中，个体概念是总体按照某种标准（从某个侧面）分成若干个地位相同的等分，强调每个个体的全同性；标志概念是对总体内的每个个体都具有的某个侧面、特征、指标的描述，而每个个体就某种标志的具体取值就称为标志值，以标志值描述每个个体之间在形态、性质方面的差异性，如表 8-1 所示。

2. 车站进路广义集合

就具体车站某个车场的咽喉道岔组和到发线通过能力来讲，结合车站咽喉道岔组和到发线原始数据表可以定义车站进路广义集合。

表 8-1 总体、个体、标志、标志值示例

研究的总体	个体的名称	标志名称	标志值举例
一个班的同学	一个学生	每个学生的身高	身高 170 厘米的学生
书店中的书	一本书	每本书的大小	A4 大小的一本书
中国的铁路机车	一台机车	每台机车的类型	内燃机车
中国的铁路车站	一个车站	每个车站的等级	一等站
一个车场的道岔组	一个道岔组	道岔组中包含的道岔数	2 个道岔
一个车场的线路	每条线路	线路的有效长度	长 884 米

车站进路广义集合是指以车站作业进路全部或特定部分为总体，以单独进路为个体，以"咽喉道岔组和到发线原始数据表"中数据栏及其推论或组合为标志值构建的广义集合。

可见，车站进路广义集合是一类进路的集合，个体是具体的一条进路，其广义集合具体示例见表 8-2。

表 8-2 车站进路广义集合示例

车站进路总体	个体名称	标志名称	标志值举例
车场的咽喉作业进路	每条进路	进路始端	机务段
车场的咽喉作业进路	每条进路	进路作业大类	接车
车场的咽喉作业进路	每条进路	进路占用道岔组个数	3 个道岔组
车场的接车作业进路	每条进路	接入列车的种类	无改编
车场的接发货物列车进路	每条进路	有无调车作业	有调作业
占用 2 号道岔组的进路	每条进路	进路终端	牵出线
占用 3 号道岔组的进路	每条进路	进路作业大类	调车
占用 4 号道岔组的进路	每条进路	进路占用时间	3 min

可以看出，根据"咽喉道岔组和到发线原始数据表"还可以构建很多其他车站进路广义集合，甚至随着标志量的增加，还可以构建 2 个标志或多个标志的多维广义集合，如表 8-3 所示。

表 8-3 多维车站进路广义集合示例

车站进路总体	个体名称	标志名称	标志值举例	维数
车场的咽喉作业进路	每条进路	进路始端和作业大类	机务段、发车	2
车场的咽喉作业进路	每条进路	进路占用道岔组个数和占用时间	3 个道岔组、5 min	2
占用 2 号道岔组的进路	每条进路	进路终端和作业类别	牵出线、车列牵出	2
占用 3 号道岔组的接车进路	每条进路	作业类别、辆数、列车种类、	货物列车到达、55、到达解体	3
占用 4 号道岔组的进路	每条进路	进路始端、作业大类、进路占用时间	机务段、机车、6 min	3

二、车站进路分布函数

1. 广义集合的分布函数

分布函数是函数关系的一种,用于描述广义集合(总体、系统、体系)内具有不同的标志值的个体各有多少的一种的函数,它揭示广义结合内不同的标志值(x)与其对应的个体的个数(n)的关系。

每个广义集合必然存在一个分布函数。当指明一个广义集合时,已经明确了不同的标志值的个体的数量是多少。因而每个广义集合必然存在着各个标志值与其对应的个体的个数的关系。分布函数定量地说明了广义结合的内部组成,如表8-4所示。

表8-4 广义集合与分布函数

研究的总体	个体的名称	标志名称	分布函数说明的问题
一个班的同学	一个学生	每个学生的身高	不同身高的学生各有多少
书店中的书	一本书	每本书的大小	不同大小的书各有多少
中国的铁路机车	一台机车	每台机车的类型	不同类型的机车各有多少
中国的铁路车站	一个车站	每个车站的等级	不同等级的车站各有多少
一个车场的道岔组	一个道岔组	道岔组中包含的道岔数	不同道岔个数道岔组各有多少
一个车场的线路	每条线路	线路的有效长度	不同长度的线路各有多少

广义集合分布函数的性质:

(1)由于分布函数中的函数值的物理含义是本广义集合内的与某个标志值对应的个体的个数,而个体的个数不可能是负数或者有多个值,所以分布函数的函数值都是单值的非负数。

(2)每个个体必然有一个确定的标志值,所以各个标志值对应的个体的个数的合计必然等于广义集合内的个体的总数量。

(3)如果个体的总数去除每个标志值的个数,得到一个相对值,即是该标志值在总体中占的比例(权重、百分比),这一串数值即为相对分布函数,其合计值应当等于1。

(4)相对分布函数与概率分布具有等价性。

(5)分布函数既可以是离散函数也可以是连续的函数。

2. 车站进路广义集合的分布函数

同样,车站进路广义集合属于一般的广义集合,拥有其公用的性质,也有其分布函数。车站进路广义集合的分布函数是用于描述车站进路广义集合内具有不同标志值的个体各有多少的一种函数,揭示车站进路广义集合内不同的标志值与其对应的个体数量的关系。其广义集合与分布函数具体示例见表8-5。

表 8-5 车站进路广义集合与分布函数

车站进路总体	个体名称	标志名称	分布函数说明的问题
车场的咽喉作业进路	每条进路	进路始端	不同始端的进路各有多少
车场的咽喉作业进路	每条进路	进路作业大类	不同作业大类的进路各有多少
车场的咽喉作业进路	每条进路	进路占用道岔组个数	不同道岔组个数的进路各有多少
车场的接车作业进路	每条进路	接入列车的种类	不同列车种类的进路各有多少
车场接发货物列车进路	每条进路	有无调车作业	有无调作业进路各有多少
占用 2 号道岔组的进路	每条进路	进路终端	不同终端的进路各有多少
占用 3 号道岔组的进路	每条进路	进路作业大类	不同作业大类的进路各有多少
占用 4 号道岔组的进路	每条进路	进路占用时间	不同占用时间的进路各有多少

3. 车站进路广义集合分布函数的实例

车站进路广义集合的分布函数可以定量地说明不同类别作业进路的内部组成，附录 3 中以郑州北站到达场 2 号道岔组的占用时间序列 $(t_1, t_2, \cdots, t_n)$ 为例，得到其以占用进路为总体、以每条进路为个体、以进路占用时间为标志的车站进路广义集合，经统计其查标 3 昼夜被占用的进路数 $n_占$ 为 261 次，总占用时间 $\sum n_占$ 为 1906 min，平均占用时间 $\bar{t}_占$ 为 7.3 min，"不同占用时间的进路各有多少"的分布函数统计结果如表 8-6 和图 8-1 所示。

表 8-6 到达场 2 号道岔组进路广义集合分布函数

占用时间（min）	1	2	3	4	5	6	7	8	9	10	11	12	13	>13
占用次数	0	7	11	19	20	42	50	42	23	25	6	7	5	4
百分比（%）	0	3	4	7	8	16	19	16	9	10	2	3	2	1

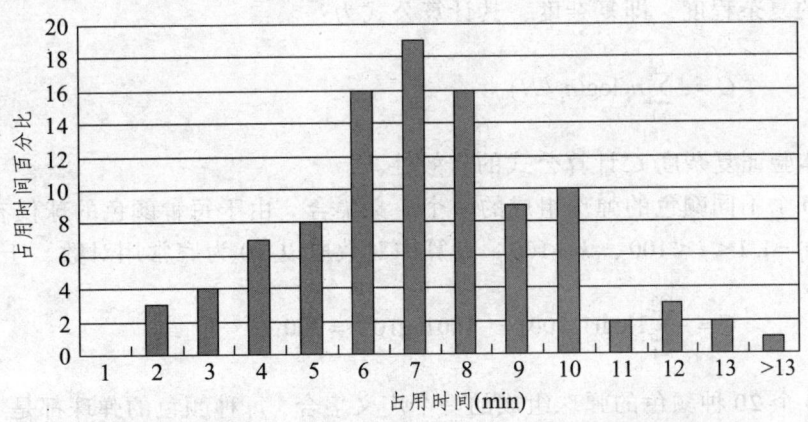

图 8-1 到达场 2 号道岔组进路广义集合分布函数图

很显然，这个统计结果符合分布函数的格式，描述了道岔组占用时间的结构。同样，可以将车场的所有道岔组全部统计出来，也可以根据其他不同的标志统计其他原始数据栏及其组合的统计函数关系。

三、车站作业复杂度

1. 复杂程度概念

在车站能力查定过程中,有必要对车站作业复杂性进行分析,即对车站进路广义集合的复杂性进行分析。从广义集合内部结构来说,对于有 N 个个体的车站进路集合来说,如果 N 个个体都相同,只要对一个个体进行分析就掌握了整个集合的情况,可见其作业复杂性将是非常小的,即标志值个数为 1 时复杂性最小;如果 N 个个体都不一样,那么要掌握整个集合的情况就得对每一个个体都进行分析,需要分析 N 次,可见其作业复杂性将是非常大的,即标志值个数为 N 时复杂性最大。可以定性地得到结论:对于拥有同样个体数量的广义集合,其内部组成成分越多即标志值越多,其结构越复杂。

2. 广义集合复杂度

复杂度是广义集合复杂程度的定量描述。

设有一个含有 N 个个体和 k 种不同标志值的广义集合 G,对应每一标志值 x_i 包含的个体个数为 n_i,其分布函数为 x_i/N,其整体情况可以用表 8-7 表示。

表 8-7 广义集合 G 的分布函数表

标志值 x_i	x_1	x_2	x_3	x_4	—	x_i	—	x_k
占用次数 n_i	n_1	n_2	n_3	n_4	—	n_i	—	n_k
百分比 n_i/N	n_1/N	n_2/N	n_3/N	—	—	n_i/N	—	n_k/N

注:$n_i \geq 0, \sum_{i=1}^{k} n_i/N = 1$。

广义集合的复杂度由标志量平均值引入,进而导出标志值函数的平均值公式,最后将标志值函数具体化,以一个具体的标志值函数的平均值引导出来的计算量 C 来表示广义集合内部状态的复杂程度,即复杂度,其计算公式为:

$$C = -\sum_{i=1}^{k} n_i \log(n_i/N) \tag{8-1}$$

下面具体验证复杂度 C 计算公式的有效性。

如有 100 个不同颜色的弹珠组成的一个广义集合。由于每种颜色的球仅有一个个体,所以公式中 $n_i = 1, 1 \leq i \leq 100$,$k = 100$,计算中对数取以 10 为底常用对数,于是:

$$C = -\sum_{i=1}^{100} 1\log(1/100) = -100\log 10^{-2} = 200 \tag{8-2}$$

当有 100 个 20 种颜色的弹珠组成的一个广义集合,每种颜色的弹珠都是 5 个,即公式中 $n_i = 5, 1 \leq i \leq 20, k = 20$,则 $C = -\sum_{i=1}^{20} 5\log(5/100) \approx 130$;

当有 100 个 10 种颜色的弹珠组成的一个广义集合,每种颜色的弹珠都是 10 个,即 $n_i = 10, 1 \leq i \leq 10, k = 10$,则 $C = -\sum_{i=1}^{10} 10\log(10/100) = 100$;

当有 100 个 5 种颜色的弹珠组成的一个广义集合,每种颜色的弹珠都是 20 个,即 $n_i = 20$, $1 \leq i \leq 5$, $k = 5$,则 $C = -\sum_{i=1}^{5} 20\log(20/100) \approx 70$;

当有 100 个同种颜色的弹珠组成的一个广义集合,由于只有一种颜色的弹珠,即 $n_i = 100$, $i = 1$, $k = 1$,则 $C = -\sum_{i=1}^{1} 100\log(100/100) = 0$。

通过这个例子可以看出:一个广义集合内的各个个体的标志值差别越大,其复杂度就越大。而各个个体特征值完全相同的广义集合,其复杂度为零。

3. 广义集合复杂度特性

通过对复杂度公式和有效性进行验证,可以得到广义集合复杂度具有如下特性:

(1)广义集合都有它的复杂度值。复杂度的计算公式说明它仅与广义集合的分布函数有关,所以每个明确的广义集合必然可以计算出它的复杂度。

(2)复杂度没有负值。最简单的事物的复杂度为零。由于没有比由完全相同个体组成的广义集合更简单的广义集合,所以复杂度没有负值。

(3)复杂度的最大化。如果广义集合内的各个个体的标志值都不同,这表明标志值仅有一个个体,所以复杂度公式中的 $n = 1$,而此时不相同的标志值个数也就等于广义集合的个体总数,即 $k = N$,把这些带入复杂度计算公式,可以得到:

$$C = N \log N \tag{8-3}$$

这也是 N 个个体广义集合的复杂度最大值,即 $N \log N$。

(4)复杂度与标志的具体值无关。复杂度计算公式中没有出现标志的具体值,仅仅与广义集合的分布函数有关。

(5)复杂度是一种特殊的标志值函数的平均值。

(6)整体的复杂度 $\geq$ 各部分复杂度的和。可以理解为 10 个白弹珠的广义集合复杂度为零,10 个红弹珠的广义集合的复杂度为零,而由 10 个白弹珠和 10 个红弹珠组成的广义集合的复杂度 $\sum_{i=1}^{2} 10\log(10/20) = 10\log 2 \approx 3$。

4. 车站进路广义集合复杂度

按照广义结合复杂度的计算公式,同样可以构建车站进路广义集合的复杂度 $C_{进路}$,其计算公式为:

$$C_{进路} = -\sum_{i=1}^{k} n_i \log(n_i/N) \tag{8-4}$$

式中 N——车站进路广义集合的个体个数;

k——车站进路广义集合标志值种类,每一标志值为 x_i;

n_i——对应每一标志值 x_i 包含的个体个数。

车站进路广义集合作为一种特殊的广义集合,广义集合的复杂度特性也适用于车站进路广义集合。通过计算车站进路广义集合的复杂度 $C_{进路}$,可以得到车站设备占用过程一个整体上的、定量的参考依据。分析和比较不同设备的复杂度 $C_{进路}$，有助于加深对各项设备作业的认识，找出限制车站能力的设备，帮助判断设备能力瓶颈形成的原因和机理。

5. **车站进路广义集合复杂度的实例**

对于车站进路广义集合的复杂度，以前面车站进路广义集合分布函数实例中 2 号道岔组的占用进路的广义集合为例，在得到分布函数（见表 8-6），其复杂度计算如下：

$$C = -7\log(7/261) - 11\log(11/261) - 19\log(19/261) - 20\log(20/261) -$$
$$42\log(42/261) - 50\log(50/261) - 42\log(42/261) - 23\log(23/261) -$$
$$25\log(25/261) - 6\log(6/261) - 7\log(7/261) - 5\log(5/261) - 4\log(4/261)$$
$$\approx 259$$

很显然，这个计算结果与一般广义集合计算结果一致。同样，对于一系列的车站进路广义集合可以通过复杂度公式分别得到它们的复杂度。例如将不同道岔组的车站进路广义集合按照作业大类、作业类别、占用时间等标志值分别进行计算，可以得到不同道岔组按作业大类、作业类别、占用时间等标志值计算出来的一组复杂度，对其进行分析比较，可以得到最复杂的道岔组和最简单的道岔组，了解车场道岔作业的复杂性，为后续车站设备能力计算提供分析的依据。

第三节 车站接发车不均衡性分析

随着我国经济的快速发展，各类客、货运输需求不仅在数量上急剧增加，同时对运输质量的要求也越来越严格，铁路传统的以计划经济和均衡运输为基础的体制正在向着适应市场经济要求和不均衡运输过渡，车站列车到达和出发不均衡性也表现得越来越突出。而车站技术设备、作业组织、人员配置相对稳定，随着列车在不同的时间段密集到发和稀疏到发，车站工作组织也表现出繁忙时段和空闲时段。在繁忙时段，列车密集到发，车站作业高度紧张，各项设备能力得到最大利用，有的时候不得不压缩作业时间以保障完成运输任务，这就为运输生产埋下了安全隐患；而在空闲时段，列车稀疏到发，各项设备能力不能得到充分利用，形成闲置和浪费。如果能够确切地判断车站工作的繁忙程度和空闲状况，就能更加优化地在全天范围内配置各项设备资源，发挥设备能力，消除安全隐患，更能为运行图编制和多个车站之间资源共享提供更加可靠的依据。一直以来，对于车站列车到发不均衡的情况，国内外学者用统计表格、不均衡系数、变异系数以及模糊决策方法来描述，取得了卓有成效的一些研究成果。结合洛伦兹曲线与基尼系数在描述国民收入分配问题上的优势，提出度量列车到发均衡程度的指标，以探索更为合理和有效的描述车站列车到发均衡程度的定量手段。

一、接发车不均衡指标概念

在获得图解插值法已知条件的基础上，根据车站作业过程序列，可以得到各类列车在每个小时内的接发车数 n_i，$i=(1,2,\cdots,24)$，则平均小时接发车数为 $\bar{n}=\sum_{i=1}^{24}n_i/24$。以具体小时为横坐标，以 $\bar{n}$、n_i 为纵坐标用图表形式表示出来，就能得到符合车站作业情况且表示该设备接发车均衡程度的图表，称之为车站接发车不均衡图表。而依据统计学中方差的概念，方差是描述随机变量取值的分散程度的一种数值特征，因而提出车站接发车离散度 S^2，定义为以 n_i 看作样本序列并且以 $\bar{n}$ 看作样本平均值的样本方差，是描述车站设备接发车在全天各小时分布的离散程度的指标，即车站作业离散性指标。S^2 的计算方法就是方差的计算公式：

$$S^2=\frac{1}{24-1}\sum_{i=1}^{24}(n_i-\bar{n})^2 \tag{8-5}$$

另外，参照描述国民收入分配"不平均程度"的经济学指标基尼系数的定义，提出车站接发车不均衡度 $G_{站}$，用于描述车站设备接发车在全天各小时分布的不均衡程度，是车站接发车全天不均衡性指标。

二、接发车不均衡度指标及度量

1. 洛伦兹曲线与基尼系数简介

为了研究国民收入在国民之间的分配问题，美国统计学家 M. O. 洛伦兹（Max Otto Lorenz）1905 年提出了著名的洛伦兹曲线，用以比较和分析一个国家在不同时代，或者与不同国家在同一时代的收入和财富的平等情况。它先将一国人口按收入由低到高排队，然后考虑收入最低的任意百分比人口所得到的收入百分比。将这样的人口累计百分比和收入累计百分比的对应关系描绘在图形上，即得到洛伦兹曲线，如图 8-2 所示。

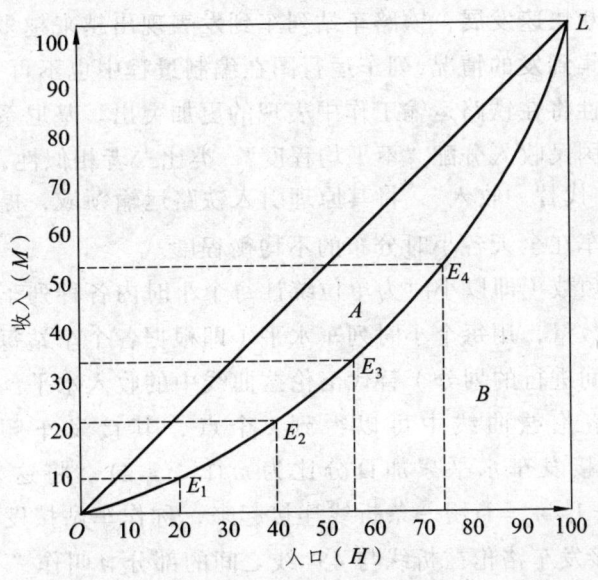

图 8-2 洛伦兹曲线

图中，横轴 OH 表示人口（按收入由低到高分组）的累积百分比，纵轴 OM 表示收入的累积百分比，弧线 OL 为洛伦兹曲线。

洛伦兹曲线的弯曲程度有重要意义。一般来讲，它反映了收入分配的不平等程度。弯曲程度越大，收入分配越不平等，反之亦然。特别是，如果所有收入都集中在一人手中，而其余人口均一无所获时，收入分配达到完全不平等，洛伦兹曲线成为折线 OHL。另一方面，若任一人口百分比均等于其收入百分比，从而人口累计百分比等于收入累计百分比，则收入分配是完全平等的，洛伦兹曲线成为通过原点的 45 度线 OL。

一般来说，一个国家的收入分配，既不是完全不平等，也不是完全平等，而是介于两者之间。相应的洛伦兹曲线，既不是折线 OHL，也不是 45 度线 OL，而是像图中这样向横轴突出的弧线 OL，尽管突出的程度有所不同。

将洛伦兹曲线与 45 度线之间的部分 A 叫作"不平等面积"，当收入分配达到完全不平等时，洛伦兹曲线成为折线 OHL，OHL 与 45 度线之间的面积 $A+B$ 叫作"完全不平等面积"。不平等面积与完全不平等面积之比，即 $G = A/(A+B)$，称为基尼系数（Gini Coefficient），是衡量一国贫富差距的标准。

基尼系数是意大利经济学家基尼（Corrado Gini）于 1912 年提出的定量测定收入分配差异程度的指标，国际上用来综合考察居民内部收入分配差异状况的一个重要分析指标。它的经济含义是：在全部居民收入中用于不平均分配的百分比。基尼系数最小等于 0，表示收入分配绝对平均；最大等于 1，表示收入分配绝对不平均；实际的基尼系数介于 0 和 1 之间。如果个人所得税能使收入均等化，那么，基尼系数即会变小。联合国有关组织规定：若低于 0.2 表示收入高度平均；0.2~0.3 表示比较平均；0.3~0.4 表示相对合理；0.4~0.5 表示收入差距较大；0.6 以上表示收入差距悬殊。

2. 接发车不均衡度

随着我国经济不断快速发展，铁路车站列车到发表现出越来越多的不均衡性，全天的不同时段也出现了密集到发的情况，列车运行图在编制过程中也不再完全遵循均衡性原则，可以预见这种非均衡性将在铁路运输工作中表现的更加突出。基尼系数在国民收入的分配领域能够很好地描述国民收入分配"不平均程度"，类比二者相似性，以"小时"代替"人口"，以"接发车数"代替"收入"，将其原理引入铁路运输领域，提出不均衡度 $G_{站}$ 指标，用于描述车站接发列车在全天各小时分布的不均衡程度。

用各小时的列车频数（即以小时为单位统计每个小时内各种列车接发的数量 n_i）替代洛伦兹曲线中的人口数量，用每个小时列车水平（即根据各个车站每小时列车到发数量的大小按一定的取值区间进行的划分）替代洛伦兹曲线中的收入水平。若可以区分的接发车水平为 k 个，则在洛伦兹曲线中可以得到 k 个点，其接发车频数累计百分比即为 $h_i (1 \leq i \leq k)$，对应的接发车水平累加百分比为 $m_i (1 \leq i \leq k)$。将这 k 个点加上图中两点 $(h_0 = 0, m_0 = 0)$，$(h_k = 1, m_k = 1)$ 用一条折线连接起来，称作车站接发车的洛伦兹折线，如图 8-3 所示。将车站接发车洛伦兹折线与 45°线之间的部分 A 叫作"不均衡面积"；当小时接发车分配完全不均衡时，车站接发车洛伦兹折线成为折线 OHL，OHL 与 45°线之间的面积 $A+B$ 叫作"完全不均衡面积"。不均衡面积与完全不均衡面积之比，即 $G_{站} = A/(A+B)$，称为车站接发车不均衡度，是衡量一个车站接发车全天作业均衡性的指标。

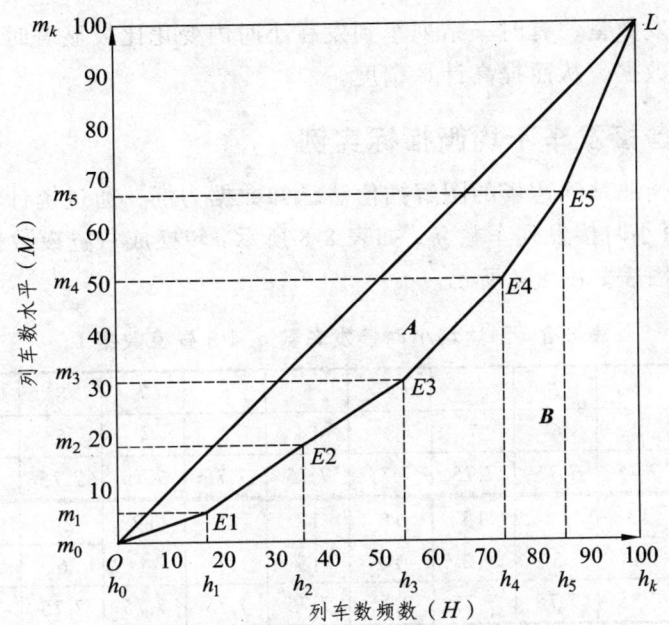

图 8-3　车站接发车的洛伦兹折线图

显然，因为车站接发车不均衡度 $G_{站}$ 是类比基尼系数提出的，也应具有基尼系数的一般特性，因而 $G_{站}$ 也是最小等于 0，表示该设备作业绝对均衡；最大等于 1，表示该设备作业绝对不均衡；实际的 $G_{站}$ 介于 0 和 1 之间。为便于对所得结果进行定性判断，参照联合国有关组织对基尼系数的规定，可以粗略地认为 $G_{站}$ 若低于 0.2 表示作业高度均衡；0.2～0.3 表示作业比较均衡；0.3～0.4 表示相对均衡；0.4～0.5 表示作业不均衡性较大；0.6 以上表示作业不均衡性很大。具体判断标准还需要在大量车站数据计算的基础上做进一步研究。

3. 车站接发车不均衡度 $G_{站}$ 的计算方法

通过车站接发车不均衡度 $G_{站}$ 的定义，结合图 8-3 中假设参数和对车站接发车的洛伦兹折线进行分析，完全不均衡面积 $A+B$ 即图中 OHL 三角面积，可得 $A+B=\frac{1}{2}*1*1=0.5$；B 的面积在图 8-3 中可以看作前后两点 (h_i,m_i)，(h_{i+1},m_{i+1})，$(1\leqslant i \leqslant k-1)$ 的连接线、纵坐标线和横坐标差围成的众多梯形（第一个三角形可以看作上底为 0 的特殊梯形）的面积组成，因而 $B=\sum_{i=0}^{k-1}\left(\frac{1}{2}(m_i+m_{i+1})*(h_{i+1}-h_i)\right)$，则 $G_{站}$ 的计算公式为：

$$G_{站}=\frac{(A+B)-B}{A+B}=\frac{0.5-B}{0.5}=\frac{0.5-\sum_{i=0}^{k}\frac{1}{2}(m_i+m_{i+1})*(h_{i+1}-h_i)}{0.5} \quad (8-6)$$

相对其他指标和方法而言，不均衡度是一个车站列车到发均衡程度的整体指标，反映同一车站不同时间或不同车站列车到发的均衡程度，通过其比较分析，可以从宏观上指导车站改变作业策略或更合理地进行多个车站资源配置和利用。只要能采集车站列车到发信息，就能计算出车站不均衡度指标，其计算方法具有广泛的适应性，但方法本身是以小时为精度采集列车到发数量,有时车站列车到发在小时内变化比较显著时可以选择半小时或十分钟为单位采集数据,从而提高计算精度。

三、咽喉设备接发车不均衡指标实例

以附录 3 中郑州北站到达场的图解插值法已知数据为例,通过统计汇总,可以得到该到达场 24 小时中每小时接发列车数 n_i,如表 8-8 所示,转换成一昼夜数据,如表 8-9 所示,其接发车数不均衡图表如图 8-4 所示。

表 8-8 到达场小时接发车数 n_i(3 昼夜数据)

小时	0	1	2	3	4	5	6	7	8	9	10	11
列车数	10	8	6	7	8	14	5	4	5	6	6	4
平均车数	7.75	7.75	7.75	7.75	7.75	7.75	7.75	7.75	7.75	7.75	7.75	7.75
小时	12	13	14	15	16	17	18	19	20	21	22	23
列车数	8	4	5	12	10	15	11	4	6	7	5	16
平均车数	7.75	7.75	7.75	7.75	7.75	7.75	7.75	7.75	7.75	7.75	7.75	7.75

表 8-9 到达场小时接发车数 n_i(1 昼夜数据)

小时	0	1	2	3	4	5	6	7	8	9	10	11
列车数	3.33	2.67	2.00	2.33	2.67	4.67	1.67	1.33	1.67	2.00	2.00	1.33
平均车数	2.58	2.58	2.58	2.58	2.58	2.58	2.58	2.58	2.58	2.58	2.58	2.58
小时	12	13	14	15	16	17	18	19	20	21	22	23
列车数	2.67	1.33	1.67	4.00	3.33	5.00	3.67	1.33	2.00	2.33	1.67	5.33
平均车数	2.58	2.58	2.58	2.58	2.58	2.58	2.58	2.58	2.58	2.58	2.58	2.58

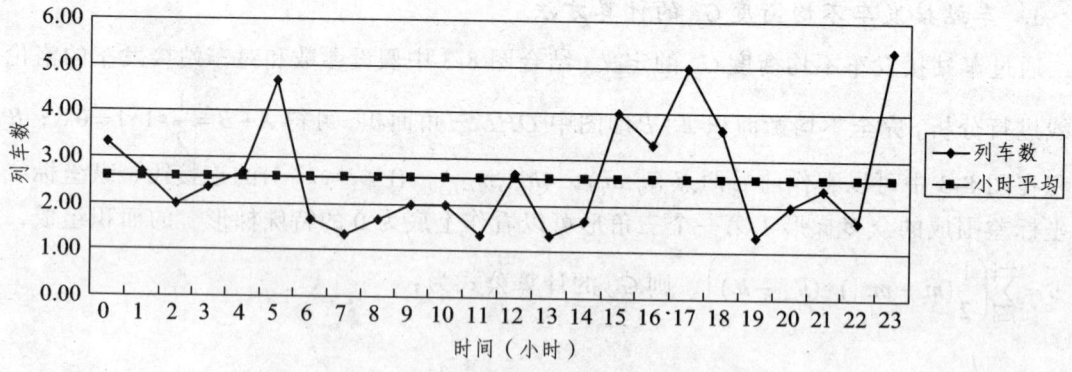

图 8-4 小时接发车不均衡图表(1 昼夜数据)

到达场接发车离散度 S^2 为:

$$S^2 = \frac{1}{24-1}\sum_{i=1}^{24}(n_i - \overline{n})^2 \approx 33.17/23 \approx 1.44 \tag{8-7}$$

根据表 8-9 可以计算得出接发车洛伦兹折线图中各项参数值,如表 8-10 所示,表中统计了不同小时接发车水平及其接发车频数百分比累计数据。

表 8-10 小时接发车水平及接发车频率百分比累计

序号	小时列车水平划分	列车频数合计	列车频数百分比	列车频数累计百分比	列车水平个数	列车水平百分比	列车水平累计百分比
1	$1.0 \leq n_i < 2.0$	12.00	0.194	0.194	8	0.333	0.333
2	$2.0 \leq n_i < 3.0$	20.67	0.333	0.527	9	0.375	0.708
3	$3.0 \leq n_i < 4.0$	10.33	0.167	0.694	3	0.125	0.833
4	$4.0 \leq n_i < 5.0$	8.67	0.140	0.833	2	0.083	0.917
5	$5.0 \leq n_i < 6.0$	10.33	0.167	1.000	2	0.083	1.000
合计		62.00	1.000		24	1.000	

将表 8-10 的数据做成接发车洛伦兹折线图，如图 8-5 所示。

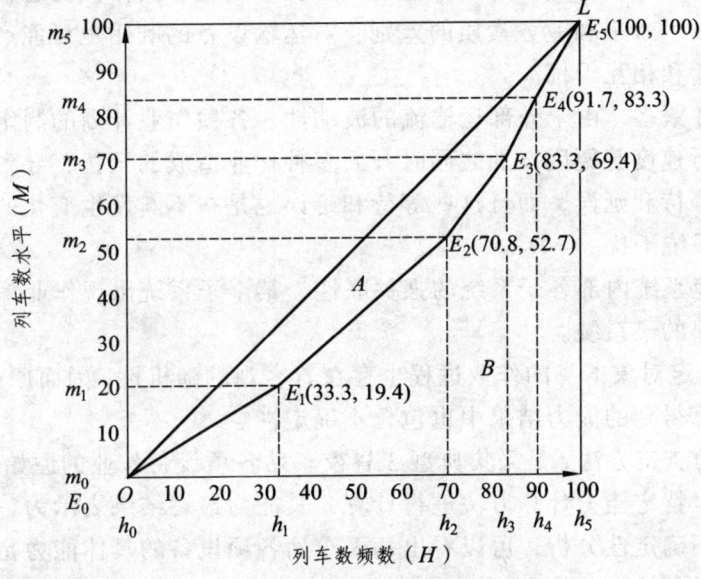

图 8-5 车站接发车洛伦兹折线图

$G_{站}$ 的计算公式中 $B = \sum_{i=1}^{k} \frac{1}{2}(m_i + m_{i+1}) * (h_{i+1} - h_i) \approx 0.384$，其中 $k = 5$，接发车数分为 5 个小时接发车水平，则

$$G_{站} = \frac{(A+B)-B}{A+B} = \frac{0.5-0.384}{0.5} = \frac{0.116}{0.5} \approx 0.23 \tag{8-8}$$

参照联合国有关组织对基尼系数的评价标准，$G_{站} = 0.23$ 时该车站到达场接发车作业比较均衡。

第四节 车站作业不确定性分析

在相同的查定条件下，对车站各项设备能力进行等条件查定，其结果仍然会存在偏差，这是由于车站各项设备运用及作业自身具有其客观存在的不确定性。车站作业不确定性主要表现在以下几方面：

（1）运输流的波动性。

由于活动设备所形成的运输流的多样性，列车到达和出发的时间和空间活动及其自身组成特征带有一定的随机性、波动性和不均衡性，因此车站活动设备对固定设备的实际占用时间和占用顺序也不尽相同，并且运输流之间还可能由于固定设备彼此产生干扰和妨碍。

（2）作业占用时间的波动性。

在车站作业组织过程中，虽然各项作业有其作业时间标准，但实际每项作业不可能完全按照规定的时间标准完成，由于其走行径路、带动车数等的不同，各项作业时间也是围绕着时间标准上下波动的。

（3）作业人员的随机影响。

在复杂多变的外部条件下，车站运输组织的技术管理和具体执行运输生产活动的现场操作人员，由于技术水平和业务素质的差别，对运输设备的利用也可能产生差异。

（4）作业接续和相互干扰。

车站作业任务繁多，由于外部运输流的波动性、各项作业计划的制定和下达、作业机车停留位置和走行速度等原因，加之同时开通多种作业造成的干扰，导致车站技术作业过程中不可避免的等待和延误，而且这些等待和延误也是在不断发生变化的。

（5）相关子系统干扰。

由于车站作业系统内部各子系统的强关联性，某个子系统出现作业偏差和延误还可能传递、影响其相邻的子系统。

可见，能力查定对象本身的作业过程也存在着客观的随机性，因而原始数据通过整理、分析、汇总、计算得到的能力结果中也包含不确定性。

现有车站能力查定方法，是采集典型3昼夜车站各项设备作业的原始数据，经过整理、分析、汇总之后以特定能力计算方法进行计算，其能力最终结果表示为一个确定的数值。而通过车站作业不确定性分析，可以看出每天车站各项设备的具体能力是不一样的，用一个确切的数值表示车站设备能力，从而进行点估计得到车站能力不能反映出这种随机性，是不恰当的，也是不够科学的。然而，由于车站作业组织是在统一的运输框架下进行的，拥有其稳定性和连续性，因而可以将车站能力看作一个围绕着车站真实能力随机波动的随机变量，如图8-6所示。而在表述不确定性程度时，概率与概率分布是最好的语言。因而，在传统车站能力计算的基础上，采用统计学的方法，探讨以概率区间表示车站能力，以便更好地表示车站能力的随机性。

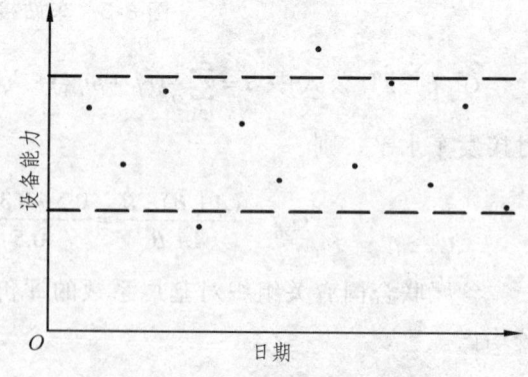

图8-6 设备能力围绕真实值随机波动示意图

第九章 技术站能力的区间估计方法

第一节 咽喉通过能力的区间估计

一、能力区间估计的数学思想

车站能力根据其定义应该是一个最大值,然而现实中经常出现车站设备能力利用率大于 100% 的情况,这显然是不合理也是不科学的。从统计学的观点看,车站能力查定属于点估计也称定值估计,即以抽样得到的样本指标作为总体指标的估计量,并以样本指标的实际值直接作为总体未知参数的估计值的一种推断方法。而在能力查定的实际操作中往往选取典型的 3 昼夜作业实际数据作业样本,而所选择的这 3 天不一定具有代表性,其列车、车流以及运营组织方法也不一定是最佳的,因而所得出的能力计算结果也不一定具有很强的代表性。即使在设备条件不变的情况下,也可能出现列流、车流的调整和作业组织方法的改变,完全可能出现超能力的情况。而铁路运输为适应市场需求变化,在多角度多层次进行着不同程度的改革,导致车站实际作业中表现出越来越严重的复杂性、非均衡性和不确定性,车站能力的点估计表示方法难以体现车站实际作业中出现的新情况。因而提出更为有效的区间表示法,即通过从总体中抽取的样本,根据一定的正确度与精确度的要求,构造出适当的区间,以作为总体的分布参数的真值所在范围的估计。

车站能力区间估计的数学模型是以现有能力计算法为基础,结合研究不确定性问题的数学方法。这一数学思想主要包括以下 3 个方面:

(1)基于收集各项作业的实际占用、最小占用时间数据,运用统计理论分析其分布函数,并对其期望值作一定置信水平下的区间估计,其置信区间的半宽度即为不确定度。

(2)时间标准的计算包含两个计算分量,即实际占用、最小占用时间。时间标准的区间是由其估计值和不确定度两部分组成,分别依据时间标准的计算公式、不确定度合成公式计算得出。

(3)依据上述的方法计算出所需要的各项作业占用时间,并改进咽喉道岔(组)占用时间汇总表。在此基础上推导出利用率的估计值和不确定度,从而算得能力的估计值和不确定度。

二、经典统计推断实际、最小占用的区间估计

在能力查定与计算过程中,技术作业占用设备的时间(简称为占用时间)分为实际占用时间(简称为实际占用)和最小占用时间(简称为最小占用)。基于抽样数据分布特征的分析,运用经典统计推断实际占用、最小占用的区间估计 $(\bar{t}_{实际} - u_{实际}, \bar{t}_{实际} + u_{实际})$、$(\bar{t}_{最小} - u_{最小}, \bar{t}_{最小} + u_{最小})$,其中 u 表示不确定度。

假设某项技术作业占用某一设备的时间数据总体服从正态分布,即 $T \sim N(\mu, \sigma^2)$,其

中 μ 及 σ^2 均未知。$t_1, t_2, \cdots, t_n$ 是 T 的一个样本，置信度定为 $1-\alpha$。由于 $\dfrac{\bar{t}-\mu}{s/\sqrt{n}}$ 服从自由度为 $n-1$ 的 t 分布，即 $\dfrac{\bar{t}-\mu}{s/\sqrt{n}} \sim t(n-1)$，又由于 t 分布是关于纵轴对称的，故有 $P\left\{\left|\dfrac{\bar{t}-\mu}{s/\sqrt{n}}\right| < t_{\alpha/2}(n-1)\right\} = 1-\alpha$，即

$$P\left(-t_{\alpha/2}(n-1) < \dfrac{\bar{t}-\mu}{s/\sqrt{n}} < t_{\alpha/2}(n-1)\right) = 1-\alpha \tag{9-1}$$

上文中，μ、σ^2 分别为总体期望值、总体方差；$\bar{t}$、s 为样本期望值（平均值）、样本方差；$t_{\alpha/2}(n-1)$ 是置信度为 $\dfrac{\alpha}{2}$、自由度为 $n-1$ 的 t 分布的临界值，可由 Excel 统计函数 TINV (Probability, Deg_freedom) 返回。

于是，时间数据总体期望值 μ 以 $1-\alpha$ 的概率落入的置信区间为：

$$\left(\bar{t}-t_{\alpha/2}(n-1)\cdot\dfrac{s}{\sqrt{n}},\ \bar{t}+t_{\alpha/2}(n-1)\cdot\dfrac{s}{\sqrt{n}}\right) \tag{9-2}$$

式中，$t_{\alpha/2}(n-1)\cdot\dfrac{s}{\sqrt{n}}$ 称为不确定度。

【例 9-1】 以六盘水南站峰前场一端单机到达、出发，货物列车到达、出发，旅客列车到达、出发的接车、发车作业的实际占用和最小占用时间数据为例。通过样本数据分布特征的分析，运用未知方差，对总体期望作区间估计（置信度 $\alpha = 0.05$）。计算结果列于表 9-1。

表 9-1 经典统计推断总体期望的置信区间 （单位：min）

列车种类	作业类别	项数	占用	样本期望	样本标准差	不确定度	置信区间
单机	到达	62	实际占用	7.27	3.55	0.90	（6.37, 8.17）
			最小占用	1	0	0	—
	出发	47	实际占用	5.49	2.51	0.74	（4.75, 6.23）
			最小占用	1.51	1.54	0.45	（1.06, 1.96）
货物列车	到达	346	实际占用	9.49	3.87	0.41	（9.08, 9.90）
			最小占用	2.21	1.00	0.11	（2.10, 2.32）
	出发	142	实际占用	10.59	4.25	0.71	（9.88, 11.30）
			最小占用	2.60	1.29	0.21	（2.39, 2.81）
旅客列车	到达	22	实际占用	11.59	4.60	2.04	（9.45, 13.63）
			最小占用	1	0	0	—
	出发	25	实际占用	11.12	3.94	1.63	（9.49, 12.75）
			最小占用	1.16	0.55	0.23	（0.93, 1.39）

由表 9-1 计算的数据可以看出：同种技术作业占用咽喉道岔（组）的实际占用波动要大于最小占用。另外，旅客列车接发车作业的实际占用波动明显大于货物列车接发作业的实际占用。

三、时间标准的不确定度

时间标准的计算包含两个计算分量，即实际占用、最小占用时间。其估计值和不确定度分别依据时间标准的计算公式、不确定度合成公式计算得出。如下：

（1）已知数据：实际占用、最小占用的样本期望值、标准差和不确定度；

（2）在此基础上，由公式组（6-12）得出时间标准的权重系数 α，并计算占用时间标准的估计值 t；

（3）运用公式（9-3）计算时间标准的不确定度。简化计算时，可以忽略实际占用与最小占用之间的相关性，由此式（9-3）简化为：

$$U^2(y) = \sum_{i=1}^{n} \left(\frac{\partial y}{\partial x_i}\right)^2 u^2(x_i) \tag{9-3}$$

【例 9-2】 以下为单机出发作业时间标准的计算过程。

由表 9-1 知单机出发作业实际占用、最小占用时间的期望值、标准差为：

$$E(T_{接}^{\max}) = 5.49, \quad E(T_{接}^{\min}) = 1.51$$

$$\sqrt{D(T_{接}^{\max})} = 2.51, \quad \sqrt{D(T_{接}^{\min})} = 1.54$$

由公式组（6-12）得

$$p_{接} = \frac{\sqrt{D(T_{接}^{\max})}}{E(T_{接}^{\max})} = \frac{2.51}{5.49} = 0.457$$

$$q_{接} = \frac{\sqrt{D(T_{接}^{\min})}}{E(T_{接}^{\min})} = \frac{1.54}{1.51} = 1.020$$

$$\alpha_{接} = \frac{p_{接}}{p_{接} + q_{接}} = \frac{0.457}{0.457 + 1.020} \approx 0.31$$

则时间标准估计值为：

$$t = \alpha E(t^{\min}) + (1-\alpha)E(T^{\max}) = 0.31 \times 1.51 + 0.69 \times 5.49 \approx 4.25$$

由式（9-3）计算该作业的时间标准的不确定度

$$u = \sqrt{\alpha^2 \times u_{\min}^2 + (1-\alpha)^2 \times u_{\max}^2} = \sqrt{0.31^2 \times 0.45^2 + 0.69^2 \times 0.74^2} \approx 0.53$$

得单机出发作业的时间标准区间为 $(4.25-0.53, 4.25+0.53)$，即（3.72，4.78）。同例可得其他技术作业的时间标准，见表 9-2。

表 9-2　时间标准的区间　　　　　　　　　　　　　　　　（单位：min）

列车种类	作业类别	占用	样本期望	样本标准差	样本不确定度	权重	时间标准估计值	时间标准不确定度	占用时间标准的区间
单机	到达	实际占用	7.27	3.55	0.90	0.5*	4.14	0.45	(3.67, 4.57)
		最小占用	1	0	0				
	出发	实际占用	5.49	2.51	0.74	0.31	4.25	0.53	(3.72, 4.78)
		最小占用	1.51	1.54	0.45				
货物列车	到达	实际占用	9.49	3.87	0.41	0.47	6.07	0.22	(5.85, 6.29)
		最小占用	2.21	1.00	0.11				
	出发	实际占用	10.59	4.25	0.71	0.45	6.99	0.39	(6.60, 7.38)
		最小占用	2.60	1.29	0.21				
旅客列车	到达	实际占用	11.59	4.60	2.04	0.5*	6.30	1.02	(5.28, 7.32)
		最小占用	1	0	0				
	出发	实际占用	11.12	3.94	1.63	0.43	6.84	0.93	(5.91, 7.77)
		最小占用	1.16	0.55	0.23				

表 9-3　现有算法与改进算法计算的占用时间比较　　　　　　　　（单位：min）

作业进路名称	旅客列车到达	货物列车到达	单机到达	单机出发	货物列车出发	旅客列车出发
时间标准（改进算法）	6.30	6.07	4.14	4.25	6.99	6.84
时间标准估计值（现有算法）	8.30	7.40	6.20	4.10	7.10	6.20

需要说明的是，表 9-2 中带有"*"的权重 α 需取 0.5。这是因为，表中单机、旅客列车接车作业的最小占用时间全为 1 分钟，所以其 p 为 0。若 α 按变异系数的方法求得，则其最小占用计算分量的权重为 1，从而使得该作业的时间标准全部被最小占用所决定。究其原因，一方面由于采集的时间数据均为整数，一定程度上无法体现数据本身更细微的波动，另一方面也是由于变异系数（标准差与期望的商）的特点。表 9-3 中现有算法计算的时间标准来自计算系统的输出结果。

四、利用率的不确定度

1. 现行利用率计算法

直接计算法与利用率计算法都属于分析法，因而前面涉及的时间标准的区间估计同样适用于直接计算法。运用利用率法，首先要查定一昼夜内全部作业占用某种设备的总时间：

$$T = n_1 t_1 + n_2 t_2 + \cdots + n_k t_k + \sum t_{固}$$

再代入计算通过能力利用率：

$$K = \frac{T - \sum t_{\text{固}}}{(1440M - \sum t_{\text{固}})(1-\alpha)} \qquad (9\text{-}4)$$

最后计算通过能力：

$$N = \frac{\sum n_i}{K} + n_{\text{固}} = N_1 + N_2 + \cdots + N_k + n_{\text{固}} \qquad (9\text{-}5)$$

式中：n_i，t_i 分别为第 i 种货物列车的列数、第 i 项作业的占用时间标准；在计算到发线通过能力时，M 为到发线数；α 为空费系数。

2. 利用率 K 的不确定度计算

由上可知在利用率法计算车站通过能力时，利用率 K 起着传递的作用。图 9-1 为利用率 K 不确定度的算法流程图。

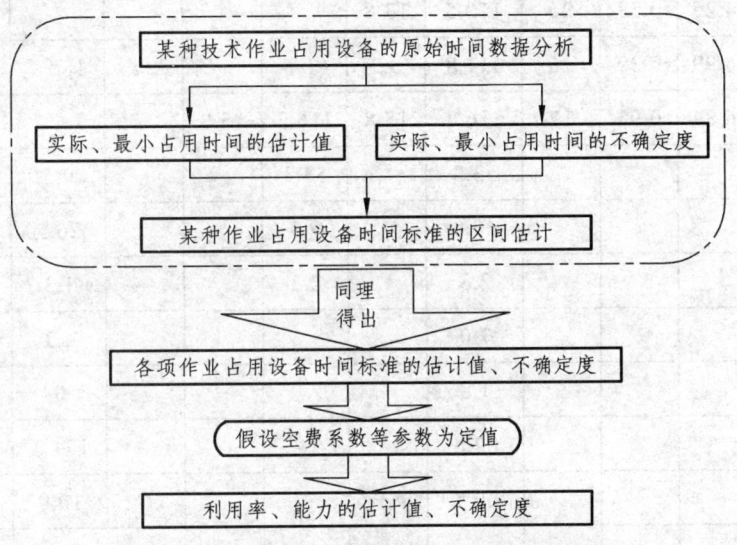

图 9-1 利用率 K 的区间估计算法步骤流程

首先，按照前面介绍的方法计算各种作业占用咽喉道岔（组）时间标准的不确定度。在实际计算中，主要确定单机、货物列车及旅客列车接发作业占用咽喉道岔（组）时间标准的估计值和不确定度，调车及机车作业只需要计算其时间标准的估计值。此处主要讨论数据分布特征对能力区间估计的影响，所以假定空费系数等参数是定值。

其次，按照公式（9-3）、（9-4）计算，可以得出利用率 K 的不确定度：

$$u_K = \sqrt{\left(\frac{\partial K}{\partial T}\right)^2 \cdot u_T^2 + \left(\frac{\partial K}{\partial \sum t_{\text{固}}}\right)^2 \cdot u_{\sum t_{\text{固}}}^2} \qquad (9\text{-}6)$$

其中，$\dfrac{\partial K}{\partial T}$、$\dfrac{\partial K}{\partial \sum t_{\text{固}}}$ 是根据式（9-3）由 K 分别对 T、$\sum t_{\text{固}}$ 求偏导，则：

$$\frac{\partial K}{\partial T} = \frac{1}{(1440M - \sum t_{\text{固}})(1-\alpha)}, \quad \frac{\partial K}{\partial \sum t_{\text{固}}} = \frac{T - 1440M}{(1440M - \sum t_{\text{固}})^2 (1-\alpha)}$$

以表 9-1、表 9-2 数据计算的 2 组咽喉道岔组占用时间如表 9-4 所示。

表 9-4　峰前场-曹玉端-咽喉道岔组占用时间　　　　（单位：min）

作业进路	每次占用时间	不确定度	峰前场-曹玉端-咽喉道岔组占用时间									
			6 号道岔组					8 号道岔组			
			占用次数	占用时间	不确定度	其中 $t_{固}$	不确定度	占用次数	占用时间	不确定度	其中 $t_{固}$	不确定度
旅客列车到达	6.30	1.02	18	113.4	18.4	113.4	18.4					
货物列车到达	6.07	0.22	208	1262.6	45.8			25	151.8	5.5		
单机到达	4.14	0.45	38	15.3	17.1			2	8.28	0.9		
单机出发	4.25	0.53	26	110.5	13.8							
货物列车出发	6.99	0.39	16	111.8	6.2			27	188.7	10.5		
旅客列车出发	6.84	0.93	17	116.3	15.8	116.3	15.8					
客机出段				53.3		53.3			9.5		9.5	
调机入段				20.0		9.3			26.5		11.5	
调机出段				2.3		2.3			1.3		1.3	
单机入段				7.0					4.3			
单机出段				1.8					0			
本务机入段				82.8					171.3			
本务机出段				20.5					10.0			
其他调车									7.8			
调机走行				57.0					530.8			
直接妨碍时间												
$\sum$				2116.6		294.6			1110.3		22.3	
$\sqrt{\sum u_i^2}$					57.0		24.3			11.9		

根据式（9-4）、（9-5）分别计算 6、8 号道岔组的利用率。
（1）道岔组 6 号的利用率的估计值、不确定度为：

$$K' = \frac{T - \sum t_{固}}{(1440M - \sum t_{固})(1-\alpha)} = \frac{2116.6 - 294.6}{(1440 \times 3 - 294.6)(1-0.2)} \approx 0.57$$

$$\frac{\partial K}{\partial T} = \frac{1}{(1440M - \sum t_{固})(1-\alpha)} = \frac{1}{(1440 \times 3 - 294.6)(1-0.2)} \approx 3.1 \times 10^{-4}$$

$$\frac{\partial K}{\partial \sum t_{固}} = \frac{T - 1440M}{(1440M - \sum t_{固})^2(1-\alpha)} = \frac{2116.6 - 1440 \times 3}{(1440 \times 3 - 294.6)^2(1-0.2)} \approx -1.7 \times 10^{-4}$$

$$\varepsilon_K = \sqrt{\left(\frac{\partial K}{\partial T}\right)^2 \cdot \varepsilon_T^2 + \left(\frac{\partial K}{\partial \sum t_{固}}\right)^2 \cdot \varepsilon_{\sum t_{固}}^2}$$

$$= \sqrt{(3.1 \times 10^{-4})^2 \times 57^2 + (-1.7 \times 10^{-4})^2 \times 24.3^2} \approx 0.0181$$

则道岔组 6 号的利用率的区间为（0.551，0.589）。

（2）道岔组 8 号的利用率的估计值、不确定度为：

$$K' = \frac{T - \sum t_{固}}{(1440M - \sum t_{固})(1-\alpha)} = \frac{1110.3 - 22.3}{(1440 \times 3 - 22.3)(1-0.2)} \approx 0.32$$

$$\frac{\partial K}{\partial T} = \frac{1}{(1440M - \sum t_{固})(1-\alpha)} = \frac{1}{(1440 \times 3 - 22.3)(1-0.2)} \approx 3.7 \times 10^{-4}$$

$$\frac{\partial K}{\partial \sum t_{固}} = \frac{T - 1440M}{(1440M - \sum t_{固})^2(1-\alpha)} = \frac{1110.3 - 1440 \times 3}{(1440 \times 3 - 22.3)^2(1-0.2)} \approx -2.2 \times 10^{-4}$$

$$\varepsilon_K = \sqrt{\left(\frac{\partial K}{\partial T}\right)^2 \cdot \varepsilon_T^2 + \left(\frac{\partial K}{\partial \sum t_{固}}\right)^2 \cdot \varepsilon_{\sum t_{固}}^2}$$

$$= \sqrt{(3.7 \times 10^{-4})^2 \times 11.9^2 + (-2.2 \times 10^{-4})^2 \times 0^2} \approx 0.0044$$

则道岔组 8 号的利用率的区间为（0.316，0.324）。

五、能力计算结果的区间估计

由公式（9-5）知，车站通过能力的区间估计 $(N' - \varepsilon_N, N' + \varepsilon_N)$ 是在利用率区间估计的基础上。将利用率 K 的估计值 K' 代入式（9-5）得

$$N' = \frac{\sum n_i}{K'} + n_{固} = N_1 + N_2 + \cdots + N_k + n_{固} \tag{9-7}$$

由式（9-3）、（9-5）得出能力结果不确定度的计算公式为：

$$u_N = \sqrt{\left(\frac{\sum n_i}{K^2}\right)^2 \times u_K^2} = \frac{\sum n_i}{K^2} \times u_K \tag{9-8}$$

车站通过能力的区间估计为：

$$(N' - u_N, N' + u_N)$$

基于之前计算的利用率区间，由上式计算咽喉通过能力，见表 9-7、表 9-8、表 9-9。表 9-5 为峰前场曹玉端咽喉的列车统计数（三天），表 9-6 为现有算法计算的咽喉通过能力。

表 9-5 三天接发列车的统计数

端别	方向	作业大类	作业类别	列车种类	列车数
曹玉端	曹家湾	发车	单机出发	单机	13
				过路单机	9
			货物列车出发	编组始发	2
				无改编	6
				过路货车	76
				过路客车	6
				立折客车	7
		接车	单机到达	单机	18
				过路单机	7
			货物列车到达	到达解体	104
				无改编	1
				单机	1
				过路货车	2
				过路客车	6
				立折客车	9
		小计			267
	玉舍	发车	货物列车出发	编组始发	2
				过路货车	12
			旅客列车出发	过路客车	5
				立折客车	1
		接车	单机到达	单机	1
			货物列车到达	到达解体	12
			旅客列车到达	过路客车	6
		小计			39
	合计				306

表 9-6 现有算法计算的咽喉通过能力　　　　（单位：列）

端别	方向	咽喉道岔组号	利用率	接或发	列车种类				计
					客	无调	有调	过路	
曹玉端	曹家湾	6	0.68	接	3.0	0.5	51.0	6.30	60.8
				发	2.3	2.9	1.0	43.30	49.5
	玉舍	8	0.33	接	—	—	12.1	2.00	14.1
				发	0.3	—	2.0	13.70	16.0

表 9-7　改进算法计算的通过能力（估计值）

方向	咽喉道岔组号	利用率估计值	接、发	列车种类				计
				客	无调	有调	过路	
曹家湾	6	0.57	接	3.0	0.58	60.82	7.36	71.76
			发	2.3	3.51	1.17	51.70	58.68
玉舍	8	0.32	接	—	—	12.50	2.00	14.50
			发	0.3	—	2.08	14.17	16.55

表 9-8　改进算法计算的通过能力（不确定度）

方向	咽喉道岔组号	利用率估计值	不确定度	接、发	列车种类			
					客	无调	有调	过路
曹家湾	6	0.57	0.018	接	0	0.02	1.92	0.17
				发	0	0.11	0.40	1.57
玉舍	8	0.32	0.004	接	—	—	0.12	0
				发	0	—	0.03	0.05

表 9-9　改进算法计算的通过能力汇总

方向	组号	利用率估计值	接、发	列车种类			
				客	无调	有调	过路
曹家湾	6	(0.551, 0.589)	接	3.0	(0.56, 0.60)	(58.9, 62.74)	(71.59, 71.93)
			发	2.3	(3.40, 3.62)	(0.77, 1.57)	(57.11, 60.25)
玉舍	8	(0.316, 0.324)	接	—	—	(12.38, 12.62)	14.50
			发	0.3	—	(2.05, 2.11)	(16.5, 16.6)

由上述实例可以看出：

（1）改进算法比现有算法计算的通过能力较大。这是由于两种算法确定的时间标准的估计值不同，但并不能直接说明在任何情况下改进算法的计算结果都较大。

（2）通过能力的区间宽度不一。这直接取决于利用率和列车统计数的大小，与利用率估计值成反比、与利用率不确定度的平方成正比、与列车数成正比。

（3）虽然计算通过能力的占用时间是基于数据95%的置信区间，但不能说明所计算能力结果的置信度也是95%。如果要确定所计算能力区间的置信水平，首先要确定其分布才能进行推断。针对这一问题，可以假设其为正态分布，也可以进行详细的统计证明。

（4）基于非随机样本算得的车站能力，其区间的波动也只是代表正常运输生产时车站能力的波动情况，不能描述车站能力的全部可能。

第二节　车站能力的贝叶斯区间估计

一、贝叶斯区间估计

贝叶斯统计的最基本的观点是：任何一个未知量 θ 都可以看作一个随机变量，应用一个概率分布去描述对 θ 的未知状况。这个概率分布是在抽样前就有的关于 θ 的先验信息的概率陈述。这个概率分布被称为先验分布。

1. 统计推断中的三种信息

（1）总体信息，即总体分布或总体所属分布提供的信息。这是所研究对象表现出来的宏观上的真实信息，统计推断就是为了获取精确的总体特征及其内部规律。

（2）样本信息，即总体抽样的样本提供的信息。这是人们能够最及时得到的信息，并且越多越好。人们希望通过对样本的加工和处理对总体的某些特征作出较为精确的统计推断。

（3）先验信息，即在抽样之前有关统计问题的一些信息。一般来说，先验信息主要来源于经验和历史资料。先验信息在日常生活和工作中也经常可见，不少人都在自觉或不自觉地使用它。

2. 先验分布和后验分布

贝叶斯公式的密度函数形式通过如下方法表示：

（1）$p(x|\theta)$ 表示在随机变量 θ 给定某个值时总体指标 X 的条件分布。

（2）$\pi(\theta)$ 表示根据参数 θ 的先验信息确定的先验分布。

（3）从贝叶斯的观点看，样本 $x=(x_1,x_2,\cdots,x_n)$ 的产生分两步进行。首先设想从先验分布 $\pi(\theta)$ 产生一个样本 θ'，这一步完全是假设和设想。第二步是从总体分布 $p(x|\theta')$ 产生一个样本 $x=(x_1,x_2,\cdots,x_n)$，这个样本是具体的，人们能够看得到的，此样本 x 发生的概率是与如下联合密度函数成正比：

$$p(x|\theta')=\prod_{i=1}^{n}p(x_i|\theta') \qquad (9\text{-}9)$$

这个联合密度函数综合了总体信息和样本信息，常称为似然函数，记为 $L(\theta')$。

（4）由于 θ' 是设想出来的，它仍然是未知的，它是根据先验分布 $\pi(\theta)$ 产生的，要把先验信息进行综合，不能只考虑 θ'，而应对 θ 的一切可能加以考虑。故要用 $\pi(\theta)$ 参与进一步综合。这样一来，样本 x 和参数 θ 的联合分布为：

$$h(x,\theta)=p(x|\theta)\pi(\theta) \qquad (9\text{-}10)$$

把 3 种可用的信息都综合了进去。

（5）我们的任务是要对未知数 θ 作出统计推断。在没有样本信息时，人们只能根据先验分布对 θ 作出推断。在有样本观察值 $x=(x_1,x_2,\cdots,x_n)$ 之后，应该根据 $h(x,\theta)$ 对 θ 作出推断。为此，把 $h(x,\theta)$ 作如下分解：

$$h(x,\theta)=\pi(\theta|x)m(x) \qquad (9\text{-}11)$$

其中，$m(x)$ 是 x 的边缘密度函数。

$$m(x) = \int_\Theta h(x,\theta)\mathrm{d}\theta = \int_\Theta p(x|\theta)\pi(\theta) \tag{9-12}$$

它与 θ 无关，$m(x)$ 中不含有 θ 的任何信息。因此能够用来对 θ 作出推断的仅是条件分布 $\pi(\theta|x)$。它的计算公式为：

$$\pi(\theta|x) = \frac{h(x,\theta)}{m(x)} = \frac{p(x|\theta)\pi(\theta)}{\int_\Theta p(x|\theta)\pi(\theta)\mathrm{d}\theta} \tag{9-13}$$

这就是贝叶斯公式中的密度函数公式。这个在样本 x 给定下，θ 的条件分布被称为 θ 的后验分布。它集中了总体、样本和先验信息中有关 θ 的一切信息，而又是排除了一切与 θ 无关的信息之后得到的结果。故基于后验分布 $\pi(\theta|x)$ 对 θ 进行统计推断是更为有效，也是最合理的。

一般来说，先验分布 $\pi(\theta)$ 是反映人们在抽样前对 θ 的认识，后验分布 $\pi(\theta|x)$ 是反映人们在抽样后对 θ 的认识。之间的差异是由于样本 x 出现后人们对 θ 的一种调整。

3. 正态分布的先验分布和后验分布

正态分布后验分布计算方法如下：

设 $x_1, x_2, \cdots, x_n$ 是来自正态分布总体 $N(\theta, \sigma^2)$ 的一个样本观察值，其中 σ^2 已知。此样本的似然函数为：

$$P(x|\theta) = \left(\frac{1}{\sqrt{2\pi}\sigma}\right)^n \exp\left\{-\frac{1}{2\sigma^2}\sum_{i=1}^n (x_i-\theta)^2\right\}, -\infty < x_1, \cdots, x_n < +\infty \tag{9-14}$$

现取另一个正态分布 $N(\mu, \tau^2)$ 作为正态均值 θ 的先验分布，即

$$\pi(\theta) = \frac{1}{\sqrt{2\pi}\tau}\exp\left\{-\frac{(\theta-\mu)^2}{2\tau^2}\right\}, -\infty < \theta < +\infty \tag{9-15}$$

其中，μ 和 τ^2 为已知，由此可以得到样本 x 与参数 θ 的联合密度函数为：

$$h(x,\theta) = k_1 \exp\left\{-\frac{1}{2}\left[\frac{n\theta^2 - 2n\theta\bar{x} + \sum_{i=1}^n x_i^2}{\sigma^2} + \frac{\theta^2 - 2\mu\theta + \mu^2}{\tau^2}\right]\right\} \tag{9-16}$$

其中，$k_1 = (2\pi)^{-(n+1)/2}\tau^{-1}\sigma^{-n}$，$\bar{x} = \sum_{i=1}^n \frac{x_i}{n}$。若令

$$\sigma_0^2 = \frac{\sigma^2}{n}, \quad A = \frac{1}{\sigma_0^2} + \frac{1}{\tau^2}, \quad B = \frac{\bar{x}}{\sigma_0^2} + \frac{\mu}{\tau^2}, \quad C = \frac{1}{\sigma^2}\sum_{i=1}^n x_i^2 + \frac{\mu^2}{\tau^2}$$

则有

$$h(x,\theta) = k_1 \exp\left\{-\frac{1}{2}[A\theta^2 - 2\theta B + C]\right\} = k_2 \left\{-\frac{(\theta - B/A)^2}{2/A}\right\} \tag{9-17}$$

其中，$k_2 = k_1 \exp\left\{-\frac{1}{2}[C - B^2/A]\right\}$。由此可以算得样本 x 的边缘分布为：

$$m(x) = \int_{-\infty}^{\infty} h(x,\theta)\mathrm{d}\theta = k_2 \left(\frac{2\pi}{A}\right)^{\frac{1}{2}} \tag{9-18}$$

上面两式相除，即得 θ 的后验分布为：

$$\pi(\theta|x) = \left(\frac{2\pi}{A}\right)^{\frac{1}{2}} \exp\left\{-\frac{(\theta - B/A)^2}{2/A}\right\} \tag{9-19}$$

这也是正态分布，其均值 μ_1 与方差 σ_1^2 分别为：

$$\mu_1 = \frac{B}{A} = \frac{\bar{x}\sigma_0^{-2} + \mu\tau^{-2}}{\sigma_0^{-2} + \tau^{-2}}, \quad \frac{1}{\sigma_1^2} = \frac{1}{\sigma_0^2} + \frac{1}{\tau^2}$$

4. 贝叶斯正态分布区间估计

根据贝叶斯区间统计方法，设 $x_1, x_2, \cdots, x_n$ 是来自正态分布总体 $N(\theta, \sigma^2)$ 的一个样本观察值，其中 σ^2 已知，若正态分布均值 θ 的先验分布取为 $N(\mu, \tau^2)$，其中 μ 和 τ^2 已知。设其后验分布为 $N(\mu_1, \sigma_1^2)$，如果求得 μ_1 和 σ_1^2，则可以得到 θ 的可信水平为 $1-\alpha$ 的可信区间：

$$P(\mu_1 - \sigma_1 \mu_{1-\alpha/2} \leq \theta \leq \mu_1 + \sigma_1 \mu_{1-\alpha/2}) = 1 - \alpha \tag{9-20}$$

式中，$\mu_{1-\alpha/2}$ 是标准正态分布的 $1-\alpha/2$ 分位数。根据上式求得的区间即可表述为：θ 属于这个可信区间的概率为 $1-\alpha$。

二、车站能力的贝叶斯区间估计方法

车站每天的作业情况类似，所拥有的各种技术设备、运输组织管理方法、各岗位作业人员等也相对稳定；各项作业的技术作业流程也没有变化，即使具体到每一项作业的占用时间有长有短，但其整体分布情况保持稳定；虽然车站作业存在着多种不确定性，但这些不确定性只能导致车站设备能力在一定范围内变化，整体还处于可控和调整的范围内。因而认为车站各项设备能力是正态总体，服从正态分布 $N(\theta, \sigma^2)$。

1. 车站能力统计推断信息

参照贝叶斯统计推断信息，结合车站能力查定实际情况，车站能力的总体信息、先验信息和样本信息描述如下：

（1）车站设备能力总体信息。

统计对象总体是在相当长一段时间内，车站各项设备在相对稳定的作业环境下（即车站在技术设备、作业组织方法、岗位设置和人员配备相对稳定，没有大的变化）完成各项技术业务每天所表现出来的能力。结合贝叶斯区间估计方法以及为了便于定量计算和分析，需要得到总体的方差。车站各项设备每天接、发各方向各种类别的列车实际情况在车站行车日志中都有详细的记录，对合理的时间范围内行车日志的分析，可以得到每天各种列车接、发数量的具体数值，经过统计计算可以得到这些数值的方差，结合车站值班员、调度员、信号员等工种每天作业直观感受和经验总结进行适当的调整，以之作为总体方差 σ^2。

（2）车站设备能力先验信息。

为了简化计算和定量把握车站已有能力情况，把前一次或几次能力查定的结果作为先验分布 $\pi(\theta)$ 一个样本 θ'，从而得到一个先验信息样本观测值 $x' = (x'_1, x'_2, \cdots, x'_n)$，以其平均值 $\overline{x}' = \sum_{i=1}^{n} x'_i (1 \leq i \leq n)$ 作为先验分布 $N(\mu, \tau^2)$ 的数学期望 μ，以其方差 $s'^2 = \frac{1}{n-1}\sum_{i=1}^{n}(x'_i - \overline{x}')^2$ $(1 \leq i \leq n)$ 作为先验分布的方差 τ^2。

（3）车站设备能力样本信息。

采用图解插值法，以能力查定中 3 昼夜采集的数据所计算出的结果 x 为样本。

2. 车站能力贝叶斯区间估计

根据上述确定的车站设备能力总体信息、先验信息和样本信息，可以确定各种贝叶斯正态分布区间估计所需的各种参数，即 $N(\theta, \sigma^2)$、$N(\mu, \tau^2)$，然后根据贝叶斯区间估计原理进行车站能力贝叶斯区间估计。

首先，计算车站设备能力的后验分布 $N(\mu_1, \sigma_1^2)$，根据贝叶斯正态分布的后验分布参数计算公式，求得 μ_1 和 σ_1^2：

$$\mu_1 = \frac{B}{A} = \frac{\overline{x}\sigma_0^{-2} + \mu\tau^{-2}}{\sigma_0^{-2} + \tau^{-2}}, \quad \frac{1}{\sigma_1^2} = \frac{1}{\sigma_0^2} + \frac{1}{\tau^2}, \quad 其中 \sigma_0^2 = \frac{\sigma^2}{n}$$

然后，取 $\alpha = 0.05$，依据贝叶斯正态分布区间估计方法，其可信区间为：

$$[\mu_1 - \sigma_1\mu_{1-\alpha/2}, \ \mu_1 + \sigma_1\mu_{1-\alpha/2}]$$

从而有 $P(\mu_1 - \sigma_1\mu_{1-\alpha/2} \leq \theta \leq \mu_1 + \sigma_1\mu_{1-\alpha/2}) = 0.95$，即车站设备能力属于这个可信区间的概率为 0.95。

此处基于能力不是刚性的，而是具有弹性的思想，提出了一种车站能力的区间表示方法，即贝叶斯区间表示法，利用车站能力总体信息、先验信息和样本信息，得出车站能力总体被估计值的上限和下限，指出车站能力总体以一定概率可能存在的弹性区间范围，而不是仅仅得到车站能力总体的刚性估计值，更加符合车站作业不确定性增加的实际情况。以区间表示车站能力，车站行车调度指挥人员对车站能力的掌握更加全面，既知道了车站能力的平均水平，又了解其变化波动的上限和下限，为应对车站作业异常情况和更合理利用设备能力提供了更有效、更科学的能力依据。

三、实例分析

以附录 3 中郑州北站上行到达场 2 号咽喉道岔组的图解插值法计算所得有调货物列车通过能力为例。以未知量 θ 表示该咽喉道岔组能力，根据车站行车日志的分析，并结合车站值班员、调度员、信号员每天作业直观感受和经验总结进行适当的调整，确定其总体方差 $\sigma^2 = 7.44$，即 $X \sim (\theta, 7.44)$；依据车站该设备前几次能力查定情况，确定其先验分布为 $\theta \sim (18.34, 9.25)$；其样本数据图解插值法 A 方向接车有调货物列车通过能力查定结果 $x = 21.91$。

经计算其后验分布 $N(\mu_1,\sigma_1^2)$ 中参数为：

$$\mu_1 = \frac{21.91\times 7.44^{-1}+18.34\times 9.25^{-1}}{7.44^{-1}+9.25^{-1}} = 20.32$$

$$\frac{1}{\sigma_1^2} = \frac{1}{7.44^2}+\frac{1}{9.25^2} \to \sigma_1^2 = 4.12 \to \sigma_1 = 2.03$$

则该咽喉道岔组的通过能力的 0.95 可信区间为：

$$[\mu_1-\sigma_1\mu_{1-\alpha/2},\mu_1+\sigma_1\mu_{1-\alpha/2}] = [20.32-2.03\times1.96, 20.32+2.03\times1.96] = [16.34,24.30]$$

即 $P(16.34\leqslant \theta \leqslant 24.30) = 0.95$。由于累计总体信息、先验信息、样本信息数量偏少，其中参数仅仅做了一个粗略的估算。

第十章　技术站能力查定数据处理系统

在技术站能力查定的数据处理阶段，由于表格繁多，汇总整理起来极为烦琐，完全靠手工操作，劳动强度高，且容易出错。利用计算机处理数据，不仅可以解决数据处理过程中计算量大、计算复杂的问题，又能促使技术站能力查定方法和程序规范化、标准化，提高工作效率。

第一节　开发目的及开发工具

一、开发目的

技术站能力查定数据处理系统利用计算机数据库技术，在准确输入能力查定原始数据的前提下，将众多的查标写实信息进行分类整理及存储，根据技术站能力查定数据流程，对原始写实数据进行数据处理、汇总、分析、计算，得出车站咽喉通过能力、到发线通过能力、驼峰解体能力、尾部编组能力、车站通过能力、车站改编能力和车站最终能力。

二、开发工具选择

基于技术站能力查定中表格多、数据关系复杂的特点采用 Power Builder 作为前台开发工具。该软件是 Sybase 公司的独资子公司 Power Soft 推出的应用于客户机/服务器体系结构下的应用程序开发技术，是一种面向对象的图形化交互式开发工具。

Power Builder 的一大特色是对于数据库应用系统强有力的支持，它提供与当前流行的大型数据库如 SQL Server、Oracle、Informix、Sybase 等的专用接口，并可通过 ODBC 与微机数据库连接，具有强大的查询、报表和商业图形功能，可支持跨平台开发。

更主要的是，Power Builder 提供了一个智能型、功能强大的数据窗口对象（Data Window），利用它，软件人员无需编写专门的 SQL 语句，就可以实现对后台数据库进行显示、修改、更新、插入、删除和打印等操作。数据窗口是 Power Builder 的专利，也是 Power Builder 应用程序的核心和精华所在。Power Builder 通过数据窗口建立了用户与数据库间的交互和控制。

系统后台数据库采用 Microsoft 公司的大型关系型数据库 Microsoft SQL Server，以满足多用户和单用户使用的需要。

第二节　系统功能及设计原则

一、功能需求

系统功能包括：录入、汇总计算、查询、系统设置、输出打印、系统维护等功能。

（1）录入功能。

原始数据输入量比较大，因此要求组织好输入形式，界面友好，并给出提示，尽量让用户快速、准确、完整地输入数据。

（2）基础数据检查。

数据的正确性直接关系到车站能力的计算结果，为避免用户输入数据的失误，检查基础数据，找出互相矛盾和有明显不合理的数据是十分必要的。

（3）汇总计算功能。

由原始写实表检索数据，按作业类别汇总，并按相应的计算公式计算，最终确定车站的各种能力。

（4）查询功能。

考虑用户使用方便，设计良好的用户界面和便捷的查询方式。在写实录入表、汇总计算表中设置多种快捷键方式的查询，便于用户在输入的过程中检查和对计算结果的查询。

（5）系统设置功能。

通过系统设置功能，对各种与车站有关的属性进行设置。

（6）结果输出。

技术站能力查定结果输出表格较多，考虑到用户需要，结果以文件形式输出，同时设置打印功能，对所有中间查询结果及各种计算汇总表进行打印。

（7）系统维护。

包括对系统数据库进行备份和维护以及其他功能。

二、设计原则

本系统在设计上遵循通用性、可扩展性、先进性、互联性、灵活性等原则。

（1）通用性。

系统具有很好的通用性，能够结合车站的设备和作业组织方法进行初始条件设置，从而能满足不同车站的具体情况，系统在操作上具有通用性。同时，系统采用的计算方法为中国铁路总公司规定的计算方法，因此，系统在计算方法上具有通用性。

（2）可扩展性。

系统在设计上采用模块化设计方法，可根据需要对系统进行功能扩展。

（3）先进性。

系统在数据库设计上采用当前流行的 C/S 模式的关系型数据库，在写实、汇总、计算表格的设计方面对传统的方法作了一定程度的改进。

（4）互联性。

整个系统可以在局域网的支撑下，同时进行数据输入、数据统计、数据查询的操作。

（5）灵活性。

系统可以作为单机使用，也可以联网使用。

三、系统总体结构设计

根据技术站能力查定系统设计目标和要求，将系统结构划分为四大功能模块，如图10-1所示。

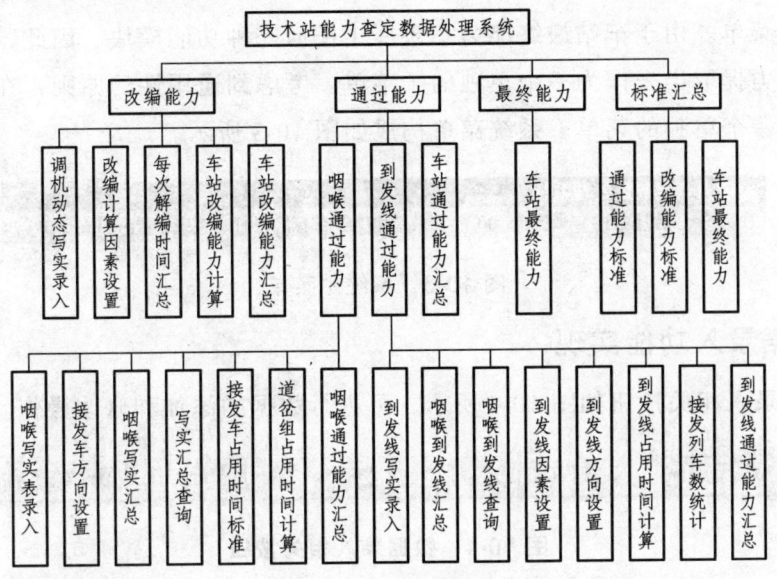

图 10-1 系统功能框图

考虑到软件的通用性和适应性,在系统设计过程中对涉及的所有数据按照统一的逻辑进行组织,并对具体数据项进行了分类和命名,以形成一套从数据采集、整理、录入,到分析、计算、查询的统一的数据组织模式,同时针对车站设备和作业组织方法的若干特殊情况,系统作了多种设置。整个系统设计合理,功能齐全,界面友好,便于查询和维护。

第三节 系统实现

一、系统主界面及菜单项

系统主界面如图 10-2 所示。根据系统功能模块的划分,将系统菜单分为通过能力与改

图 10-2 系统主界面图

编能力两个子菜单。由于车站最终能力不隶属于任何一种功能模块，因此，在菜单设计时将车站最终能力提取出来作为一个单独的子菜单。考虑到通用性的原则，在菜单设计时将系统设置作为一个单独的菜单。系统菜单构成如图10-3所示。

图10-3 系统主菜单

二、数据录入功能实现

系统常用录入相关按钮如图10-4所示，可进行数据的添加和修改操作。

图10-4 数据录入相关按钮

1. 数据输入与修改功能

录入一条新记录，点击【添加】按钮，记录即可保存。在数据窗口点击要修改的记录，然后点击【修改】或【删除】按钮即可进行数据的修改或删除操作。

2. 直接妨碍道岔组的自动输入功能

系统能够根据预先设定的妨碍条件，可以自动计算出妨碍道岔组，并直接写入数据库中咽喉原始写实表。因此，进行咽喉数据写实时，无需输入妨碍道岔组号。

3. 数据检查功能

日期限制：在写实日期超出系统预先设置的写实日期时，将给予提示，不能输入数据库。

道岔限制：在输入道岔不属于系统预先设置的道岔组时，将给予提示，不能输入数据库。

大值限制：当道岔解锁时间或线路腾空时间比开始占用、准备进路的时间小，二者之差大于一定值，或开始占用减去准备进路时间大于一定的值时，系统将给予提示，当输入者给予确认后，才能进入数据库，避免因误输入引起的错误。

三、数据计算、查询与结果输出

系统常用统计计算及查询按钮如图10-5所示，一般只需选择必要的条件后点击【计算统计】即可，如未选择必要的统计条件，系统将给出提示，提示操作者选择完整的统计计算信息。系统提示窗口如图10-6所示。

图10-5 统计查询相关按钮

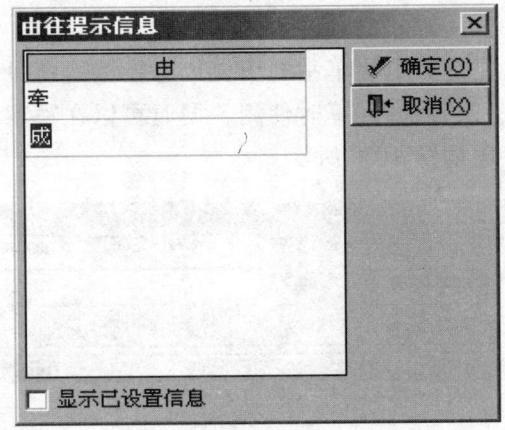

图 10-6　系统提示窗口

打印按钮可实现数据的打印或文件输出，一般打印功能即对当前的主数据窗口进行打印，纸张大小在本系统中全部为 A4 纸张。点击【打印】按钮后将会弹出图 10-7 所示窗口，操作者可以对打印信息进行打印范围、打印份数、打印机设置，也可进行打印预览，点击窗口中打印预览前的复选框即可。同时，系统还提供了报表报盘功能，可以对打印信息进行文件输出，可以保存为 14 种格式的文档数据，常用有：纯文本格式、Excel 格式、DBF 格式等。

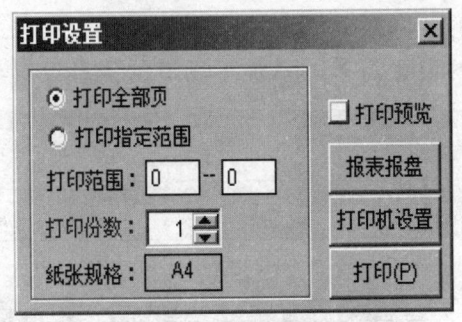

图 10-7　打印设置窗口

四、系统设置功能实现

1. 站名信息设置

站名信息设置指对当前查标站站名进行设置，便于在报表中输出站名信息。同时，便于今后系统进行扩展。系统站名设置界面如图 10-8 所示。

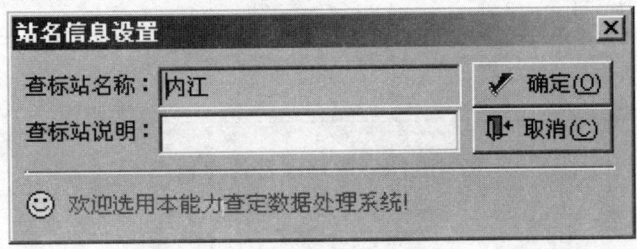

图 10-8　站名信息设置窗口

2. 查标时间设置

查标时间设置功能主要是为了使车站的历史信息能够得到保存。通过设置查标天数及结束起始日期便于系统进行利用率计算时使用，同时可以在写实录入时控制输入错误的日期。系统查标时间设置界面如图 10-9 所示。

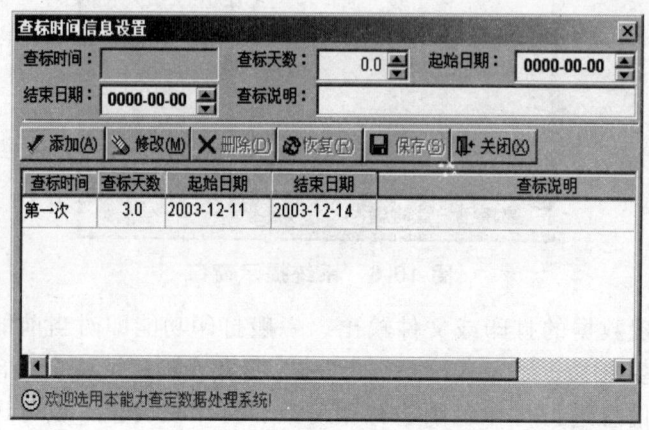

图 10-9　查表时间设置窗口

3. 车场道岔信息

车场道岔信息指对车站中的车场、道岔组信息进行记录，所有咽喉写实、汇总、计算都是针对车场道岔组进行的。同时，对车站的车场道岔组信息进行设置，保证了系统的灵活性，可以满足不同车站的设置需求。系统车场道岔信息设置界面如图 10-10 所示。

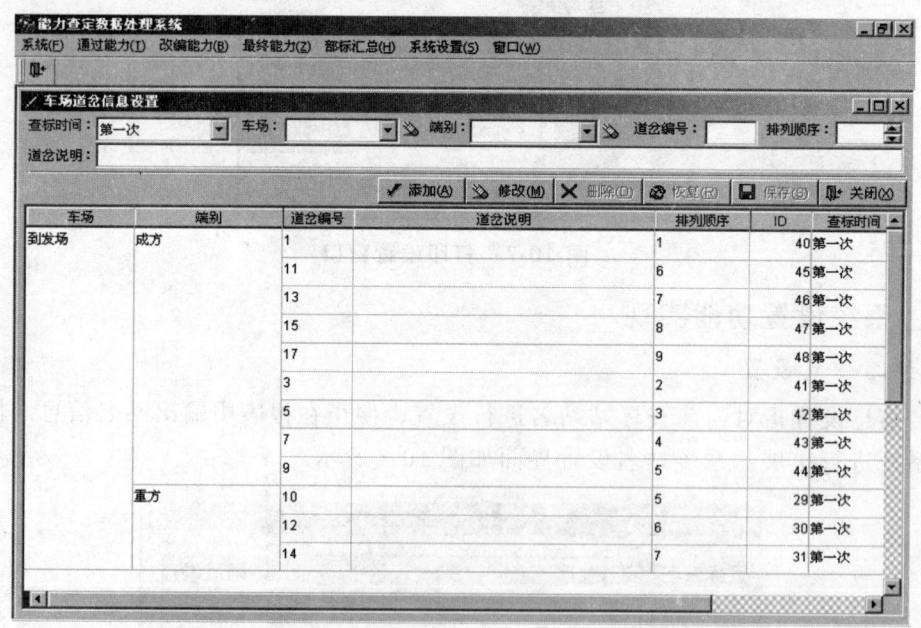

图 10-10　车场道岔信息窗口

4. 作业类别信息

由于无论是技术站还是区段站的作业类别都比较多，而且每个车站的作业类别都略有区别。因此需要对作业项目进行归类，便于计算机分类进行汇总计算。作业类别信息的设置可以根据不同的车站、相同车站不同的车场进行作业类别设置。作业类别信息设置界面如图 10-11 所示。

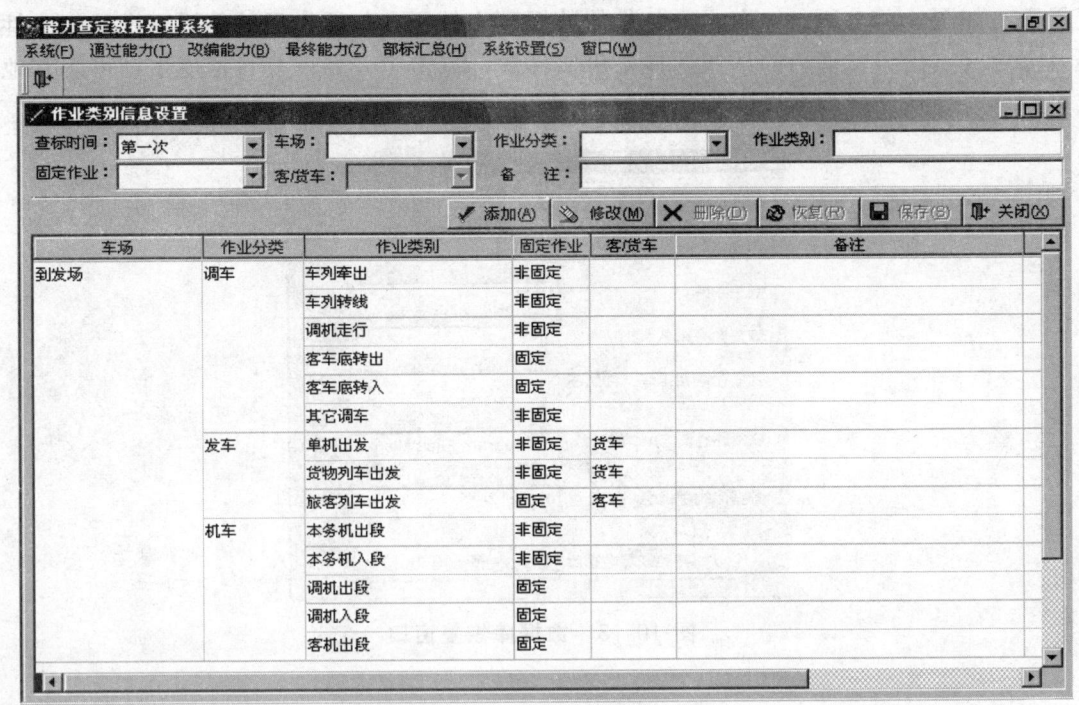

图 10-11　作业类别信息窗口

五、数据库维护功能实现

1. 数据备份

对系统数据进行备份，在【备份路径与文件名】后的编辑框中输入文件路径及文件名后，点击【开始备份数据库】按钮即可。其他信息系统将自动从相应的配置文件中读取。数据库备份窗口如图 10-12 所示。

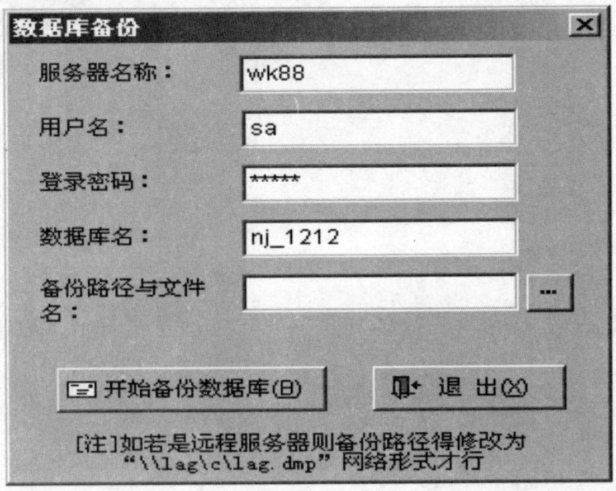

图 10-12　数据库备份窗口

2. 数据库恢复

在系统出现欢迎界面时，可以按 CONTROL 键后点击欢迎界面，系统即可出现数据恢复界面；或者在【系统设置】中的【数据库维护】中点【数据恢复】菜单也可出现数据恢复界面，如图 10-13 所示。在【原备份的数据库文件所在位置】后的编辑框中输入文件路径及名称或点击编辑框后的按钮选择备份文件后，点击【开始恢复数据库】即可。其他信息系统将自动从相应的配置文件中读取。

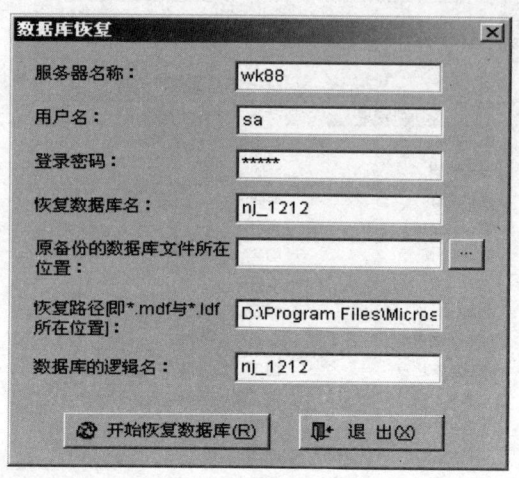

图 10-13　数据库恢复窗口

第十一章 技术站能力查定信息系统

第一节 系统设计

1. 系统设计任务

对技术站现有能力查定数据进行自动提取和转换，实现数据采集的自动化，并以此为基础，对数据进行汇总、整理、分析、计算，得出车站的通过能力、改编能力和最终能力。

2. 系统设计目标

利用计算机技术、网络技术和数据库技术，将自动采集得到的样本数据按能力信息系统数据处理要求进行自动转换，并根据技术站能力查定流程进行数据的进一步转换和提取，通过汇总、分析、计算等方法得出车站咽喉通过能力、到发线通过能力、驼峰解体能力、尾部编组能力、车站通过能力、车站改编能力和车站最终能力。

3. 系统设计原则

系统在设计上遵循通用性、可扩展性、简单实用性、网络互联性等原则。

通用性：在系统设计时选择具有代表性车站和尽可能完善能力查定原始数据结构和采集方法，使现有通过能力查定基础更可靠，更具通用性。

可扩展性：系统在数据库设计上采用当前流行的"客户-服务器"模式的关系型数据库，系统功能在设计上采用模块化设计方法，可根据用户需要对系统进行功能扩展。

简单实用性：采用菜单和窗口界面进行数据处理和计算，用菜单打开相应功能窗口，用户只需选择操作对象并单击按钮即可完成操作。

网络互联性：整个系统可以在局域网的支撑下，同时进行数据输入、数据统计、数据查询的操作。

4. 系统模块结构

系统模块结构主要围绕计算车站现有通过能力计算展开设计，如图11-1所示。这种结构层次分明，结构清晰，便于管理，模块化组成更能方便系统功能的增减。

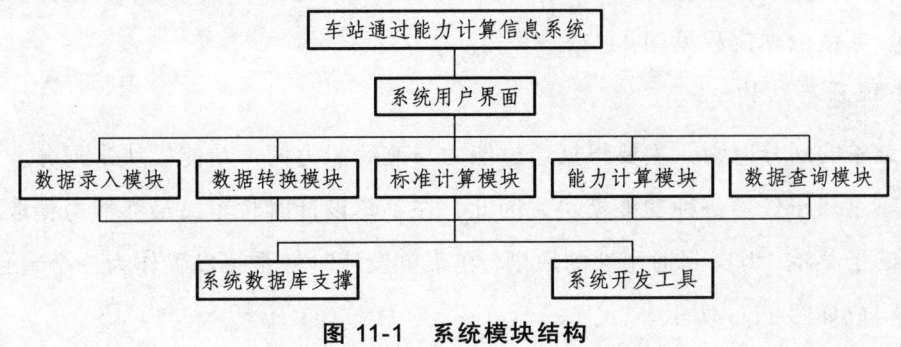

图11-1 系统模块结构

5. 系统功能设计

系统功能包括：系统设置、数据导入、数据转换、数据录入、数据汇总、数据计算、数据查询、数据打印、系统维护等功能。

系统设置功能——系统设置功能可以将各种与车站本次能力查定有关的属性进行设置，包括车站名称、查标次数、车场道岔、妨碍道岔、作业类别等。

数据导入功能——可以从作为中间存储介质的"*.txt"文本文档数据中提取数据，存储到指定的待转换数据库表中。

数据转换功能——将以设备别作业信息为单位组织的导入数据转换为进路别作业信息为单位的转换数据。

数据录入功能——对原始写实信息进行手工录入，或根据设备给出的数据进行检索获得有用的信息进行自动录入，形成标准的原始写实表。

数据汇总功能——由原始写实表检索数据，按接车、发车、调车和机车出入段四大类分别得出每次占用时间汇总表。以此为基础，经过计算，进行时间标准的汇总，最后进行各车场能力的汇总。

数据计算功能——对各项计算参数按照相应的计算公式进行计算。

数据查询功能——考虑用户的使用方便，系统设计了便捷的查询方式，同时在写实表中也设置了多种快捷键方式的查询，便于用户在输入的过程中检查。

数据打印功能——对所有中间查询结果及各种计算汇总表进行打印。

系统维护功能——包括对系统数据库进行备份和维护以及其他功能。

6. 系统实现

系统后台数据库采用 Microsoft 公司的大型关系型数据库 Microsoft SQL Server，以满足多用户和单用户使用的需要。软件系统前台开发工具选用 Sysbase 公司的 Power Builder。系统服务器端和客户端操作系统采用操作系统可采用 Microsoft 公司的 Windows；在多个用户的情况下，需要局域网作支撑，需要局域网协议（NetBEUI Protocol）或 Internet 协议（TCP/IP）。系统数据流程见图 11-2。

7. 系统菜单结构

系统菜单的划分原则：主要根据通过能力与改编能力两大功能模块来划分。由于车站最终能力不隶属于任何一种功能模块，因此，在菜单设计时将车站最终能力提取出来作为一个单独的子菜单。考虑到通用性的原则，在菜单设计时将系统设置作为一个单独的菜单。系统菜单构成如图 11-3 所示。

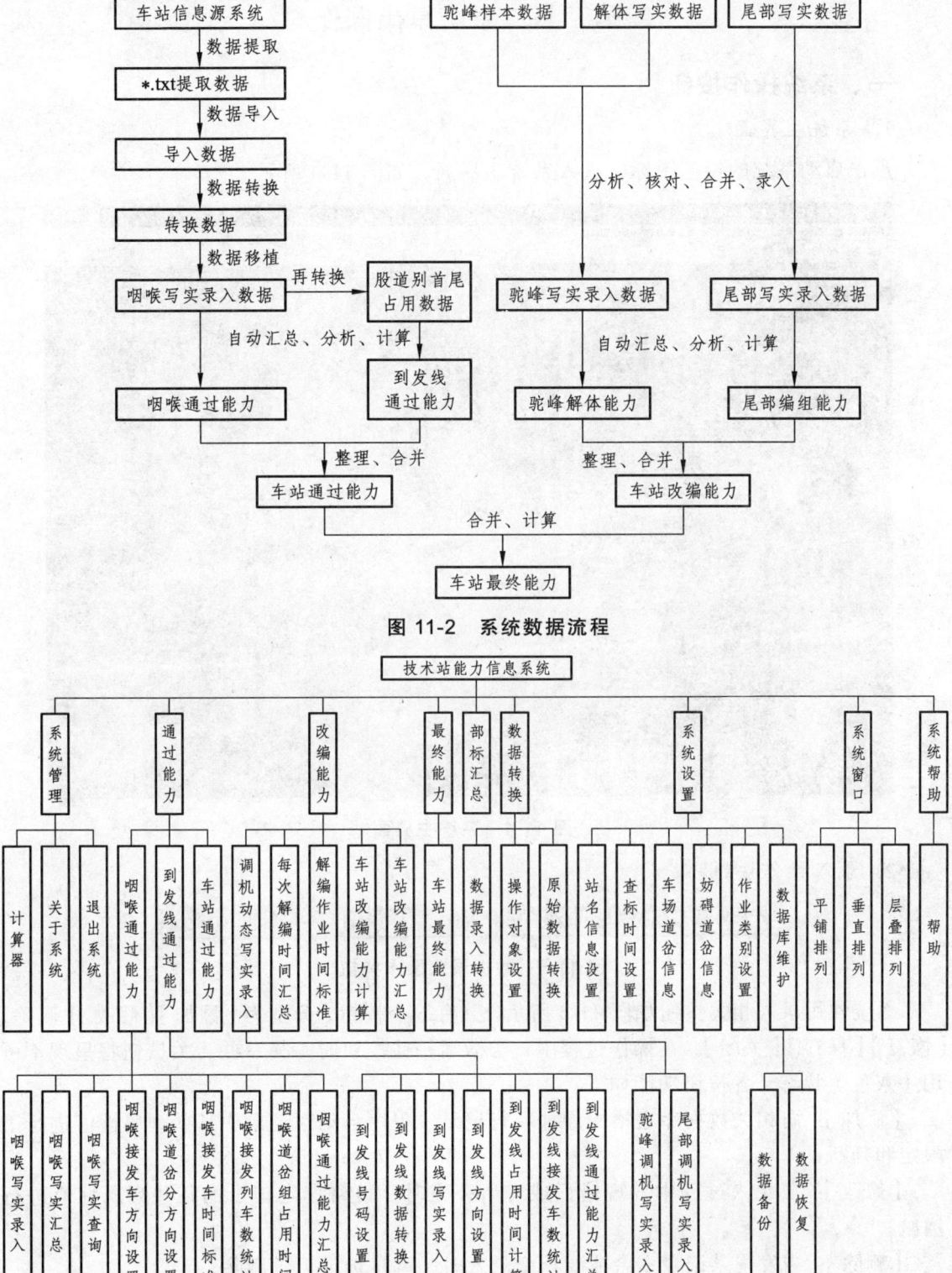

图 11-2　系统数据流程

图 11-3　系统菜单结构

第二节 系统基本操作

一、系统操作按钮

1. 系统主界面

点击启动系统的铅笔图标，进入系统主界面，如图11-4所示。

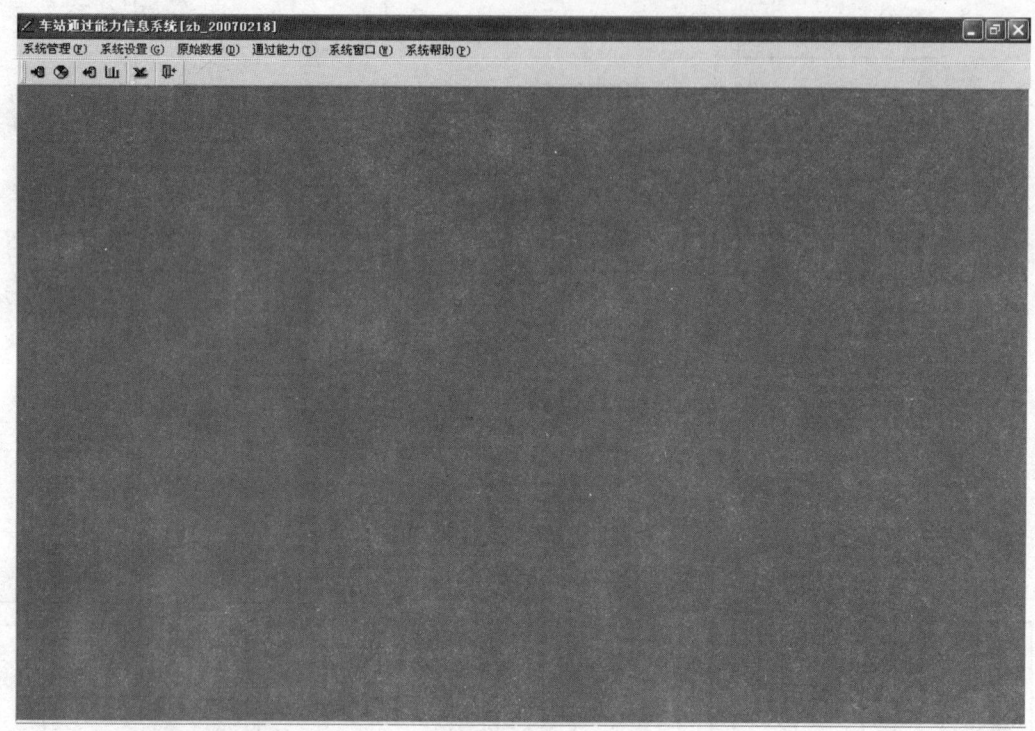

图 11-4　系统主界面

2. 录入操作按钮

图 11-5　数据录入操作按钮

系统常用录入相关按钮如图 11-5 所示，共有 6 个按钮，分别为【添加】【修改】【删除】【恢复】【保存】【关闭】。在操作过程中，当激活一些按钮时，另一些无关按钮将呈现不可用（灰色）状态。各按钮功能如下：

【添加】：向相关数据库表格中增加一行记录，程序自动对记录中某些列属性值进行了限定和判断；

【修改】：当录入过程中发现错误或有所补充时，可将选定记录的某些列属性值进行增减；

【删除】：当发现某记录多余或要重新录入时，可将选定记录删除；

【恢复】：在按下【修改】按钮后激活，当发现记录无需做任何变动，需要回到原来的状态时，程序不修改选中记录并将有关输入框清空；

【保存】：在按下【修改】按钮后激活，当前记录修改完毕后，保存所做修改并清空有关输入框；

【关闭】：关闭当前窗口。

3. 统计查询按钮

图 11-6　统计查询操作按钮

系统常用统计计算及查询按钮如图 11-6 所示，共有 4 个按钮，分别是【数据统计】【数据查询】【打印数据】【关闭窗口】。这组按钮在操作过程中，一般需要选定操作对象或指定必要的条件，然后按相应按钮；如未选择操作对象或查询条件，系统将给出提示。各按钮功能如下：

【数据统计】：在选择相应的操作对象之后，计算相关信息并在数据窗口中输出结果；

【数据查询】：按所给定的查询条件，在数据窗口中查询并显示相应的查询结果；

【打印数据】：打印计算结果或查询结果，并可对打印进行设置或将结果按一定格式输出；

【关闭窗口】：关闭当前窗口。

4. 打印操作按钮

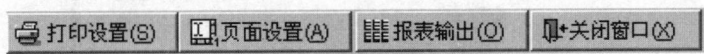

图 11-7　打印操作按钮

系统打印功能按钮如图 11-7 所示，共有 4 个按钮，分别是【打印设置】【页面设置】【报表输出】【关闭窗口】。这组按钮在操作过程中，一般需要选定操作对象或指定必要的条件，然后按相应按钮；如未选择操作对象或查询条件，系统将给出提示。各按钮功能如下：

【打印设置】：打印设置界面如图 11-8 所示，用于设置打印的范围、打印的份数、打印机、打印比例以及执行打印操作；

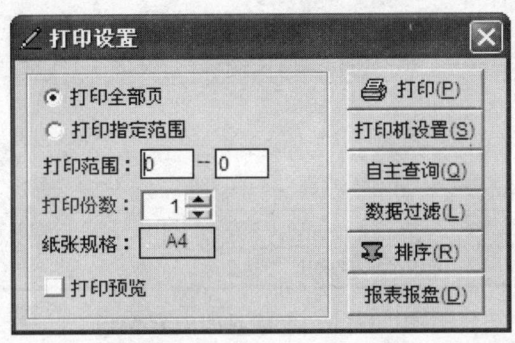

图 11-8　打印设置页面

【页面设置】：页面设置界面如图 11-9 所示，用于设置打印纸张、打印方向、页边距等；

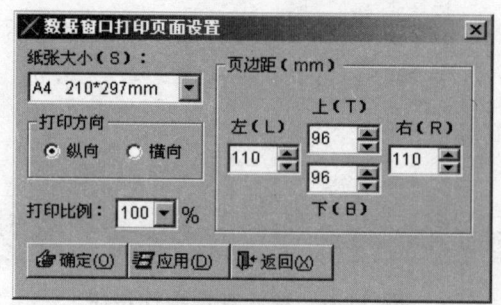

图 11-9　页面设置界面

【报表输出】：报表输出，对打印信息进行文件输出，可以保存为 14 种格式的文档数据，常用有：纯文本格式、Excel 格式、DBF 格式等；

【关闭窗口】：关闭当前窗口。

二、系统主要操作功能

（一）系统基本信息设置

站名信息设置，用于对当前查标站站名进行设置，以郑州北站为例，其设置窗口如图 11-10 所示。

图 11-10　站名信息设置窗口

查标时间设置，用于对当前通过能力查定时间进行设置，其设置窗口如图 11-11 所示。

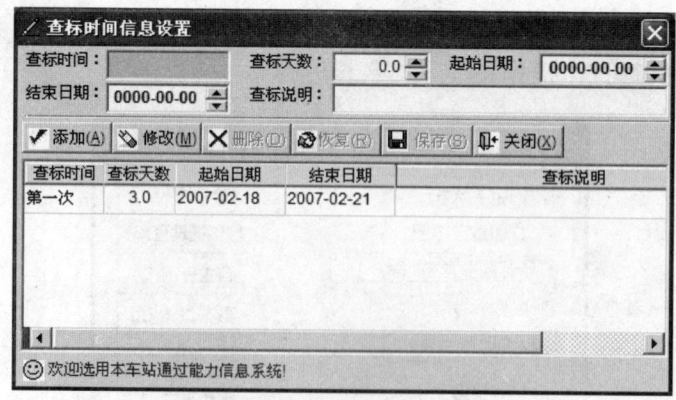

图 11-11　查标时间设置窗口

车场道岔信息，用于对车站中的车场、道岔组信息进行设置，其设置窗口如图 11-12 所示。

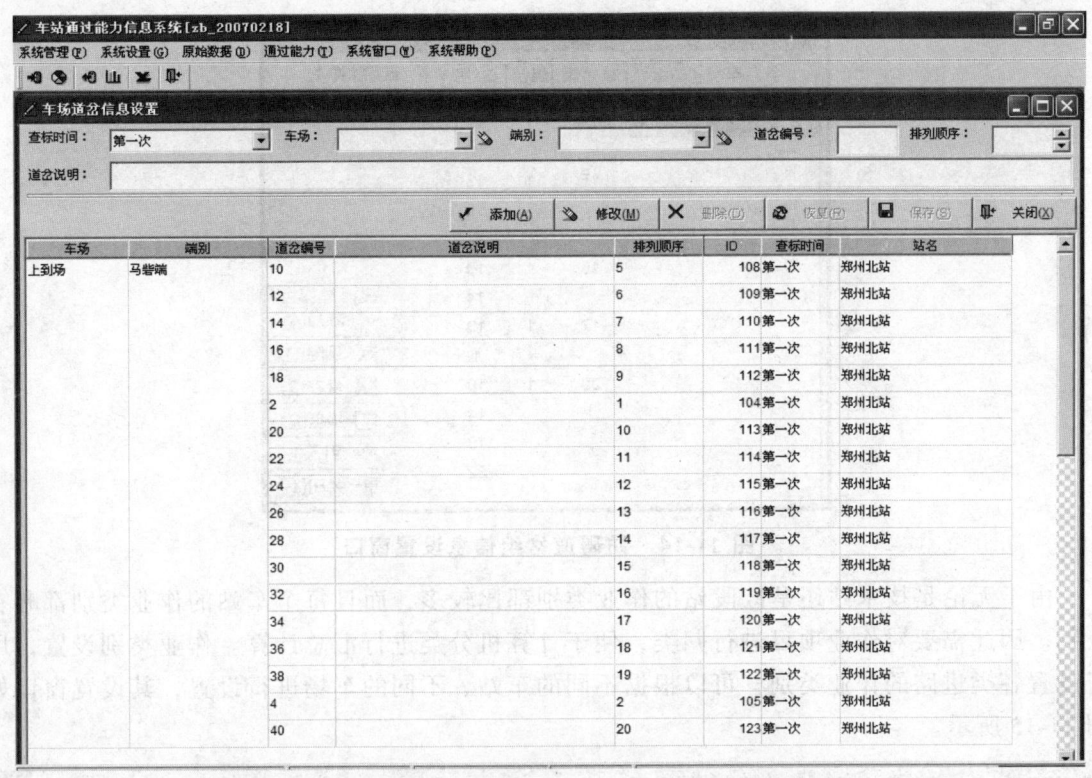

图 11-12 车场道岔设置窗口

到发线号码设置,用于对车站中的车场的到发线号码进行设置,其设置窗口如图 11-13 所示。

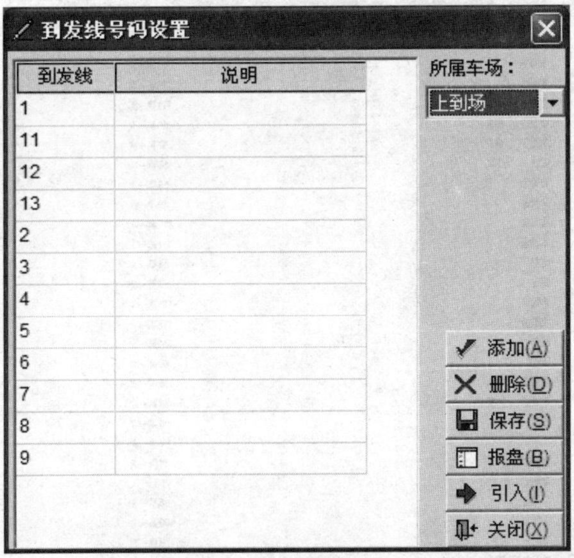

图 11-13 到发线号码设置窗口

妨碍道岔信息,用于对道岔组占用中的直接妨碍道岔组进行设置,其设置窗口如图 11-14 所示。

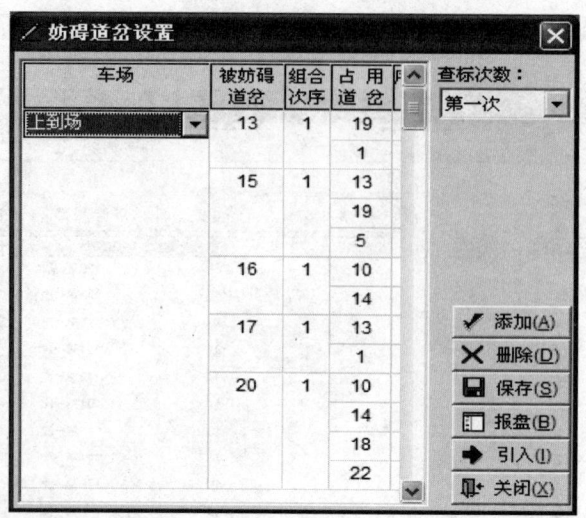

图 11-14　妨碍道岔组信息设置窗口

由于无论是技术站还是区段站的作业类别都比较多，而且每个车站的作业类别都略有区别。因此需要对作业项目进行归类，便于计算机分类进行汇总计算。作业类别设置，用于设置各类进路的作业类别，可以根据不同的车站、不同的车场进行设置，其设置窗口如图 11-15 所示。

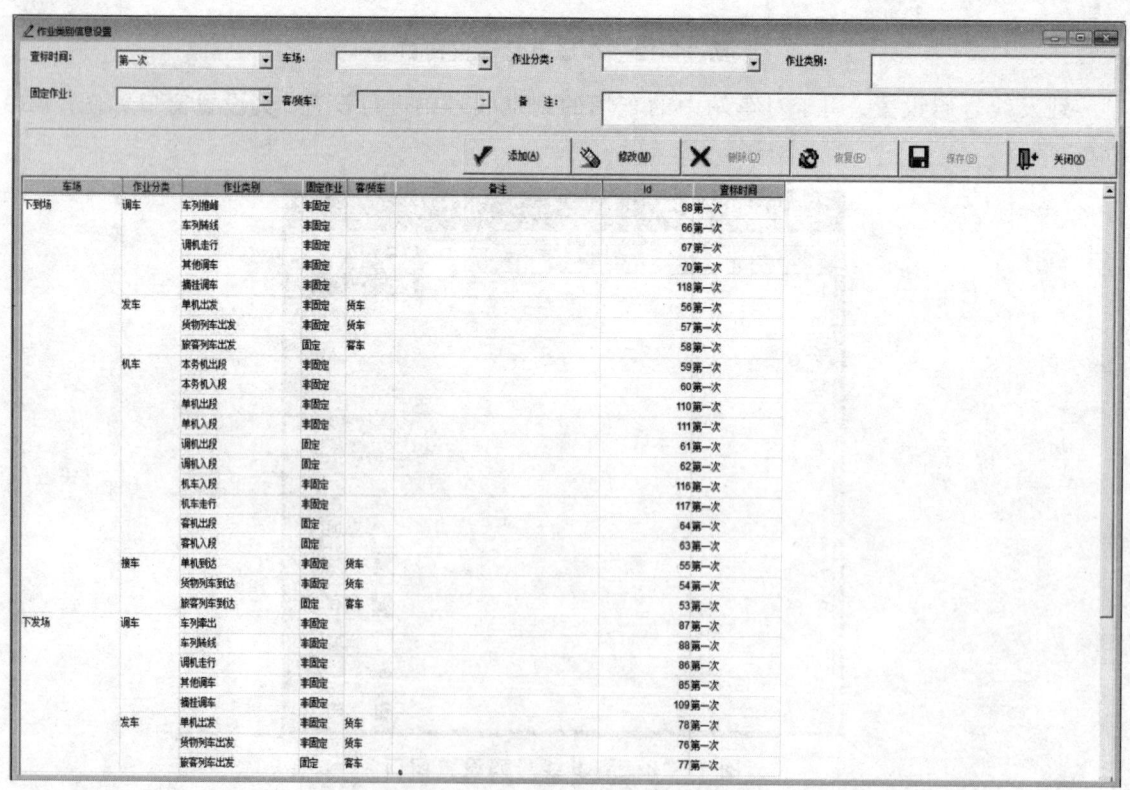

图 11-15　作业类别信息设置窗口

作业类别信息附属信息包括：作业分类、固定作业、客/货车等信息。

作业分类：整个技术站的作业项目分为 4 个大类，即接车、发车、机车出入段、调车。所有作业类别都属于此 4 大类。

固定作业：在计算表中计算 $T_{固}$ 时的检索标志，在作业类别中设置固定作业信息可以使同一作业类别的作业项目默认设置为固定作业。

客/货车：对于接发车的情况需要对客、货车分别进行计算，因此，对于作业分类为接发车的情况需进行客/货车设置。

（二）数据转换

1. 数据导入转换

数据导入转换可将由源数据系统导出的文本文档，按照系统数据转换要求导入数据库中，成为导入数据。

导入方法：选择文本文档所在文件夹后，点击【分析文件】按钮即可。

系统界面如图 11-16 所示。

图 11-16 数据转换窗口

2. 操作对象设置

操作对象设置用于对车场内各轨道电路、道岔、信号机进行设置，标定各设备的属性及其相互关系，为数据转换提供前提条件。

设置方法：选择查标次数和车场后，下拉列表框中将显示所选车场的操作对象列表，选择其中一个对象，即可设定其对象属性，点击【保存】就完成该对象的属性设置，继续设定其他对象，直到所有对象设置完为止。

系统界面如图 11-17 所示。

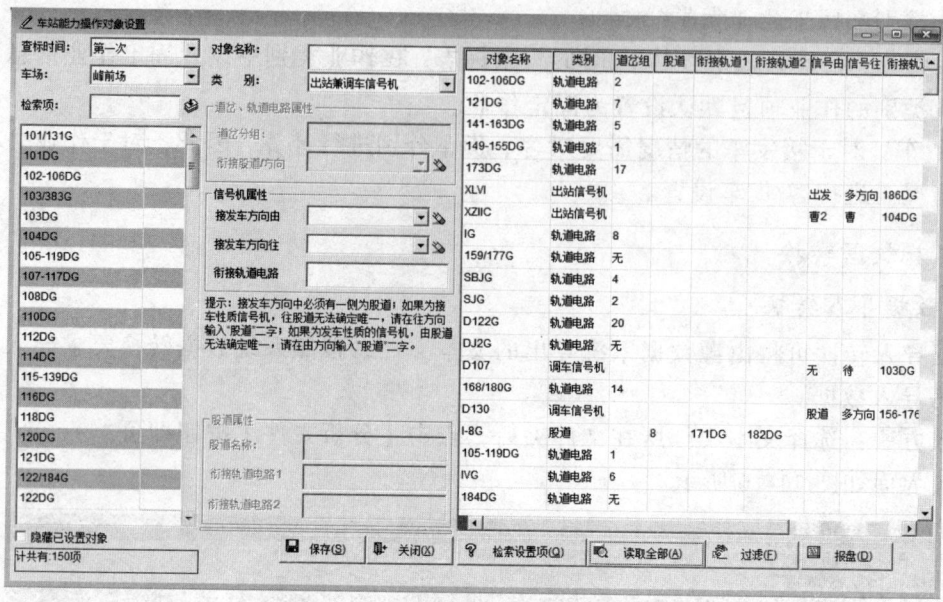

图 11-17 操作对象设置窗口

3. 原始数据转换

原始数据转换窗口完成导入数据转换工作，得到转换后的以进路别作业信息为记录的转换数据，并可在其上增加相应的作业类别信息，使之得到完整的进路别作业信息。

转换方法：选择查标次数和车场后，点击【数据分析】即可完成所选车场的数据转换工作。

系统界面如图 11-18 所示。

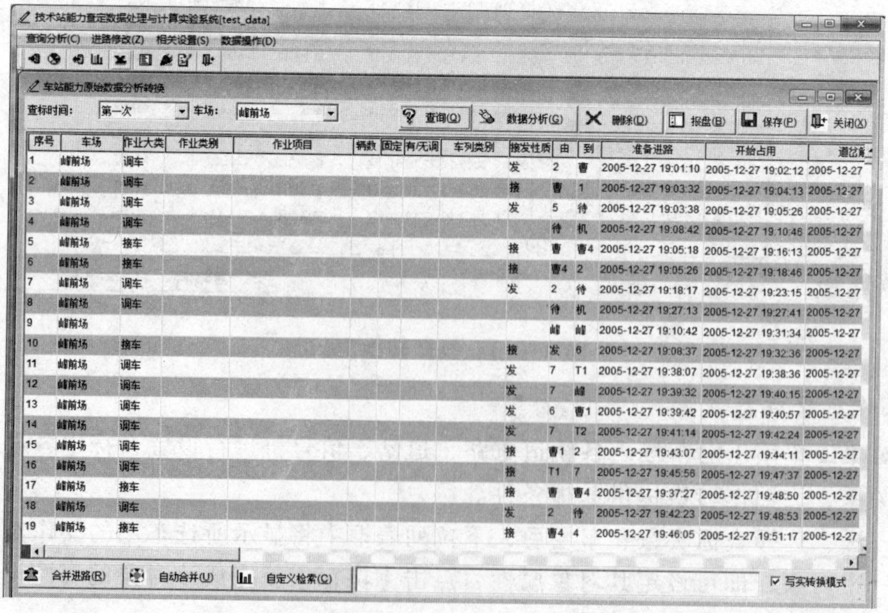

图 11-18 原始数据转换窗口

4. 数据移植

完成数据转换和补充之后，得到完整的进路别作业信息所构成的转换数据，即可点击菜单【数据操作】→【转换为写实录入格式】，即可完成数据移植工作，将转换数据移植为写实数据。系统操作菜单界面如图 11-19 所示。

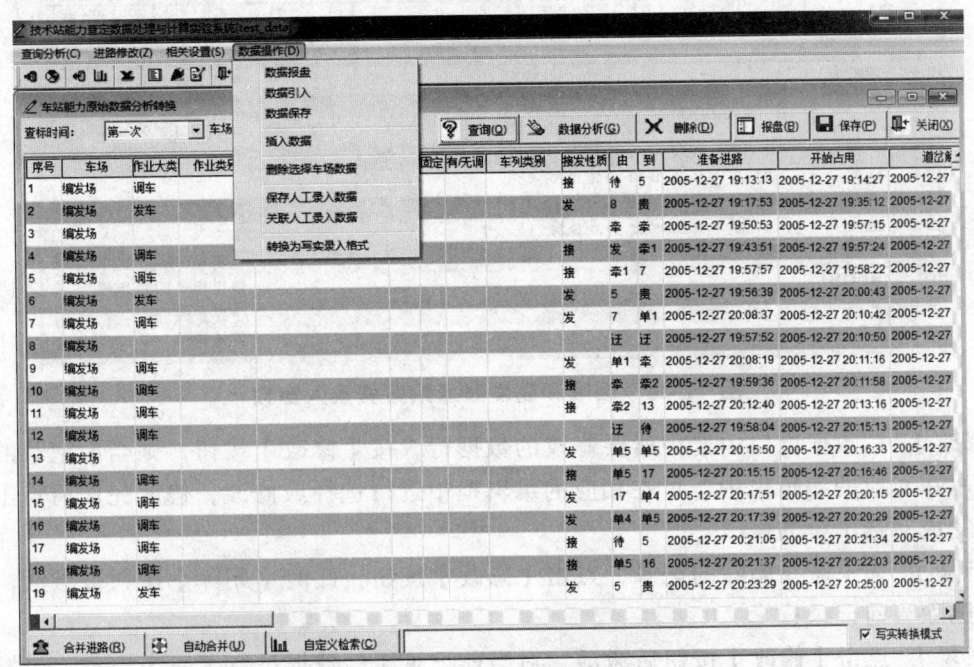

图 11-19　原始数据移植菜单

第三节　通过能力计算

一、原始数据

1. 窗口功能说明

咽喉和到发线原始数据录入，用于自动转换或手工录入"咽喉道岔组和到发线原始数据表"中的"进路别作业信息"，是通过能力查定的数据基础，其录入窗口如图 11-20 所示。

2. 按钮操作说明

该窗口中包含【添加】【修改】【删除】【恢复】【保存】【查询】【关闭】七个录入操作按钮，其功能和前面"录入操作按钮"中介绍一致，可分别用于记录的添加、修改、删除、恢复、保存、查询及关闭窗口。在操作过程中，当激活一些按钮时，另一些无关按钮将呈现不可用（灰色）状态；当选择或录入一个具体项目之后，可以按 TAB 键或回车键进行光标的跳转。

3. 按钮操作过程

【添加】：在对应的编辑框中输入或选择数据，然后点击【添加】按钮就可以增加一行记录；

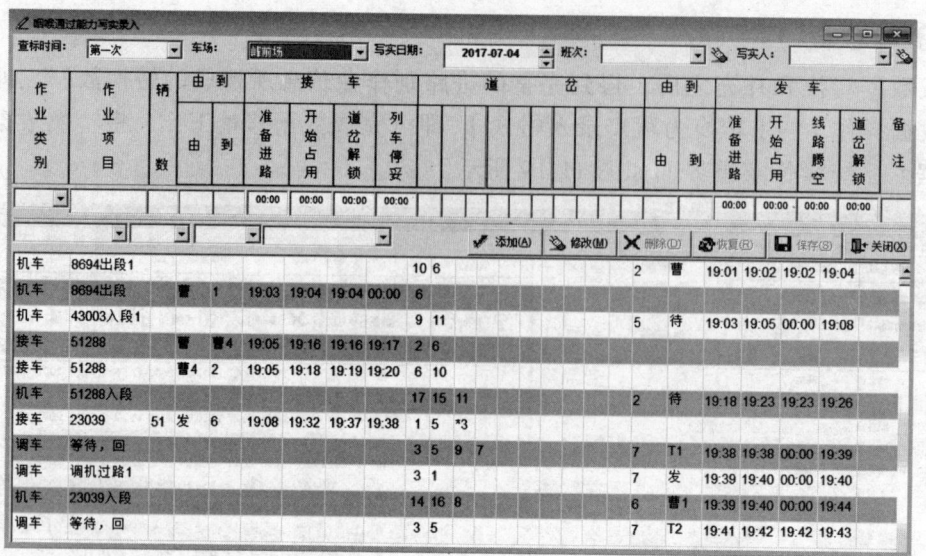

图 11-20 咽喉和到发线原始数据录入窗口

【修改】：在数据窗口中选中所要修改的数据行，按【修改】按钮，则当前记录的属性值将显示在对应的编辑框中，可在相应的编辑框中进行选择或修改，修改完成后点击【保存】则完成对选中行的修改；

【删除】：选中需要删除的记录，点击【修改】按钮，此时【删除】按钮被激活，若点击它则删除当前记录；

【恢复】：点击【修改】按钮后激活，对当前记录属性数据进行了一定修改，但发现原来记录没有必要修改，需要回到原来状态时点击【恢复】；

【保存】：点击【修改】之后激活，对记录进行修改后需要保存修改，则点击【保存】按钮；

【查询】：点击【查询】按钮后弹出如图 11-21 所示的自定义查询窗口，在设置完查询条件后，点击窗口中【查询】按钮，即可在数据窗口中显示相应的查询结果；

【关闭】：点击它关闭当前窗口，回到主窗口。

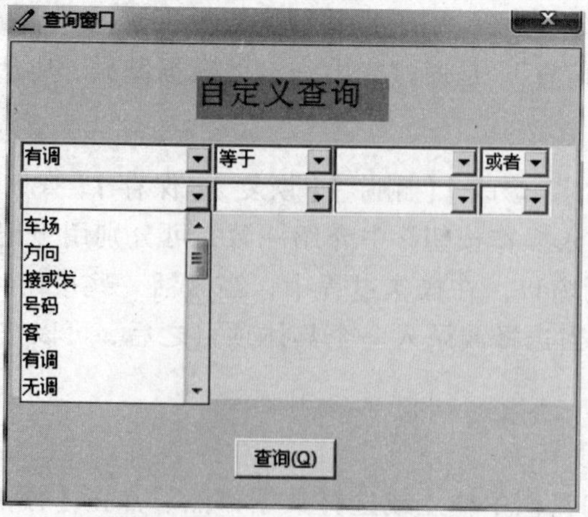

图 11-21 自定义查询窗口

4. 窗口快捷查询说明

为了快速查询窗口中输入的原始数据，设置了以下快捷查询方式：

F3：根据作业类别细分进行查询显示。

F4：根据列车类别进行查询显示。

F5：根据作业项目进行模糊查询显示，例如，输入车次可以显示出所有包含该车次信息的数据。

F6：根据备注进行模糊查询显示，例如，输入"接"字可以显示出所有含有"接"字信息的数据。

F9：根据道岔组号码进行查询，在道岔第一个编辑框中输入道岔组号，按 F9 系统将能查询出所有含有该道岔组号的数据。

F10：对数据窗口进行数据导出，可以导出为 14 种格式。建议导出为 EXCEL 格式，便于用 EXCEL 表格编辑系统进行处理。

二、咽喉通过能力

1. 道岔组占用拆分转换

道岔组占用拆分转换，用于将原始数据通过"拆分"操作转换为道岔组占用过程数据。其转换方法是选择某个车场后，点击【占用拆分转换】按钮，系统将按照车场、端别、道岔组对所有的道岔组占用信息进行转换。其转换窗口如图 11-22 所示。

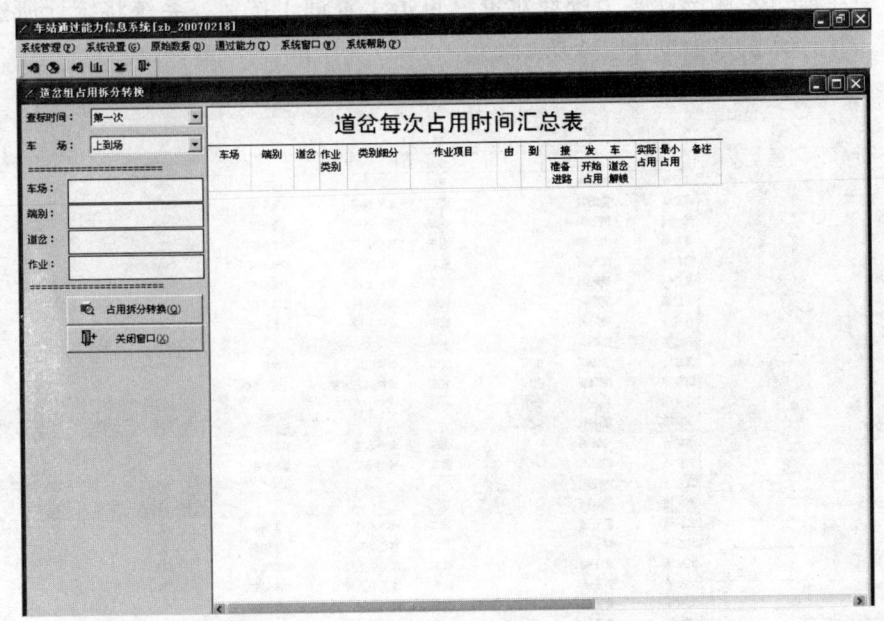

图 11-22 道岔组占用拆分转换窗口

2. 道岔组占用数据查询

道岔组占用数据查询，用于以不同的查询条件检索道岔组占用拆分转换得到的道岔组占用过程数据，并可打印输出。其查询方法是在窗口左侧选择某个道岔组并设置查询条件后，点击【查询】按钮，系统将检索出该道岔组相关占用信息。其查询窗口如图 11-23 所示。

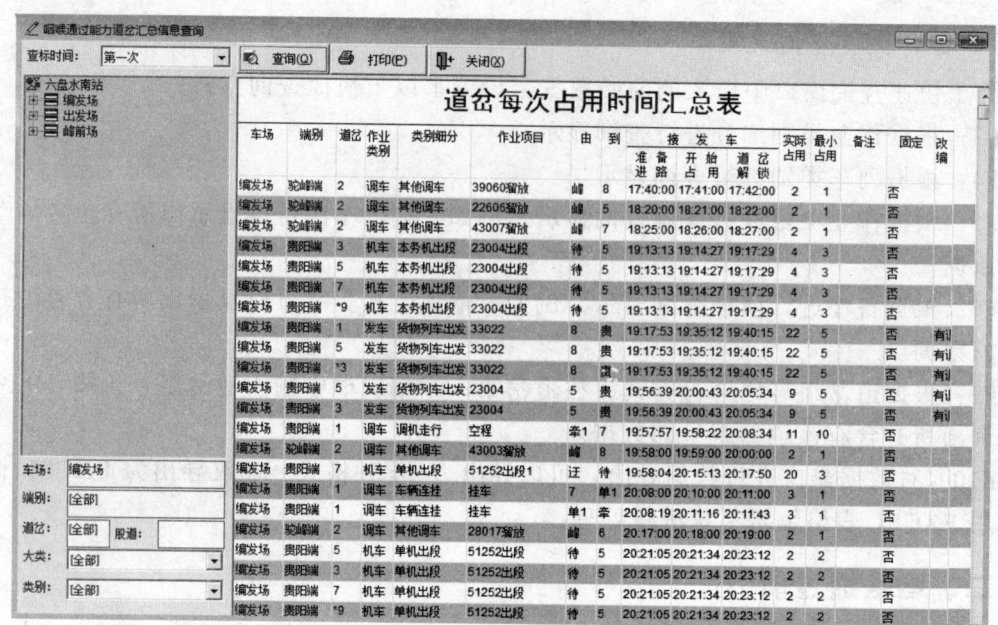

图 11-23 道岔组占用数据查询窗口

3. 咽喉接发列车数统计

咽喉接发列车数统计,用于统计各车场、咽喉端、接发车方向的各种接发车列数。其统计方法是在窗口左侧选择某个统计对象,点击【查询】按钮,系统将统计所选对象的列车数信息。其计算窗口如图 11-24 所示。

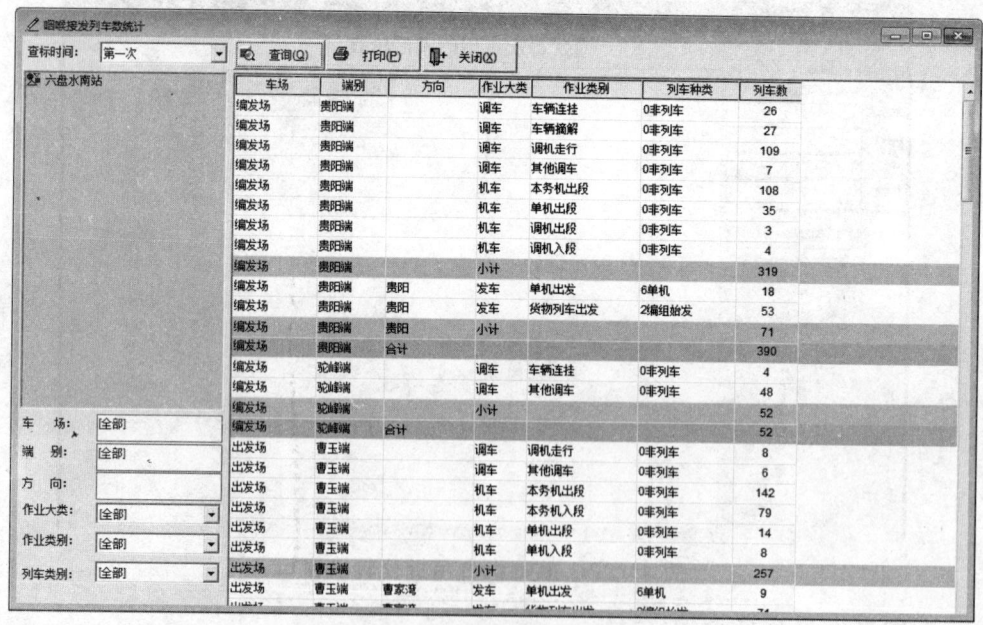

图 11-24 咽喉接发列车数统计窗口

4. 咽喉道岔组占用时间

咽喉道岔组占用时间,用于计算各道岔组各项作业的占用时间。其计算方法是选择某个车场、咽喉端对象，点击【计算统计】按钮，系统将统计该咽喉端所有道岔组的占用时间信息。其计算窗口如图 11-25 所示。

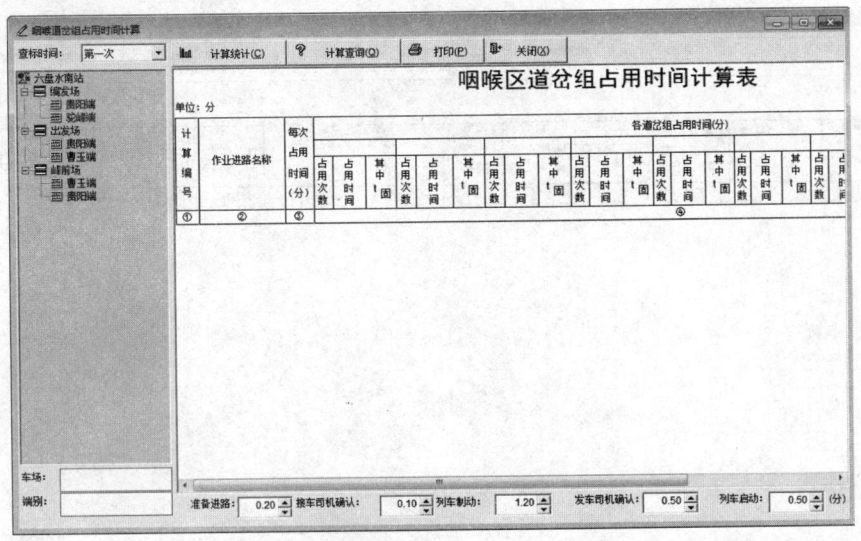

图 11-25 咽喉道岔组占用时间计算窗口

5. 咽喉通过能力汇总

咽喉通过能力汇总，用于计算各咽喉道岔组的方向别列车种类通过能力。其计算方法是选择某个车场，点击【汇总统计】按钮，系统将计算得到所选车场的咽喉通过能力。其计算窗口如图 11-26 所示。

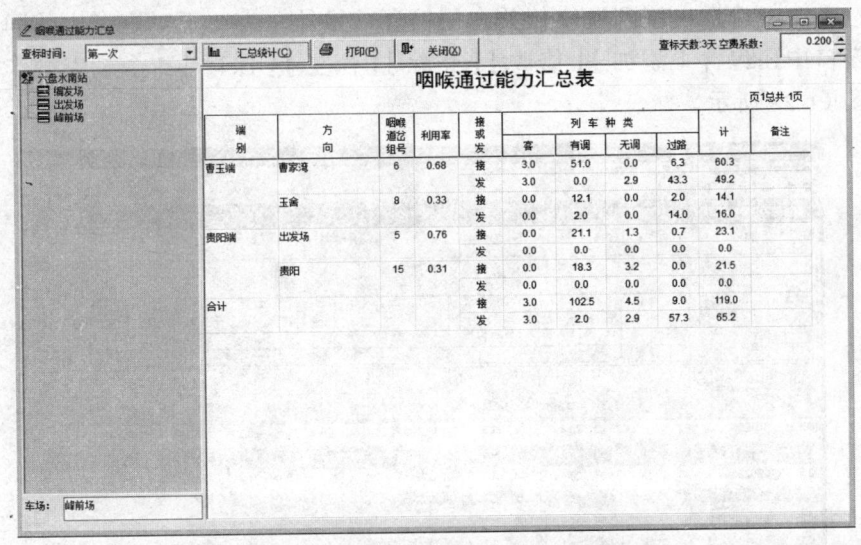

图 11-26 咽喉通过能力汇总计算窗口

三、到发线通过能力

1. 到发线占用合并转换

到发线占用合并转换，用于将原始数据通过"合并"操作转换为到发线占用过程数据。

其转换方法是在窗口左侧选择某个车场后，点击【数据合并转换】按钮，系统将按照车场对所有的到发线占用信息进行转换。其转换窗口如图 11-27 所示。

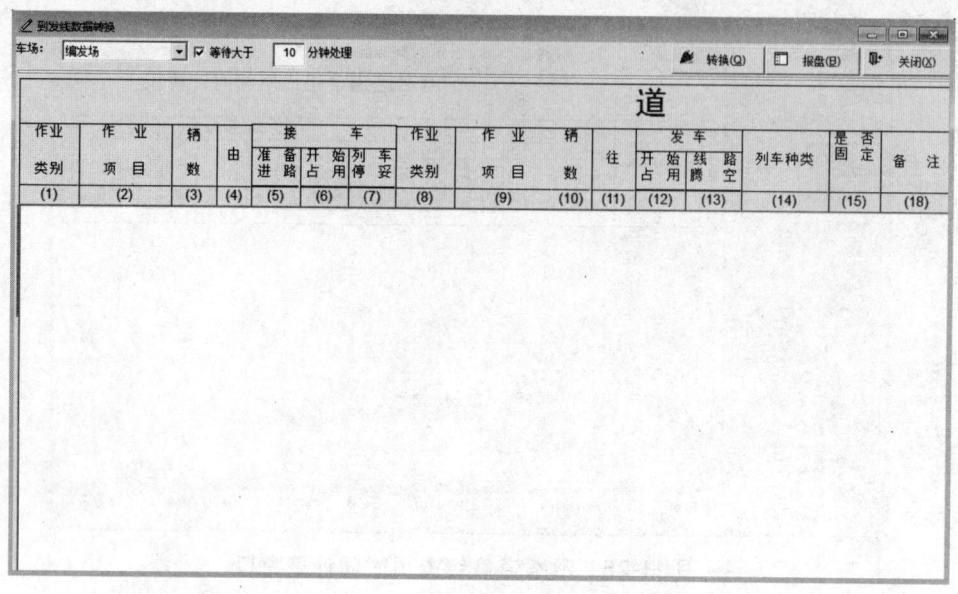

图 11-27　到发线占用合并转换窗口

2. 到发线占用数据查询

到发线占用数据查询，用于以不同的查询条件检索到发线占用合并转换得到的到发线占用过程数据，并可打印输出。其查询方法是选择某条到发线并设置查询条件后，点击【查询】按钮，系统将检索出该到发线相关占用信息；另外，为便于对查询出的问题数据进行调整，该窗口中还包含【添加】【修改】【删除】【恢复】【保存】5 个录入操作按钮。其查询窗口如图 11-28 所示。

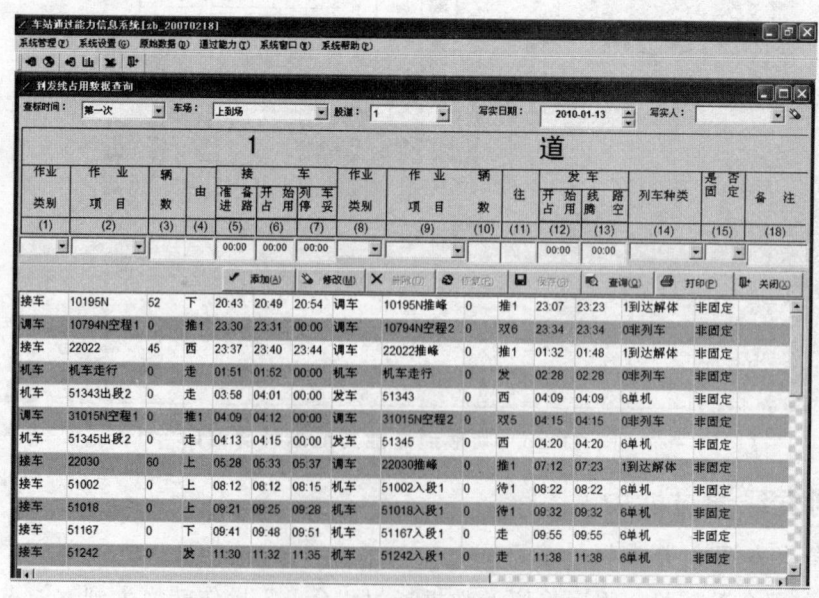

图 11-28　到发线占用数据查询窗口

— 176 —

3. 到发线占用时间计算

到发线占用时间计算，用于计算各到发线各项作业的占用时间。其计算方法是选择某个车场对象，点击【计算统计】按钮，系统将按列车种类统计每条到发线的占用时间信息。其计算窗口如图 11-29 所示。

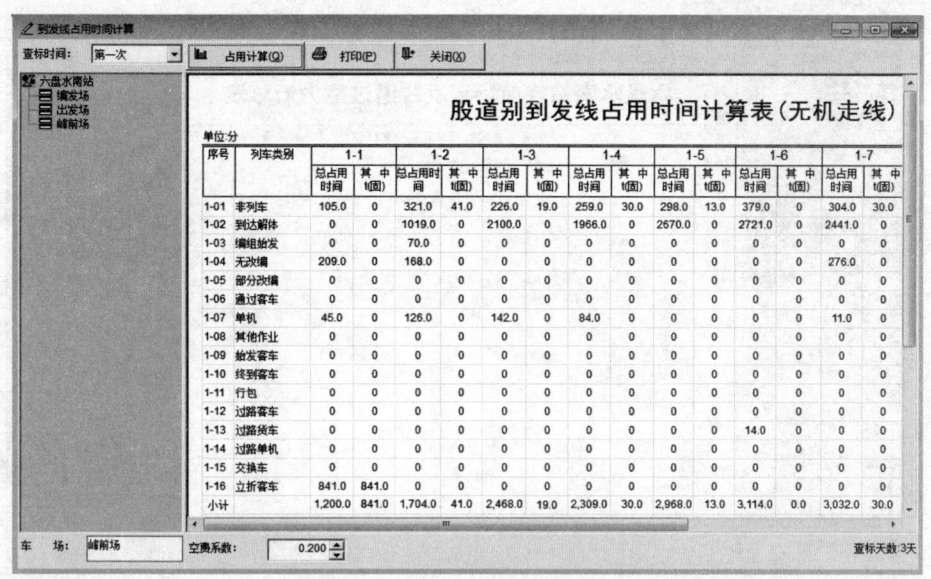

图 11-29 到发线占用时间计算窗口

4. 到发线接发列车数统计

咽喉接发列车数统计，用于统计各车场的各种接发车列数。其计算方法是选择某个统计对象，点击【车数统计】按钮，系统将按列车种类统计每条到发线的占用次数。其计算窗口如图 11-30 所示。

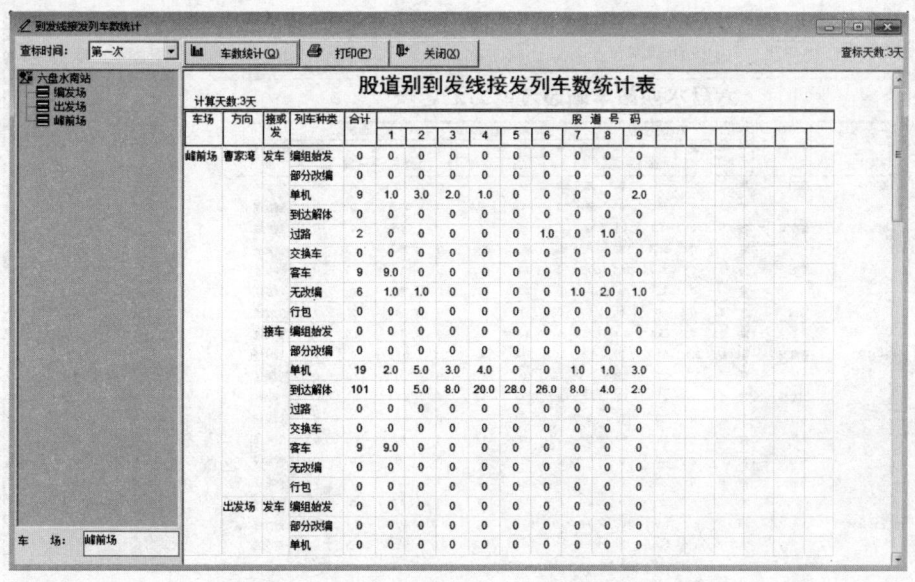

图 11-30 到发线接发列车数统计窗口

5. **到发线通过能力汇总**

到发线通过能力汇总，用于计算到发场的方向别列车种类通过能力。其计算方法是选择某个车场，点击【能力统计】按钮，系统将计算得到所选车场的到发线通过能力。其计算窗口如图 11-31 所示。

六盘水南站峰前场到发线通过能力汇总表

车场	方向	利用率	接或发	到达解体	编组始发	无改编	部分改编	合计
峰前场	曹家湾	0.66	接	51.0				51
			发			3.0		3
	出发场	0.66	接	23.7		1.5		25.2
			发					0
	贵阳	0.66	接	8.6		1.5		10.1
			发					0
	玉舍	0.66	接	6.1				6.1
			发		1.0			1
全站合计			接	89.4		3.0		92.4
			发		1.0	3.0		4

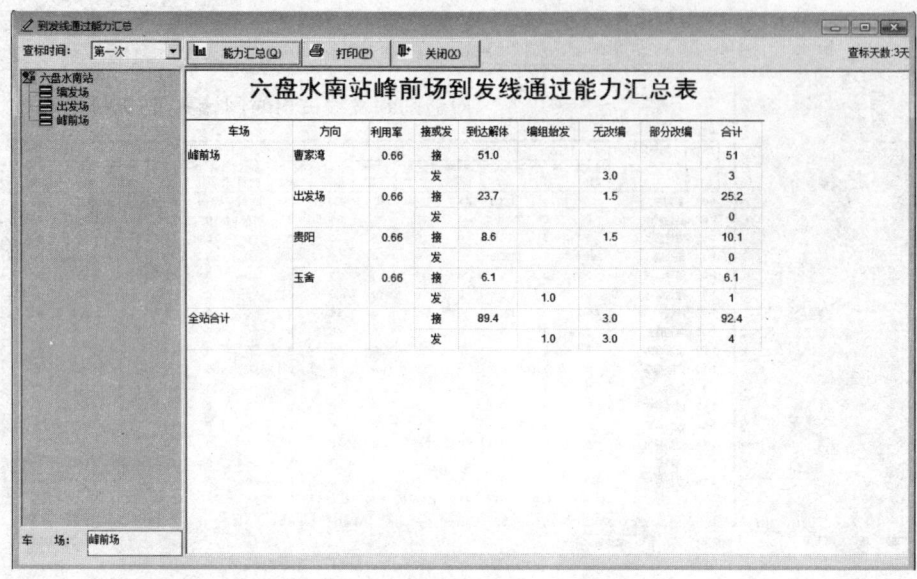

图 11-31　到发线通过能力汇总计算窗口

6. **车站通过能力**

车站通过能力，用于将咽喉通过能力和到发线通过能力汇总比较，得到车站的限制通过能力和限制设备。其计算方法是选择对象，直接点击【汇总统计】按钮，系统将计算得到所有车场的车站通过能力。其计算窗口如图 11-32 所示。

六盘水南站车站通过能力汇总表

车场	方向	接或发	咽喉通过能力 号码	咽喉通过能力 客	咽喉通过能力 货 有调	咽喉通过能力 货 无调	咽喉通过能力 过路	到发线通过能力 客	到发线通过能力 货 有调	到发线通过能力 货 无调	限制能力 客	限制能力 货 有调	限制能力 货 无调	限制能力 过路	限制能力 受何限制
编发场	贵阳	接	1	0	0	0	0	0	0	0	0	0	0	0	到发线
		发		0	45.3	0	0	0	21.5	0	0	21.5	0	0	到发线
出发场	曹家湾	接	8	0	1.1	1.1	0	0	0.5	0	0	0.5	0	0	到发线
		发		0	85.1	13.8	0	0	35.2	5.8	0	35.2	5.8	0	到发线
	贵阳	接	3	0	12.7	11.1	50.7	0	1.4	6.3	0	1.4	6.3	0	到发线
		发		0	12.7	0	56.3	0	7.3	0	0	7.3	0	0	到发线
	驼峰	接	8	0	0	0	0	0	0	0	0	0	0	0	到发线
		发		0	3.4	1.1	52.7	0	1.4	0.5	0	1.4	0.5	0	到发线
峰前场	曹家湾	接	6	3.0	51.0	0	6.3	3.0	51.0	0	3.0	51.0	0	0	到发线
		发		3.0	0	2.9	43.3	3.0	0	3.0	3.0	0	3.0	0	到发线
	出发场	接	5	0	21.1	1.3	0.7	0	23.7	1.5	0	21.1	1.3	0.7	咽喉
		发		0	0	0	0	0	0	0	0	0	0	0	到发线
	贵阳	接	15	0	18.3	3.2	0	0	8.6	1.5	0	8.6	1.5	0	到发线
		发		0	0	0	0	0	0	0	0	0	0	0	到发线
	玉舍	接	8	0	12.1	0	2.0	0	6.1	0	0	6.1	0	0	到发线
		发		0	2.0	0	14.0	0	1.0	0	0	1.0	0	0	到发线
全站合计		接		3.0	116.3	16.7	59.7	3.0	91.3	9.3	3.0	88.7	9.1	0.7	到发线
		发		3.0	148.5	17.8	166.3	3.0	66.4	9.3	3.0	66.4	9.3	0	到发线

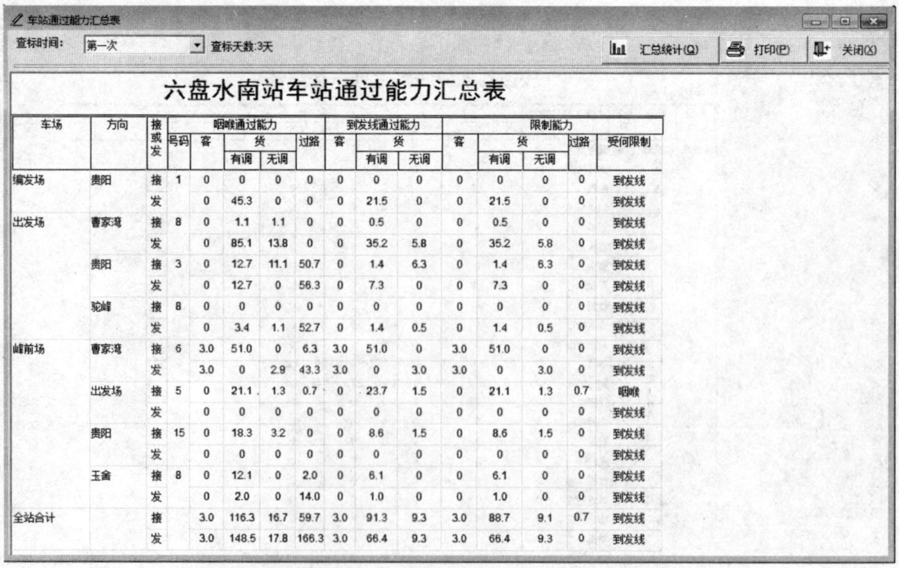

图 11-32　车站通过能力计算窗口

第四节　改编能力计算

一、调机动态写实录入

1. 驼峰调机动态写实录入

在记录驼峰回放信息并经整理后对驼峰调机动态写实进行录入。在录入写实信息之前需选择查标时间、相应的写实车场及调区信息，在选择查标时间、写实车场、调区信息后，系统会自动调入相应的已输入调机动态写实信息。

信息编辑：需对班次、调区和写实人进行编辑时，可以点击右边的铅笔图标进行编辑。可以按 TAB 键或回车键进行光标的跳转。

添加操作：在输入状态下，输入必要信息后，点【添加】按钮，系统将自动判断是否输入必要的信息，若“是”，系统将信息写入下部的数据窗口中；若“否”，则返回到需输入项目的输入状态。

修改操作：点击需修改的写实信息后，点击【修改】按钮，系统会自动将选中行的信息显示在编辑框中，便于用户进行修改，修改完毕后，点击【保存】即可修改完毕，如果放弃修改，点击【恢复】按钮即可。

日期限制：在写实日期超出系统预先设置的写实日期时，将给予提示，不能输入数据库。

排序：数据窗口中数据按照写实信息“开始分解”的作业时间进行排序。

系统界面如图 11-33 所示。

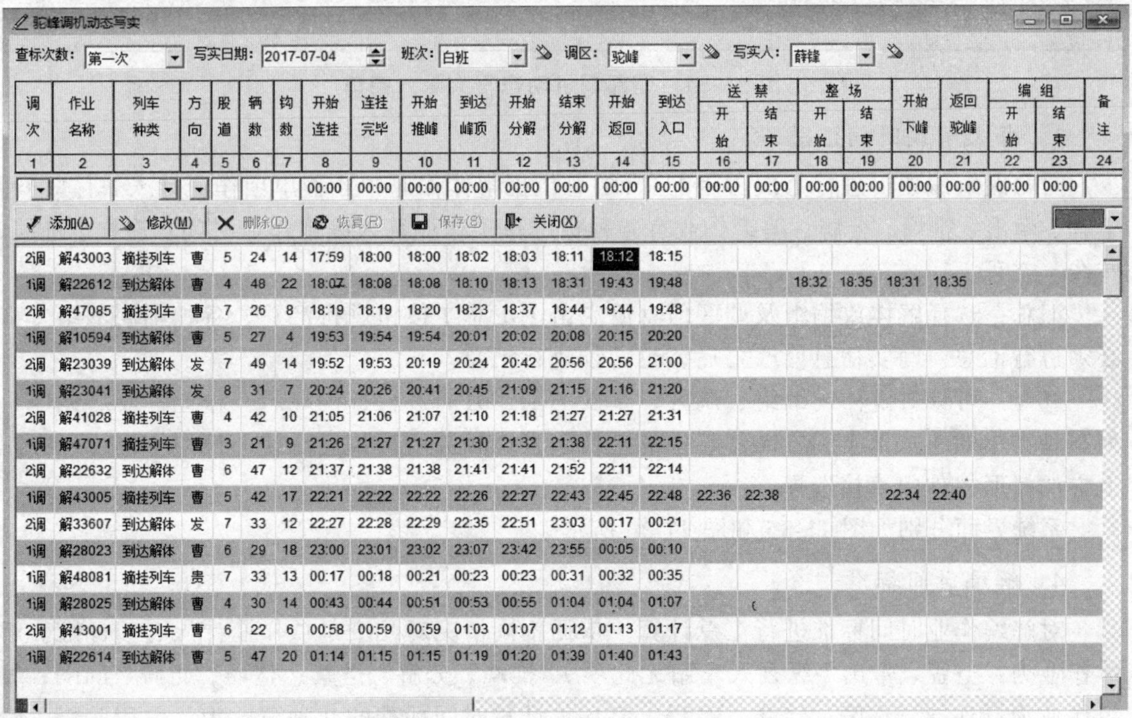

调次	作业名称	列车种类	方向	股道	辆数	钩数	开始连挂	连挂完毕	开始推峰	到达峰顶	开始分解	结束分解	开始返回	到达入口	送禁 开始	送禁 结束	整场 开始	整场 结束	开始下峰	返回驼峰	编组 开始	编组 结束	备注
1	2	3	4	5	6	7	8	9	10	11	12	13	14	15	16	17	18	19	20	21	22	23	24
							00:00	00:00	00:00	00:00	00:00	00:00	00:00	00:00	00:00	00:00	00:00	00:00	00:00	00:00	00:00	00:00	
2调	解43003	摘挂列车	曹	5	24	14	17:59	18:00	18:00	18:02	18:03	18:11	18:12	18:15									
1调	解22612	到达解体	曹	4	48	22	18:07	18:08	18:08	18:10	18:13	18:31	19:43	19:48			18:32	18:35	18:31	18:35			
2调	解47085	摘挂列车	曹	7	26	8	18:19	18:19	18:20	18:23	18:37	18:44	19:44	19:48									
1调	解10594	到达解体	曹	5	27	4	19:53	19:54	19:54	20:01	20:02	20:08	20:15	20:20									
2调	解23039	到达解体	发	7	49	14	19:52	19:53	20:19	20:24	20:42	20:56	20:56	21:00									
1调	解23041	到达解体	发	8	31	7	20:24	20:26	20:41	20:45	21:09	21:15	21:16	21:20									
2调	解41028	摘挂列车	曹	4	42	10	21:05	21:06	21:07	21:10	21:18	21:27	21:27	21:31									
1调	解47071	摘挂列车	曹	3	21	9	21:26	21:27	21:27	21:30	21:32	21:38	22:11	22:15									
2调	解22632	到达解体	曹	6	47	12	21:37	21:38	21:38	21:41	21:41	21:52	22:11	22:14									
1调	解43005	摘挂列车	曹	5	42	17	22:21	22:22	22:22	22:26	22:27	22:43	22:45	22:48	22:36	22:38			22:34	22:40			
2调	解33607	到达解体	发	7	33	12	22:27	22:28	22:29	22:35	22:51	23:03	00:17	00:21									
1调	解28023	到达解体	曹	6	29	18	23:00	23:01	23:02	23:07	23:42	23:55	00:05	00:10									
1调	解48081	摘挂列车	贵	7	33	13	00:17	00:18	00:21	00:23	00:23	00:31	00:32	00:35									
1调	解28025	到达解体	曹	4	30	14	00:43	00:44	00:51	00:53	00:55	01:04	01:04	01:07									
2调	解43001	摘挂列车	曹	6	22	6	00:58	00:59	00:59	01:03	01:07	01:12	01:13	01:17									
1调	解22614	到达解体	曹	5	47	20	01:14	01:15	01:15	01:19	01:20	01:39	01:40	01:43									

图 11-33　驼峰调机动态写实录入窗口

2. 尾部调机动态写实录入

在记录回放信息并经整理后对调机动态写实进行录入。在录入写实信息之前需选择查标时间、相应的写实车场及调区信息，在选择查标时间、写实车场、调区信息后，系统会自动调入相应的已输入调机动态写实信息。系统界面如图 11-34 所示。

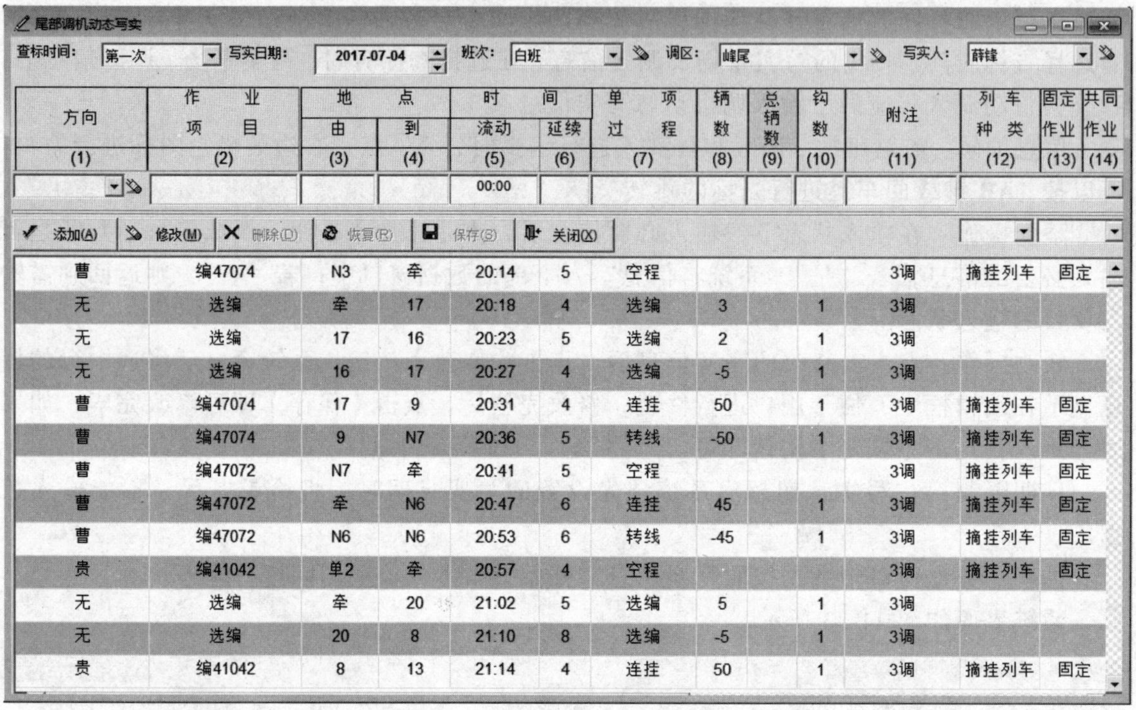

方向	作业项目	地点		时间		单项过程	辆数	总辆数	钩数	附注	列车种类	固定作业	共同作业
		由	到	流动	延续								
(1)	(2)	(3)	(4)	(5)	(6)	(7)	(8)	(9)	(10)	(11)	(12)	(13)	(14)
				00:00									
曹	编47074	N3	牵	20:14	5	空程				3调	摘挂列车	固定	
无	选编	牵	17	20:18	4	选编	3		1	3调			
无	选编	17	16	20:23	5	选编	2		1	3调			
无	选编	16	17	20:27	4	选编	-5		1	3调			
曹	编47074	17	9	20:31	4	连挂	50		1	3调	摘挂列车	固定	
曹	编47074	9	N7	20:36	5	转线	-50		1	3调	摘挂列车	固定	
曹	编47072	N7	牵	20:41	5	空程				3调	摘挂列车	固定	
曹	编47072	牵	N6	20:47	6	连挂	45		1	3调	摘挂列车	固定	
曹	编47072	N6	N6	20:53	6	转线	-45		1	3调	摘挂列车	固定	
贵	编41042	单2	牵	20:57	5	空程				3调	摘挂列车	固定	
无	选编	牵	20	21:02	5	选编	5		1	3调			
无	选编	20	8	21:10	8	选编	-5		1	3调			
贵	编41042	8	13	21:14	4	连挂	50		1	3调	摘挂列车	固定	

图 11-34　尾部调机动态写实录入窗口

3. 每次解编时间汇总

对每次解编项目进行每次占用汇总，汇总依据解体作业中 4 种单项作业计入解体时间：空程、牵出、推峰、分解；编组作业有 4 种标准单项作业计入编组作业时间：连挂、选编、转线、空程。

汇总：选择解体或编组及调区信息后点击【汇总】按钮进行汇总，各种不同的组合都必须进行汇总。写实信息修改之后，也必须进行汇总。

查询：可针对解体或编组、调区、车次类别，方向进行查询显示。作业性质、调区、列车种类中的【全部】和方向信息中的空代表查询相关所有信息。作业性质、调区可在左上方的树形控件中直接选择。

系统界面分别如图 11-35 和图 11-36 所示。

4. 解编时间标准

对解编作业时间标准进行汇总计算。依据不同情况对几个单项作业计入时间标准。解体作业为：空程、牵出（纵列式车站无此项）、推峰、分解、送禁、整场、妨碍、间隔；编组作业为：连挂、选编、转线、空程、整场。计算时间标准的几种情况为：占用驼峰（牵出线）、占用调车机和车辆过程。

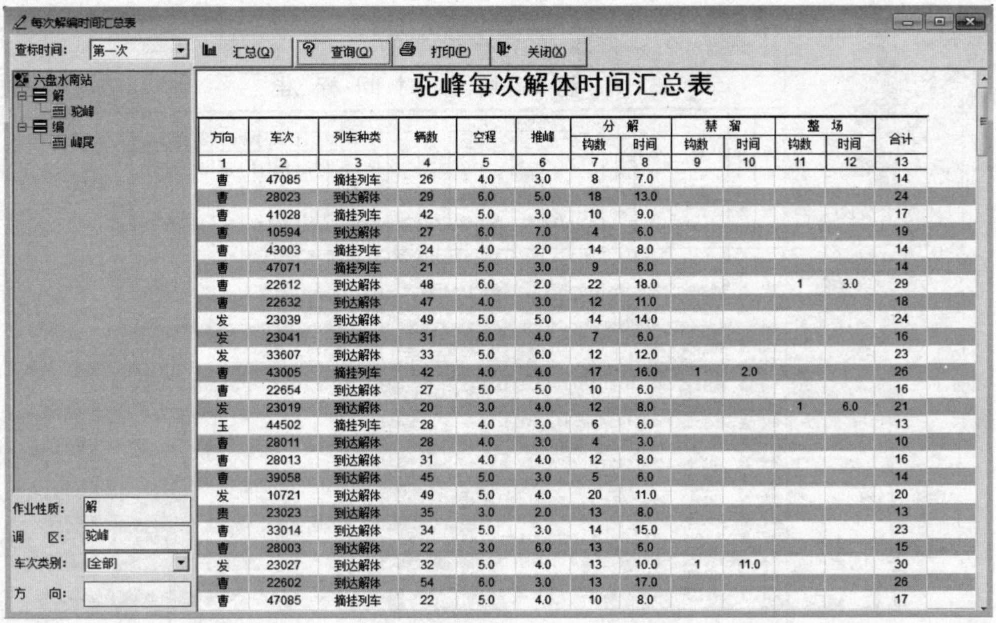

方向	车次	列车种类	辆数	空程	推峰	分解		禁溜		整场		合计
						钩数	时间	钩数	时间	钩数	时间	
1	2	3	4	5	6	7	8	9	10	11	12	13
曹	47085	摘挂列车	26	4.0	3.0	8	7.0					14
曹	28023	到达解体	29	6.0	5.0	18	13.0					24
曹	41028	摘挂列车	42	5.0	3.0	10	9.0					17
曹	10594	到达解体	27	6.0	7.0	4	6.0					19
曹	43003	摘挂列车	24	4.0	2.0	14	8.0					14
曹	47071	摘挂列车	21	5.0	3.0	9	6.0					14
曹	22612	到达解体	48	6.0	2.0	22	18.0			1	3.0	29
曹	22632	到达解体	47	4.0	3.0	12	11.0					18
发	23039	到达解体	49	5.0	5.0	14	14.0					24
发	23041	到达解体	31	6.0	4.0	7	6.0					16
发	33607	到达解体	33	5.0	6.0	12	12.0					23
曹	43005	摘挂列车	42	4.0	4.0	17	16.0	1	2.0			26
曹	22654	到达解体	27	5.0	5.0	10	6.0					16
发	23019	到达解体	20	3.0	4.0	12	8.0			1	6.0	21
玉	44502	摘挂列车	28	4.0	3.0	6	6.0					13
曹	28011	到达解体	28	4.0	3.0	4	3.0					10
曹	28013	到达解体	31	4.0	4.0	12	8.0					16
曹	39058	到达解体	45	5.0	3.0	5	6.0					14
发	10721	到达解体	49	5.0	4.0	20	11.0					20
贵	23023	到达解体	35	3.0	2.0	13	8.0					13
曹	33014	到达解体	34	5.0	3.0	14	15.0					23
曹	28003	到达解体	22	3.0	6.0	13	6.0					15
发	23027	到达解体	32	5.0	4.0	13	10.0	1	11.0			30
曹	22602	到达解体	54	6.0	3.0	13	17.0					26
曹	47085	摘挂列车	22	5.0	4.0	10	8.0					17

图 11-35　驼峰每次解体时间汇总窗口

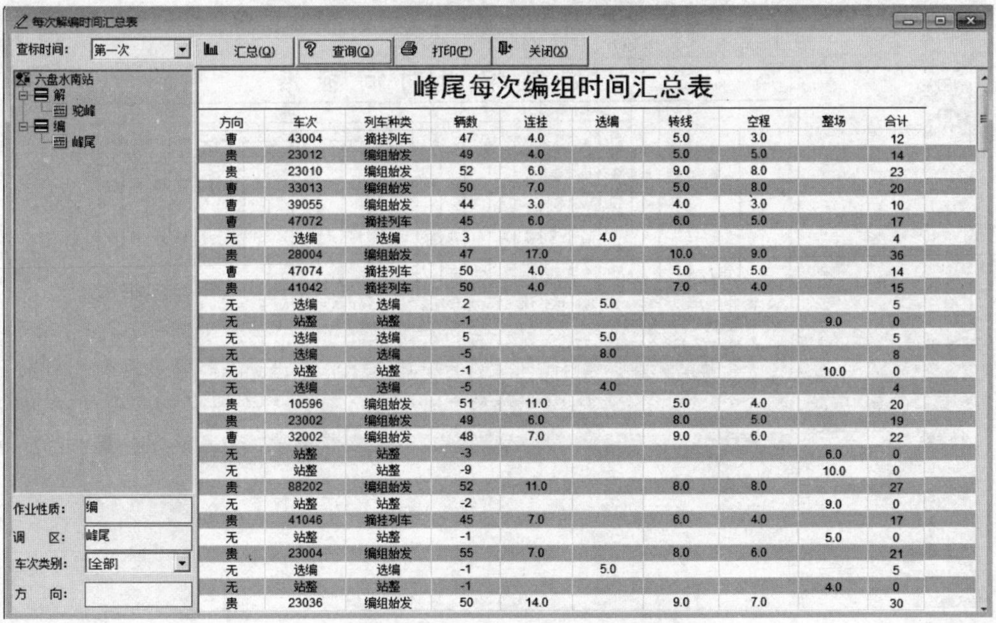

方向	车次	列车种类	辆数	连挂	选编	转线	空程	整场	合计
曹	43004	摘挂列车	47	4.0		5.0	3.0		12
贵	23012	编组始发	49	4.0		5.0	5.0		14
贵	23010	编组始发	52	6.0		9.0	8.0		23
曹	33013	编组始发	50	7.0		5.0	8.0		20
曹	39055	编组始发	44	3.0		4.0	3.0		10
曹	47072	摘挂列车	45	6.0		6.0	5.0		17
无	选编	选编	3		4.0				4
贵	28004	编组始发	47	17.0		10.0	9.0		36
曹	47074	摘挂列车	50	4.0		5.0	5.0		14
贵	41042	摘挂列车	50	4.0		7.0	4.0		15
无	选编	选编	2		5.0				5
无	站整	站整	-1					9.0	0
无	选编	选编	5		5.0				5
无	选编	选编	-5		8.0				8
无	站整	站整	-1					10.0	0
无	选编	选编	-5		4.0				4
贵	10596	编组始发	51	11.0		5.0	4.0		20
贵	23002	编组始发	49	6.0		8.0	5.0		19
曹	32002	编组始发	48	7.0		9.0	6.0		22
无	站整	站整	-3					6.0	0
无	站整	站整	-9					10.0	0
贵	88202	编组始发	52	11.0		8.0	8.0		27
无	站整	站整	-2					9.0	0
贵	41046	摘挂列车	45	7.0		6.0	4.0		17
无	站整	站整	-1					5.0	0
贵	23004	编组始发	55	7.0		8.0	6.0		21
无	选编	选编	-1		5.0				5
无	站整	站整	-1					4.0	0
贵	23036	编组始发	50	14.0		9.0	7.0		30

图 11-36　尾部每次编组时间汇总窗口

汇总：选择解→驼峰或编→峰尾后点击【汇总】按钮进行汇总，各种不同的组合都必须进行汇总。写实信息修改之后，也必须进行汇总。

查询：可针对解体或编组、调区、车次类别、方向进行查询显示。作业性质、调区、列车种类中的【全部】和方向信息中的空代表查询相关所有信息。作业性质、调区可在左上方的树形控件中直接选择。

系统界面分别如图 11-37 和图 11-38 所示。

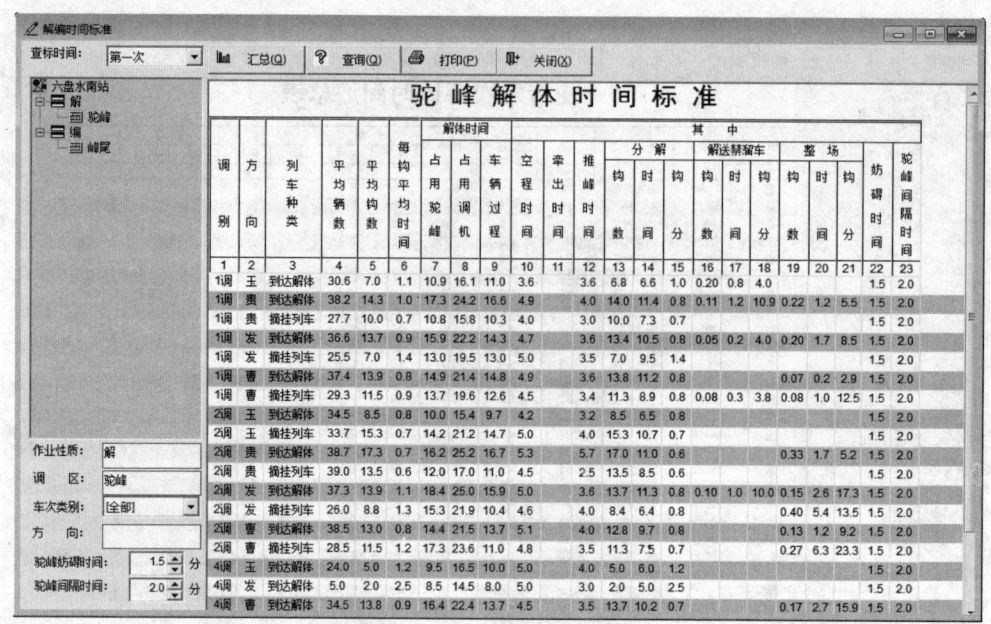

图 11-37 驼峰解体时间标准

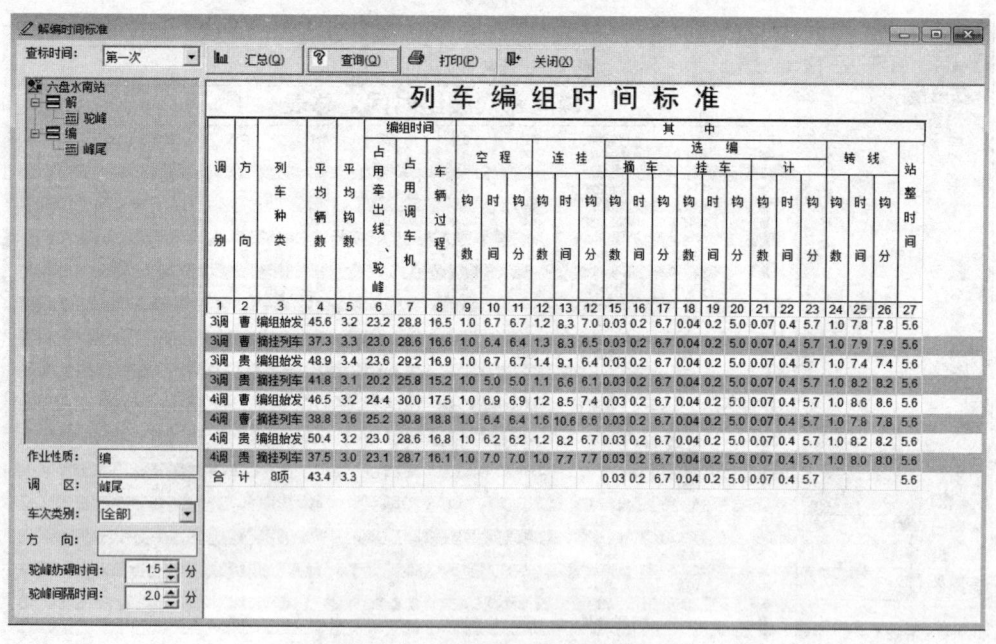

图 11-38 尾部编组时间标准

二、改编能力计算

1. 驼峰解体能力计算

对驼峰进行改编能力计算，选择"驼峰"调区信息，设定各种时间参数后，点击【计算】即可。系统将自动生成解体各个方向各种列车种类的每次占用时间、一昼夜作业次数，然后计算出驼峰解体能力。计算中所需的各种时间参数（可以根据实际情况进行取值）如图 11-39 所示。

— 182 —

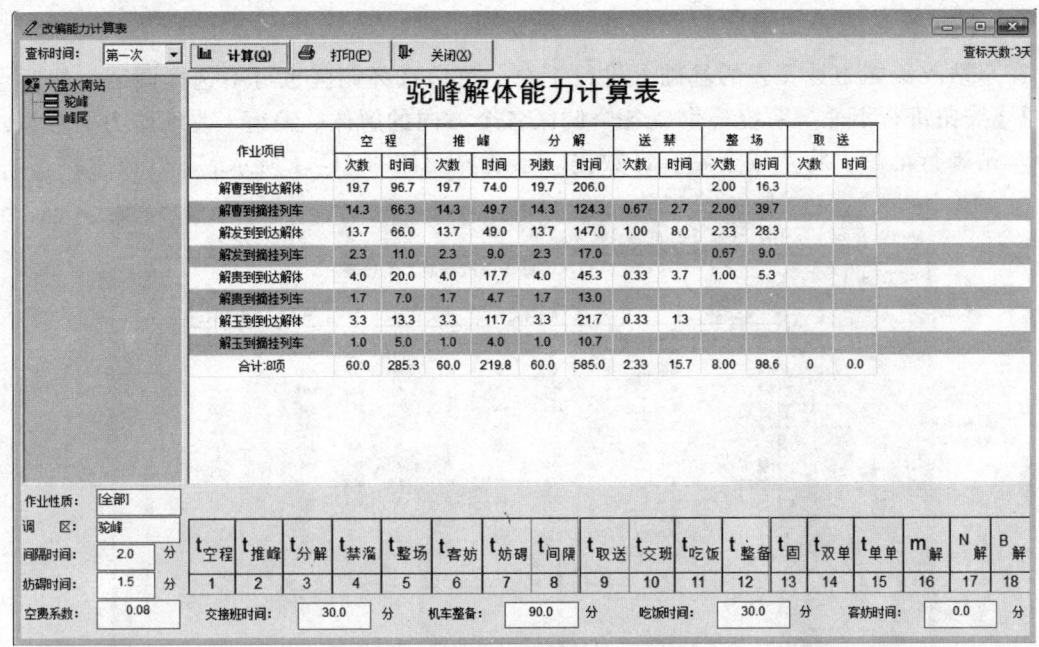

图 11-39 驼峰解体能力计算窗口

2. 峰尾编组能力计算

对峰尾进行改编能力计算，选择"峰尾"调区信息，设定各种时间参数后，点击【计算】即可。系统将自动生成编组各个方向各种列车种类的每次占用时间、一昼夜作业次数、作业总时间、固定作业时间、平均编成辆数、列数、辆数等信息，以及除等待外的其他作业的作业总时间及固定作业时间，从而计算出 K、T、$T_{固}$。系统界面如图 11-40 所示。

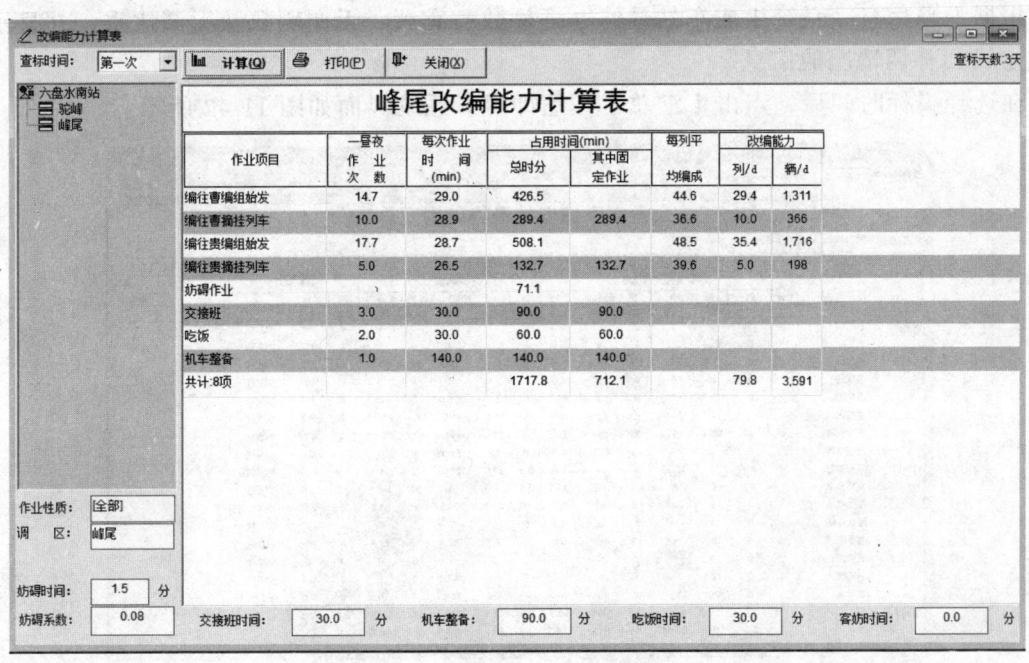

图 11-40 峰尾编组能力计算窗口

3. **车站改编能力汇总**

在车站改编能力计算表的基础上进行汇总。可以选择调区也可不选择调区，然后点击【汇总】按钮进行汇总，系统将生成各个调区各个方向的解体、编组、改编能力的数据。对整个车站进行汇总，将生成全站合计数据。系统界面如图 11-41 所示。

驼峰或牵出线名称	方向	解体能力		编组能力		改编能力		调机类型	调机台数
		列	辆	列	辆	列	辆		
峰尾	曹	0	0	39.4	1,677	39.4	1,677		
	贵	0	0	40.4	1,914	40.4	1,914		
峰尾	小计	0	0	79.8	3,591	79.8	3,591		
驼峰	曹	42.8	1,466	0	0	42.8	1,466		
	发	20.2	690	0	0	20.2	690		
	贵	7.1	246	0	0	7.1	246		
	玉	5.5	185	0	0	5.5	185		
驼峰	小计	75.6	2,587	0	0	75.6	2,587		
全站合计	曹	42.8	1,466	39.4	1,677	82.2	3,143		
	发	20.2	690	0	0	20.2	690		
	贵	7.1	246	40.4	1,914	47.5	2,160		
	玉	5.5	185	0	0	5.5	185		
全站合计	小计	75.6	2,587	79.8	3,591	155.4	6,178		

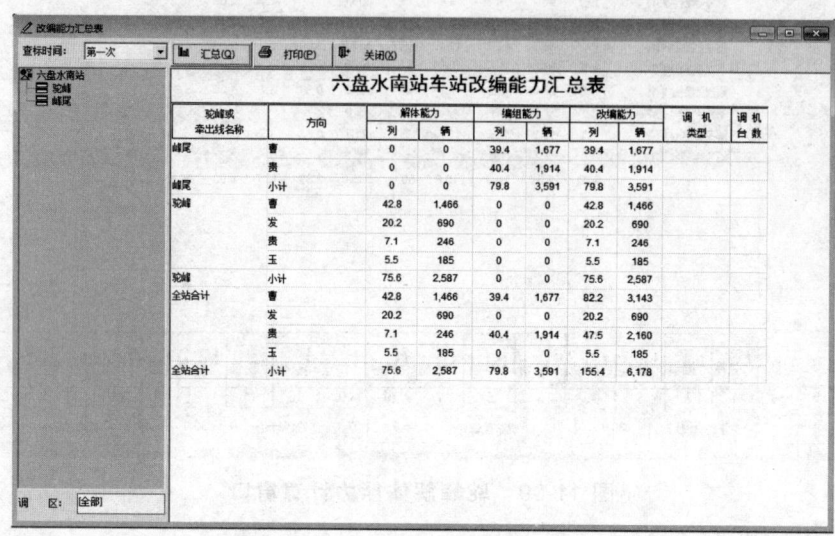

图 11-41　车站改编能力汇总窗口

三、车站最终能力

在通过能力和改编能力的基础上形成车站最终能力。在最终能力中包括：列数信息、辆数信息。对于客车不考虑辆数问题。

根据汇总信息，系统生成车站最终办理辆数、有调、无调辆数及无调比重，并显示考虑机走线、补调情况的信息。

在选择查标时间后，点击【汇总】按钮即可。系统界面如图 11-42 所示。

车场	项目	通过能力（列）															改编能力（列）	
		受限制的咽喉道岔组						到发线					限制能力				驼峰或牵出线	
		号码	客	货（有调）		货（无调）		过路	客	货（有调）		货（无调）		客	货	受何限制		列数
			列数	列数	辆数	列数	辆数	列数	列数	列数	辆数	列数	辆数	列数	列数			
编发场	接贵阳	1	0	0	0	0	0	0.0	0	0	0	0	0	0	0	到发线	峰尾	79.8
	发贵阳		0	45.3	2,287	0	0	0.0	0	21.5	1088.0	0	0	0	21.5	到发线	驼峰	75.6
出发场	发驼峰	8	0	3.4	139	1.1	55	52.7	0	1.4	58.0	0.5	23.0	0	1.9	到发线		
	接驼峰		0	0	0	0	0	0.0	0	0	0	0	0	0	0	到发线		
	发贵阳	3	0	12.7	576	0	0	56.3	0	7.3	326.0	0	0	0	7.3	到发线		
	接贵阳		0	12.7	544	11.1	538	50.7	0	1.4	41.0	6.3	312.0	0	7.7	到发线		
	发曹家湾	8	0	85.1	3,613	13.8	687	0.0	0	35.2	1492.0	5.8	289.0	0	41.0	到发线		
	接曹家湾		0	1.1	55	1.1	58	0.0	0	0.5	23.0	0	0	0	0.5	到发线		
峰前场	接曹家湾	6	3.0	51.0	1,803	0	0	6.3	3.0	51.0	1811.0	0	0	3.0	51.0	到发线		
	发曹家湾		3.0	0	0	2.9	132	43.3	3.0	0	0	3.0	136.0	3.0	3.0	到发线		
	接出发场	5	0	21.1	825	1.3	53	0.7	0	23.7	938.0	1.5	61.0	0	23.1	咽喉		
	发出发场		0	0	0	0	0	0.0	0	0	0	0	0	0	0	到发线		
	接贵阳	15	0	18.3	761	3.2	159	0.0	0	8.6	358.0	1.5	75.0	0	10.1	到发线		
	发贵阳		0	0	0	0	0	0.0	0	0	0	0	0	0	0	到发线		
	接玉舍	8	0	12.1	294	0	0	2.0	0	6.1	147.0	0	0	0	6.1	到发线		
	发玉舍		0	2.0	49	0	0	14.0	0	1.0	24.0	0	0	0	1.0	到发线		
全站合计	接		3.0	116.3	4,282	16.7	808	59.7	3.0	91.3	3318.0	9.3	448.0	3.0	98.5			
	发		3.0	148.5	6,664	17.8	875	166.3	3.0	66.4	2988.0	9.3	448.0	3.0	75.7			

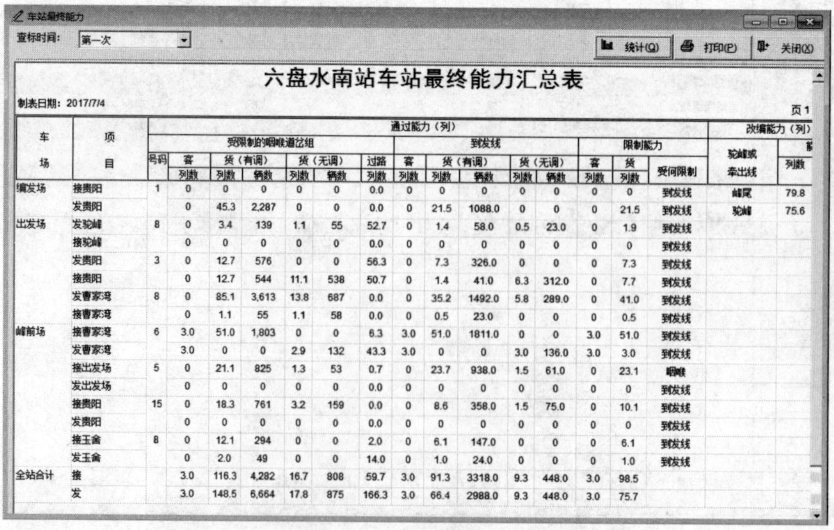

图 11-42　车站最终能力窗口

第三篇　基于多源信息数据获取的技术站能力查定方法

基于计算机联锁系统的能力查定方法，相较于人工写实查标方法取得了很大的进步，节省了人力物力，也提高了能力查定结果的精度，但在数据采集和数据录入方面还是需要人工操作，难免会出现漏记、错记等现象。随着铁路信息化进程的加快，技术站作业的各个方面基本都可实现数据的自动记录，多方位、多渠道采集数据，实现能力查定的自动化，是未来的发展趋势，很多专家学者及铁路现场的技术人员对此进行过研究，本篇着重介绍一些我国近几年在技术站能力查定自动化方面取得的研究成果。

第十二章　多元数据获取技术

经过几十年的发展，我国铁路信息化建设取得了很大的成就，铁路信息系统从无到有、从小到大、从单机版本到多层次的网络应用，全路拥有大、中、小型计算机近2000台，微型计算机近万台，建立了覆盖中国铁路总公司、铁路局和主要站段的计算机网络及传输网、交换网、数据通信网三大通信基础网，并先后开发了以列车调度指挥系统、铁路运输管理信息系统、客票发售与预定系统为代表的一大批应用信息系统，铁路车、机、工、电、辆等业务部门的各种管理信息系统产生了大量的基础信息数据，这些数据为能力查定自动化的实现奠定了基础。

第一节　车站能力查定数据源获取

车站作业主要包括各种列车的到达、解体、编组、出发等，各项作业时间可以通过列车占用各项设备的时间获得。通过对铁路各项信息系统功能分析，可知信号微机监测系统是用来监测并记录信号设备的运行状态，因此通过分析信号微机监测系统所记录的数据可以获得各项设备被占用的状况，进而推算出各项作业的时间标准。

1. 信号微机监测系统

信号微机监测系统是保证行车安全、加强信号设备结合部管理、监测铁路信号设备运用质量的重要行车设备。信号微机监测系统是利用现代最新技术，如传感器、现场总线、计算机网络通信、数据库及软件工程等技术，监测并记录信号设备的主要运行状态，为电务部门掌握设备的运用质量和故障分析提供科学依据。同时，还具有数据逻辑判断功能，当信号设备的工作情况偏离预定界限或出现异常时及时报警，避免因设备故障或违章操作影响列车的安全、正点运行。

信号微机监测系统应用计算机和信息采集机实时监测各种信号设备。监测对象的类型大体上可分为模拟量和开关量。模拟量包括电源屏电压、轨道电路电压、道岔动作电流、电缆绝缘电阻和电源对地漏泄电流等。开关量包括关键继电器状态、控制台按钮与表示灯状态、熔丝状态、灯丝状态和道岔表示缺口状态等。

2. 电务微机监测系统

电务微机监测系统由车站系统、车间机、电务段管理系统、上层网络终端（包括路局、中国铁路总公司监测终端），以及广域网数据传输系统组成。其中车站系统是信号微机监测系统的最基本单元，负责数据的采集、分类和处理。车站系统主要包括站机和采集机两部分。站机实现集中管理，采集机实现集中管理下的分散采集信息，系统结构如图12-1所示。

（1）站机。

站机一般由工控机、显示器、键盘、鼠标、电源、打印机等设备组成。站机作为一个车站的集中管理设备，集中处理各采集机采集的实时信息，并进行显示和存储，同时又为操作人员提供人机界面。根据对信号设备监测的结果，人机界面实现车站作业状态及设备运用状态的实时显示和各种数据的查询功能。站机将本站监测信息传送到服务器，为实现远程监测和管理提供基础。

站机系统应用软件是一个多任务系统，其功能是从采集机中取得数据，同时完成本站数据的处

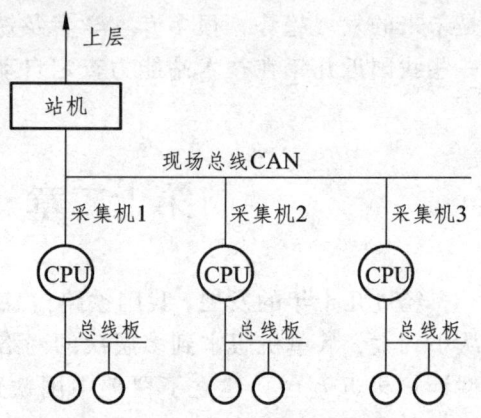

图12-1 车站系统结构

理、存储和统计，并有站场显示和操作界面查看所有采集数据。站机软件按功能可划分为两个部分：测试部分和监视部分。其中监视部分主要包括对电务、车务、电力、工务的各种数据进行事后查询和报警查询功能、系统管理功能等。

（2）采集机。

采集机是用于采集各种信号设备的模拟量或开关量数据，并对这些数据进行预处理，再向站机传送这些数据。采集机按功能可分为综合、道岔、轨道、开关量、区间采集机和其他专用采集机。不同的采集机所具有的功能也不同，其中开关量采集机主要是采集各种开关量的信息。

3. 车站系统的开关量采集功能

车站系统主要功能包括开关量监测、轨道电路监测、道岔监测、电源屏及电缆绝缘监测、熔丝断丝监测和区间信号监测等。其中开关量监测所记录的开关量变化历史记录可以反映出各种开关量当时的使用情况，间接反映出车站各项设备的利用状况。

（1）开关量监测的对象。

开关量监测是通过开关量采集机完成的，主要监测对象包括控制台、人工解锁按钮盘的操作状况（包括进路操作按钮、铅封按钮和道岔单操按钮，以及各种按钮按下时间、闭合时间和按下次数）；控制台上进路、闭塞主要设备以及行车运行等表示信息。

（2）开关量监测的原理。

行车作业实时记录的开关量信息采集，一般是从控制台表示灯取样（表示灯分为道岔

定、反位表示灯，信号复示器，光带表示灯等），经整流、滤波、光电隔离后输入至 CPU。

按钮接点、继电器接点的采集。对按钮监测，优先采样按钮继电器的空接点，若无空接点，则采集对应的按钮表示灯。

通过以上对信号微机监测系统的车站系统结构和功能分析，可以知道微机监测系统是通过车站系统的开关量采集机采集车站各项信号设备的开关量数据，进行预处理后传送给站机，经过站机处理、存储和统计形成开关量变化历史记录，具体生成流程如图 12-2 所示。

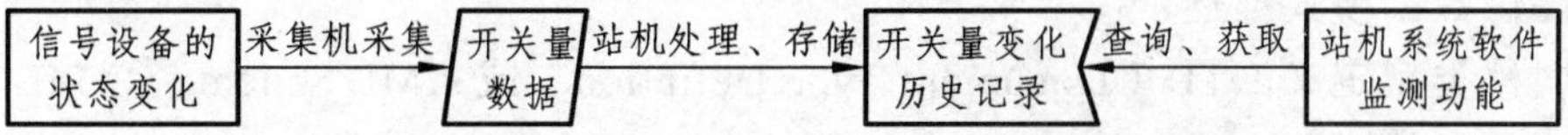

信号设备的状态变化 → 采集机采集 → 开关量数据 → 站机处理、存储 → 开关量变化历史记录 → 查询、获取 → 站机系统软件监测功能

图 12-2　开关量变化历史记录生成与查询流程

开关量变化历史记录可以通过站机系统软件监视功能中的电务数据查询获取到，其清晰地记录和显示了各项信号设备开关量的变化顺序和状态，这为了解和分析各项设备在当时的使用情况提供了准确的依据，即为实现车站能力查定自动化提供了数据来源。

第二节　基于 XML 的多源数据处理

铁路信息化设备种类越来越多，它们所采集和记录的数据存储分散、种类各异、格式繁多，包括 Oracle、Sysbase、SQL Server、Access 等关系型数据库文件和 GEO 文件以及 TXT 文件，而且数据量庞大，就需要尽可能地减少手工操作，将不同系统、不同存储格式的数据批量转换到统一的数据库中。目前，我国铁路车站的各类信息系统运行大多是独立的，TMIS 下的各子系统——铁路列车确报系统、综合调度管理信息系统、货运营销及技术计划管理系统、车号自动识别信息系统，它们之间并没有统一的接口，这就形成了数据的多源性。其具体的体现就是各类数据使用多种数据格式记录和存储。因此，能力查定自动化的关键技术之一是对多源数据的处理。

一、XML 及数据转换分析

XML 为 eXtensible Markup Language 的简称，即可扩展标记语言。XML 的出现就是为了要应用于各个不同的层面，可根据应用领域的不同，而以不同的方式来描述文件。简单地说，对 XML 是以一种简单、标准、并可扩充的方式，将各种信息如文本、表格，甚至图形等以原始数据（Raw Data）的方式储存，但在储存的过程中，加入一些可供识别的标记（Tags），而凭借这些可供识别的标记，在网络上的服务器（Server）或客户端设备（Client Device）可将信息内容作进一步的处理，从而得到所需的信息。SGML（Standard Generalized Markup Language，标准通用标记语言）由于其规范实在过于严谨以及本身具有高度的复杂性，因此根据 SGML 所衍生制定出的 HTML 便大行其道，在网络上扮演着主流的角色，但却也同样失去了数据内容的灵活性（Fleibility）与可重用性（Reusability）；也正因为如此，XML 才诞生。XML 并非是原创的语言，它与 HTML 一样都是根据 SGML 的标准所衍生制定出来的，融合了 SGML 的数据兼容性与 HTML 的简单标记法，使得它能够提供一套简单易懂又有效的程序语法。

XML 作为一个中间媒介，具有实现异构数据库数据转换的可行性，主要表现在以下三个方面：

（1）数据结构。

XML 是以文本形式来描述数据结构的一种文件格式。它的标签没有固定的含义，数据内容与表现是完全分离的。XML 的数据结构是用户自定义的，具有较强的扩展性。因而无论是简单还是复杂的数据都可以通过 XML 的自定义数据结构来表示。

（2）提供数据模式描述。

采用文档类型定义 DTD（Document Type Defintion）或 XML Schema（XML 规范）描述数据的逻辑结构。

（3）提供应用逻辑接口。

XML 采用 SAX（Simple API for XML）和 DOM（Document Object Model）定义应用程序接口，使应用程序能够访问和更新 XML 文档的样式、结构和内容。XML 在数据描述方面所具有的通用、开放、可扩展性、自描述、跨平台以及提供多种语言支持等优点，为以 XML 作为中间媒介实现异构数据库转换提供了可能。

XML 技术作为数据交换的标准，已经逐渐应用于异构数据库的数据交换。以 XML 为公共数据模型转换异构关系数据库可为当前车站各类信息系统数据的集成转换提供便利，其基本思路是格式转换，即把原格式数据经过数据转换程序转换成目标格式的文件并保存下来，并将目标格式的数据作为系统使用的直接数据源。

二、基于 XML 的数据转换

1. XML 数据转换原理

目前，XML 技术已经逐渐开始应用于异构数据库的数据交换，并且已成为事实上的数据交换标准，以 XML 为公共数据模型转换异构数据库也为关系数据库与其他数据模型的集成转换提供了便利。图 12-3 为基于 XML 的异构数据库转换示意图。

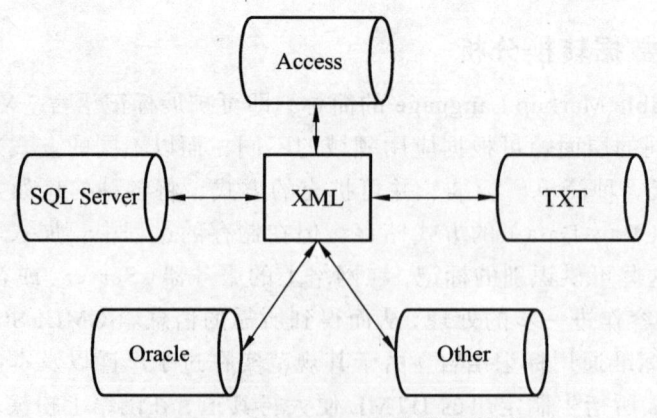

图 12-3 基于 XML 异构数据转换

2. 数据格式转换

（1）原数据格式。

从信号微机监测系统获取的开关量变化历史记录数据文件格式为 txt 文本格式；从列

车运行监控记录装置获取的数据原存储格式为 SQLServer 文件格式。

（2）数据结构。

信号微机监测系统数据结构如表 12-1 所示。

表 12-1　信号微机监测系统数据结构

字段名称	类　型	说　明
change ID	Integer	变化序号
ADID	Integer	AD 序号
Name	String	名称
State	String	状态
Time	Datetime	变化时间

列车运行监控记录装置数据结构如表 12-2 所示。

表 12-2　列车运行监控记录装置数据结构

字段名称	类　型	说　明
record Date	Date	日　期
train ID	Integer	列车车次
file ID	Integer	列车编号
seria Num	Integer	同一车次列车序列号
Iocomtive Name	String	机车类型名称
last Station	String	前方车站名称
this Station	String	本站名称
up or Down	String	上行或下行
stop Time	Datetime	停站时刻
start Time	Datetime	出发时刻
dwell Time	Integer	在站停留时分
move time	Integer	区间运行时分
move Time Type	String	列车到发类型
in Station Type	String	列车经由本站类型
train Type	String	列车类型（单机、普列或万吨）
train Length	Integer	列车长度（牵引车辆数）

将数据的处理分为数据提取与数据表现两步：第一步将数据库查询结果集直接映射为一个 XML 文档（或者是 XML 文档的数据流）；第二步根据数据交换的接口格式将上一步产生的 XML 文档转换为用于交换的 XML 文档。具体操作过程如图 12-4 所示。

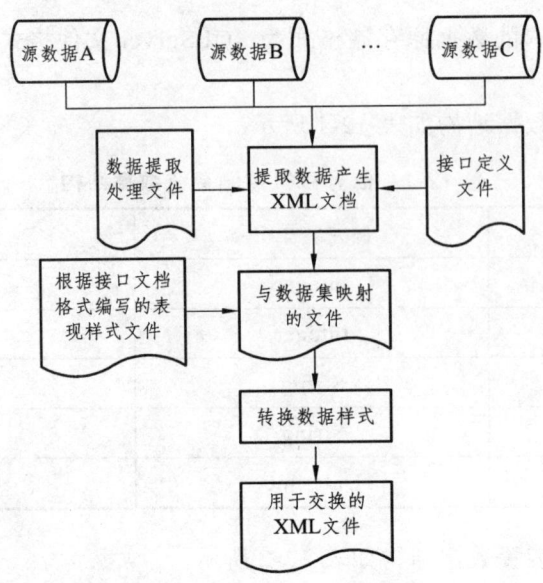

图 12-4 基于 XML 的多元数据处理模型

第三节 信号微机监测系统数据

信号微机系统是用来监测车站各项技术设备（包括道岔、信号机、无岔区段、灯或按钮等）的运行状态的变化，并以开关量的形式进行记录。从信号微机监测系统获取到对查定车站相关时间标准有用的数据主要有 Appname 软件、车站站场图（CONDLL.INI）和记录各项设备状态变化的开关量变化记录数据。

通过运行 Appname 软件，选择菜单【文件】→【打开】，打开车站站场图 CONDLL.INI；选中要查看的道岔或无岔区段，点击开关量编辑，即可查看对应的红光带和白光带开关量。其中红光带是指设备处于被占用状态（有列车压上该设备所处位置的轨道电路），白光带是指由于作业进路已开通而使该设备处于占用状态但并没有列车压上该设备所处置的轨道电路。在此以大红城车站为例进行说明，查看 3 股道对应的红光带和白光带开关量，具体操作如图 12-5 所示。

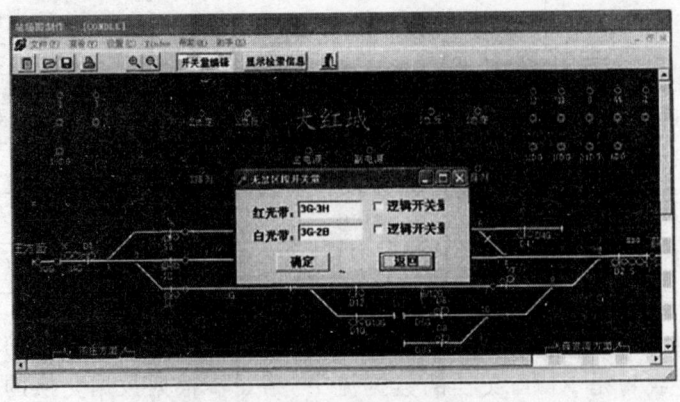

图 12-5 查看开关量

通过以上操作可以得到大红城车站所有道岔和无岔区段对应的红和白开关量，如表12-3所示。

表 12-3 大红城车站道岔开关量信息列表

车站名称	道岔名称	正位名	反位名	红光带名	白光带名
大红城	1	I-L	I-U	1-QH	1-QB
大红城	2	3-L	3-U	1-DH	1-DB
大红城	3	4/6-L	4/6-U	6-QH	6-QB
大红城	4	4/6-L	4/6-U	2-FH	2-FB
大红城	5	12-L	12-U	12-QH	12-QB
大红城	6	10-L	1-U	10-QH	10-QB
大红城	7	8-L	8-U	2-DH	2-D0B
大红城	8	2-L	2-U	2-QH	2-QB

开光量变化历史记录数据是记录车站各项设备开光量变化的历史记录，主要包括变化序号、AD序号、开光量名称、开光量状态、开光量变化时刻5项，如图12-6所示。

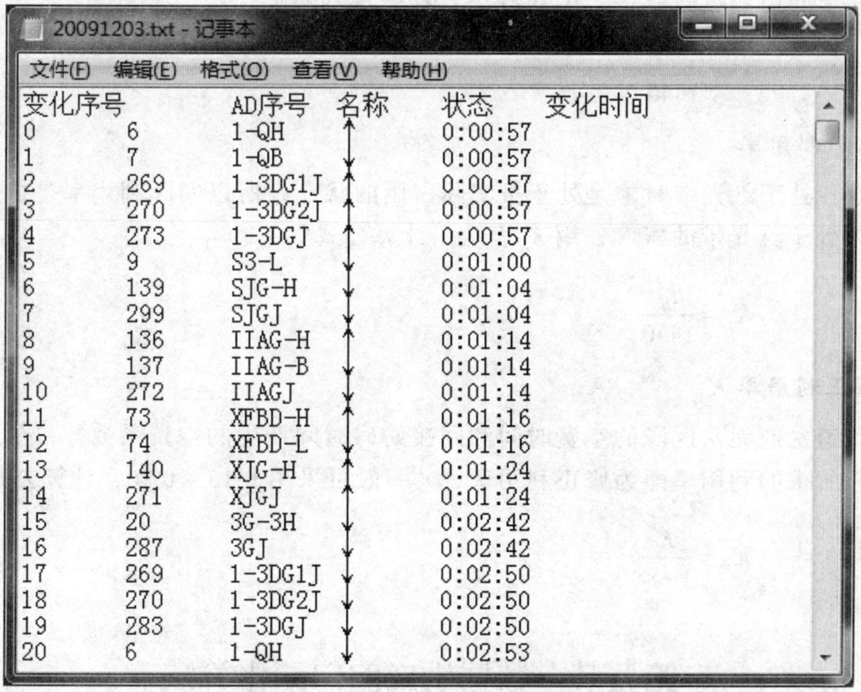

20091203.txt - 记事本

文件(F) 编辑(E) 格式(O) 查看(V) 帮助(H)

变化序号	AD序号	名称	状态	变化时间
0	6	1-QH	↑	0:00:57
1	7	1-QB	↓	0:00:57
2	269	1-3DG1J	↑	0:00:57
3	270	1-3DG2J	↑	0:00:57
4	273	1-3DGJ	↑	0:00:57
5	9	S3-L	↓	0:01:00
6	139	SJG-H	↓	0:01:04
7	299	SJGJ	↓	0:01:04
8	136	IIAG-H	↑	0:01:14
9	137	IIAG-B	↓	0:01:14
10	272	IIAGJ	↓	0:01:14
11	73	XFBD-H	↑	0:01:16
12	74	XFBD-L	↓	0:01:16
13	140	XJG-H	↑	0:01:24
14	271	XJGJ	↑	0:01:24
15	20	3G-3H	↓	0:02:42
16	287	3GJ	↓	0:02:42
17	269	1-3DG1J	↓	0:02:50
18	270	1-3DG2J	↓	0:02:50
19	283	1-3DGJ	↓	0:02:50
20	6	1-QH	↓	0:02:53

图 12-6 开关量变化历史记录图

通过上述利用Appname软件打开车站站场图可得车站道岔、无岔区段对应的红光带和白光带开关量，再结合开光量变化历史记录，就可以得到道岔、无岔区段处于不同状态的时间，即得到道岔、无岔区段的利用状况。

第四节　车站相关时间标准指标选取

通过对信号微机监测系统开关量变化历史记录数据的分析，能够获得道岔、无岔区段的红光带和白光带的开关量及各自处于红光带和白光带状态的变化情况。在此基础上，需建立一系列车站相关时间标准自动化查定的指标函数。

1. 红光带时间

红光带时间是指在一天内道岔或无岔区段被占用处于红光带状态的总时间 s，用 t_h 表示。

2. 白光带时间

白光带时间是指道岔或无岔区段一天处于白光带状态的总时间 s，用 t_b 表示。

3. 占用次数

由于设备处于红光带时才是被实际占用的状态，故占用次数是指一天内道岔或无岔区段处于红光带状态的总次数，用 n 表示。

4. 全部利用率

设备处于红光带或白光带都是被占用的状态，故全部利用率是指一天内道岔或无岔区段处于红光带和白光带的概率，用 K 表示，计算公式如下：

$$K = \frac{t_h + t_b}{1440} \tag{12-1}$$

5. 实际利用率

由于设备处于红光带时才是处于被实际占用的状态，所以实际利用率是指道岔或无岔区段一天内处于红光带的概率，用 K_s 表示，计算公式如下：

$$K_s = \frac{t_h}{1440} \tag{12-2}$$

6. 修正利用率 K_x

考虑到道岔或无岔区段的空费时间和间接妨碍时间产生的空费系数 r_k，全部利用率 K 应扣除 r_k，所求的利用率即为修正利用率，r_k 一般可采用 0.15~0.20，计算公式如下：

$$K_x = \frac{K}{1 - r_k} \tag{12-3}$$

第五节　数据生成的自动化算法

通过对选取的车站相关时间标准指标进行分析，可知其中最主要的两个指标是红光带时间和白光带时间，因为其他指标都可以通过这两个指标求得。要实现这两个指标的自动化获取需要编制计算机算法。

车站作业标准时间包括：接发列车时间、调车时间、列检时间、解体时间、编组时间、到发线能力利用率、咽喉能力利用率等。为避免因数据量过大而产生计算时间过长的现象，算法在实现上采取了多线程并行模式，具体操作是将对各作业时间分别设计相应算法，留好接口，便于算法在不同操作系统机器上并时计算。以下介绍车站轨道区段利用率计算的实现方法。算法输入为车站集合 Sta，某车站的轨道区段集合 $Block = \bigcup_{n \in Sta} block_n$，样本日期集合 Data。算法输出为所有轨道区段的利用率 $\Delta = \{\mu_n^m \mid n \in Sta, m \in Data\}$，算法的时间复杂度为 $2m^2n$。其中统计计算某轨道区段白/红光带时长的算法模块如下：

STEP 1　读取开关量流水日志文件，判断轨道区段的白/红光带开关量的状态。如状态为升起，则进入 STEP2，如果状态为落下，进入 STEP3；

STEP 2　如果上一次的开关量为落下状态，则记录下本次状态时间点，否则视本次记录为异常数据，作舍弃处理，进入 STEP 4；

STEP 3　如果上一次的开关量为升起状态，则记录下本次状态时间点，并累计白/红光带延续时间，否则视本次记录为异常数据，并将上一次的开光量状态设为升起，进入 STEP 4；

STEP 4　根据本次开关量的状态更新上次开关量的状态；

STEP 5　如果到达开关量流水日志文件尾部，则退出，否则回到 STEP 1。

第十三章 自动化查标系统的设计与实现

传统的铁路作业时间标准的查定是采用人工查标写实方式或半自动化查标方式,由于过程比较复杂,记录的数据量比较大,所以要耗费大量的人力物力,而且在后续的数据处理汇总阶段,由于处理的数据多,如果采用人工处理,其效率和准确率也得不到保证。针对这一问题,基于多源数据信息设计自动化查标系统,实现相关时间标准查定、数据处理、数据分析的自动化,对于提高相关时间标准查定的效率和结果的准确性具有重要意义。

第一节 系统功能

系统的功能主要包括:查定相关时间标准数据的获取、数据的处理、数据分析、能力利用率计算。

1. 数据获取

该系统从铁路信息化设备电务信号微机监测系统、列车运行监控—记录装置等提供的历史记录数据中,挖掘提取出对车站相关时间标准和区间相关时间标准查定有用的数据,实现时间标准查定原始数据的自动化获取。

2. 数据处理

在数据实现自动化获取的基础上,对数据进行分类汇总,计算出道岔与无岔区段处于不同状态的时间(如红光带时间、白光带时间、占用总时间等),被占用的次数等;对于区间列车运行时分数据要按列车在区间的不同运行方向、列车到发的不同类型、不同的机车类型、不同的列车牵引质量、不同的列车经由类型等进行分类汇总,计算出不同类型列车区间运行时分的多个统计量。

3. 数据分析

系统用多种统计图表的形式对车站道岔和无岔区段的利用状况进行分析;对于列车区间运行时分,系统进一步计算出列车区间运行时分的多个统计量,并生成区间运行时分分布图和频率分布统计图来实现更加细致准确的分析。

4. 能力利用率计算

根据建立的相关时间标准指标体系,计算出道岔和无岔区段处于红光带和白光带的时间,以及道岔与无岔区段的各种利用率。

数据流程图是一种用来表达系统内部数据流动过程的图形,其主要功能是表达出系统中数据流动过程、系统进行转换的地方和数据存储的地方。根据上面对系统功能分析,可以得出该系统的数据流程如图13-1所示。

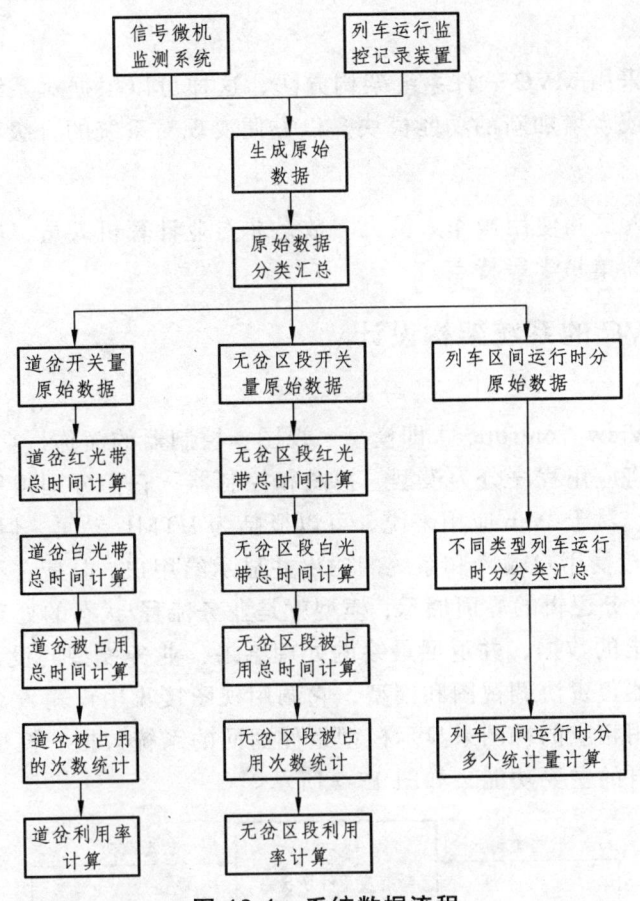

图 13-1 系统数据流程

第二节 系统设计

采用 MVC（Model、View、Controller）软件系统构建方法对系统进行了需求分析、功能设计、模块组件划分、流程设计，保证系统的易维护性和可扩展性。

一、系统设计原则

为了使该系统能够很好地适应铁路发展的需要并得到广泛的应用，系统在设计上应遵循通用性、先进性、可扩展性、简洁性等原则。

1. 通用性

系统要具有好的通用性，能够根据不同车站的不同的技术设备状况和不同的运输作业组织方式等进行车站信息的初始化设置，达到满足不同车站应用的需要。

2. 先进性

系统在开发平台选择上采用当前最常用的开发工具，在数据库设计上也采用最为常用的 C/S 模式关系数据库，同时，在相关时间标准查定数据获取、数据分析等方面相比传统的方法有了一定改进，具有先进性。

3. 可扩展性

系统在设计上采用 MVC 软件系统架构方法,这样可以根据对系统功能需求的不断变化,修改某个模块或者增加新的功能模块,以方便实现对系统的升级和维护。

4. 简洁性

由于系统设计人员和使用操作人员大多数是非专业计算机人员,所以系统在设计上应该具有层次分明、简单易学等特点。

二、基于 MVC 的系统架构设计

1. MVC 模式

MVC(Model-View-Controller)即模型、视图、控制器的简称,它把应用程序的输入、处理和输出分开,将应用程序分为模型、视图和控制器,它们分别担负不同的任务。视图代表用户交互界面,对于 Web 应用来说,可以概括为 HTML 界面,但有可能为 XHTML、XML 和 Applet。它接受用户输入和系统的输出并显示给用户,但是它不进行任何的实际业务处理,只关心对业务逻辑的界面展示;模型就是业务流程/状态的处理以及业务规则的制定,它接受视图请求的数据,并返回最终的处理结果,业务模型的设计可以说是 MVC 最主要的核心;控制器负责协调视图和模型,它调用视图接收用户输入,然后调用模型去处理用户需求,并调用相应的视图来显示模型组件返回的系统数据。模型、视图、控制器三者之间的关系和各自的主要功能,如图 13-2 所示。

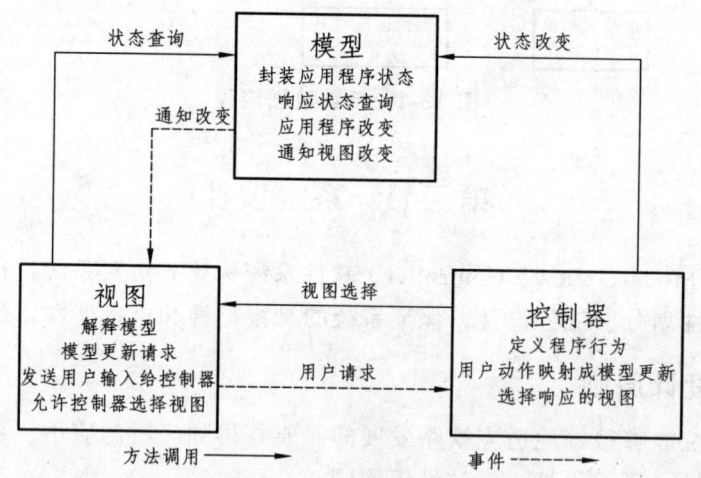

图 13-2 MVC 模型关系图

2. MVC 系统架构设计

典型的 MVC 三层架构开发模式,当用户发出请求时,Servlet 扮演控制器的角色,通过 JSP 传来用户请求,调用及实例化 JavaBean,再通过 JSP 传到用户端。在此系统中,用户访问的用户界面(视图层)通过 JSP 实现;在控制层通过 Servlet 实现页面的重定向,不同的用户请求跳转到不同地方;在模型层,实现了对数据库表的封装,数据库中每一张表都对应一个 JavaBean 和一个与该 JavaBean 相关的 java 类以实现相关的业务逻辑。系统架构设计如图 13-3 所示。

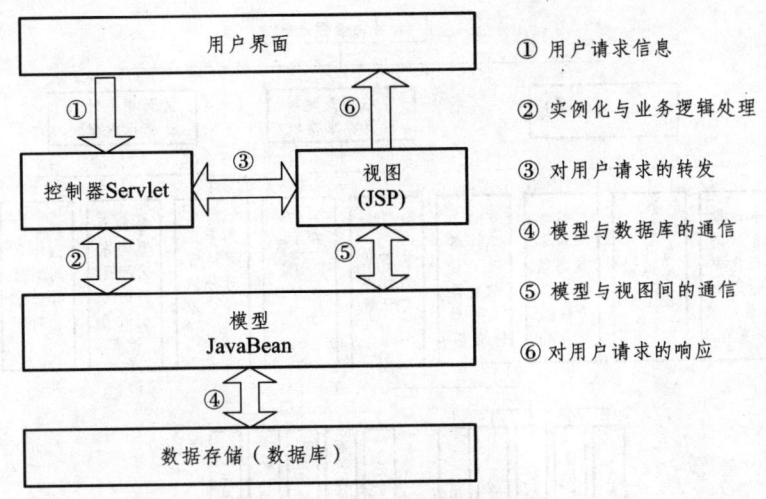

图 13-3　MVC 系统架构图

3．系统总体架构设计

该系统的总体架构分为 3 个层次：最下层为数据获取层，实现相关时间标准查定的原始数据从信息化设备中自动获得，取代了人工写实；中间层为数据处理层，该层在数据获取层的基础上，对数据进行分类汇总，计算得出各项作业的时间标准，各项设备的利用率等；最上层为数据分析层，该层又在数据处理层的基础上采用数据和图表相结合的方式实现对道岔、无岔区段被占用时间、利用率以及列车区间运行时分进行分析，如图 13-4 所示。

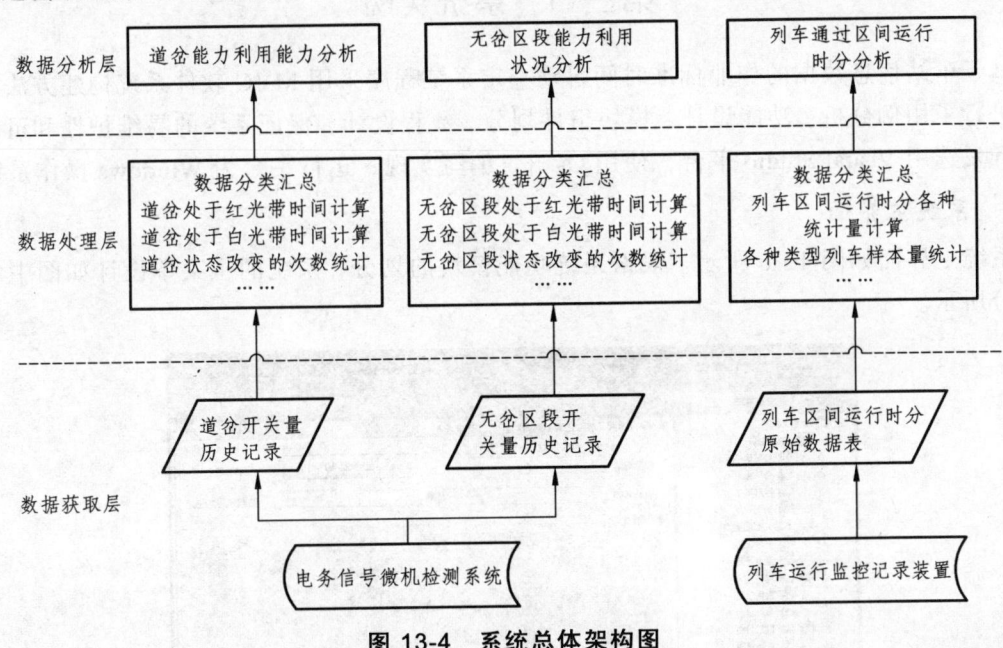

图 13-4　系统总体架构图

三、系统功能模块划分

系统功能模块主要有系统初始化模块、车站相关时间标准计算模块和区间相关时间标准计算模块。系统功能模块框图可用图 13-5 表示。

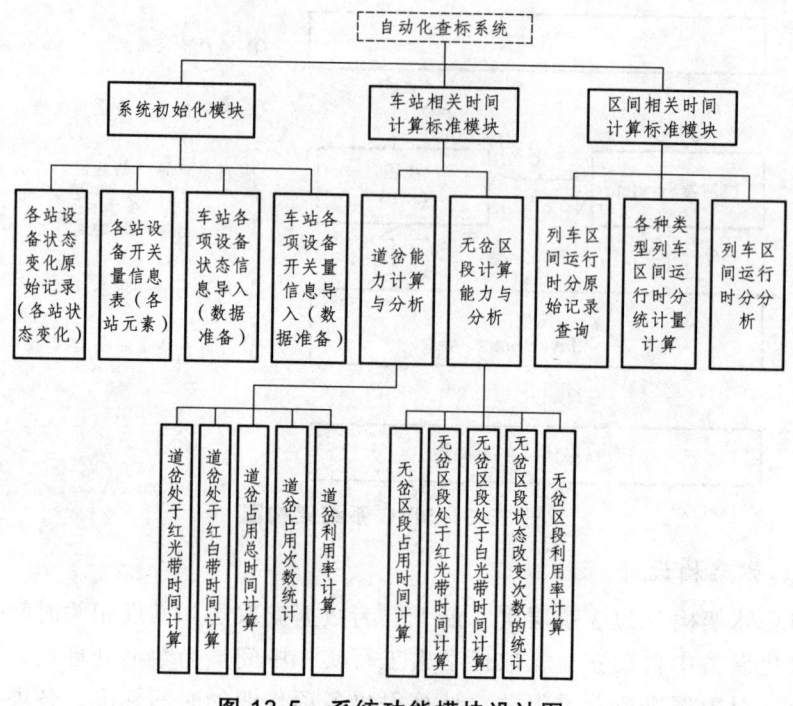

图 13-5　系统功能模块设计图

第三节　系统实现

基于车站信息数据的作业标准时间自动查定系统程序采用 MVC 软件系统构建方法，对系统进行了用例分析、功能设计、模块组件划分、流程设计，保证系统的易维护性和可扩展性。开发选用 Visual Studio 平台，使用 C#语言编写实现，运行平台为 Windows 操作系统。

1. **系统主界面**

系统主界面如图 13-6 所示。根据系统功能模块的划分，系统的主菜单设计如图中的左半部分所示。

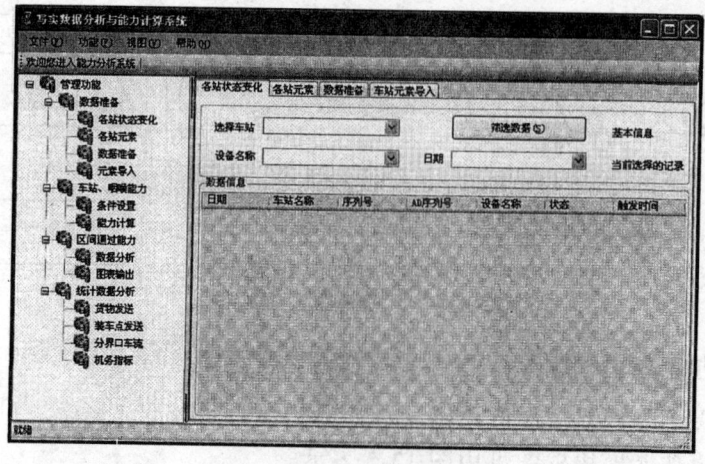

图 13-6　系统主界面

2. 车站相关时间标准计算模块实现

该模块主要是实现对车站无岔区段被占用时间、被占用次数、能力利用率等进行统计、计算和分析的。其界面设计如图 13-7 所示，在左下区域"车站选择"一栏里进行车站选择，车站一旦被选定，该车站的站场图会在上方区域里显示出来，方便用户对车站站场布局进行了解。"无岔区段名称列表"一栏里显示车站的所有无岔区段的名称，"需要计算的区段"一栏显示的是需要计算能力利用状况的无岔区段的名称。在选定车站和无岔区段后，最下面的"无岔区段明细"一栏里就会显示出所选定的无岔区段的能力利用状况信息，包括"车站名""轨道名称""总时间""白光带时间""红光带时间""占用次数""日期"。

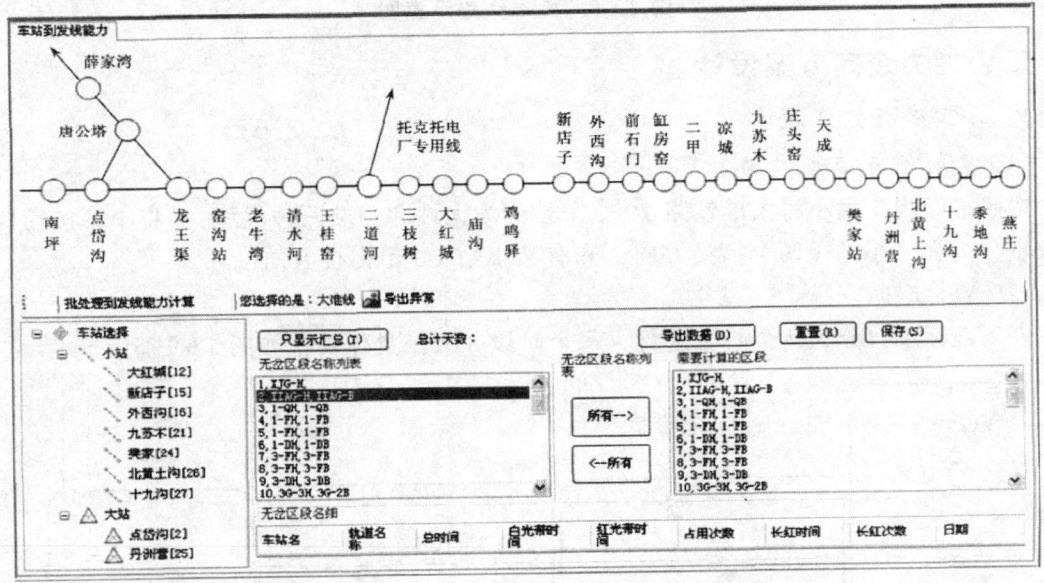

图 13-7　标准时间生成界面

第四节　实例分析

一、大准铁路概况

大准铁路（大同—准格尔）地处鄂尔多斯高原，东与太原铁路局大同东站接轨，西至内蒙古鄂尔多斯市准格尔旗薛家湾站，为单线半自动闭塞电气化铁路，干线全长 264 km，有 29 个车站（9 个车站可以会让万吨列车），6 座牵引变电所（外西沟牵引变电所容量为 28.5 MV·A，其他均为 25 MV·A），限制坡度上行 4‰、下行 9‰，最小曲线半径 400 m，牵引动力为 SS_{4B} 为主。大准铁路货源主要以点岱沟方向和准东方向为主（另外还有 5 个装车站）。大准线薛家湾站与准东铁路（准格尔—东胜）接轨，燕庄站是大同口交接站，丹洲营站有通向京包线缝针站的联络线，二道河站为托克托电厂专用线接轨站，九苏木站为岱海电厂运煤专用线接轨站，唐公塔站为神华国华电厂、准能电厂接轨站，如图 13-8 所示。

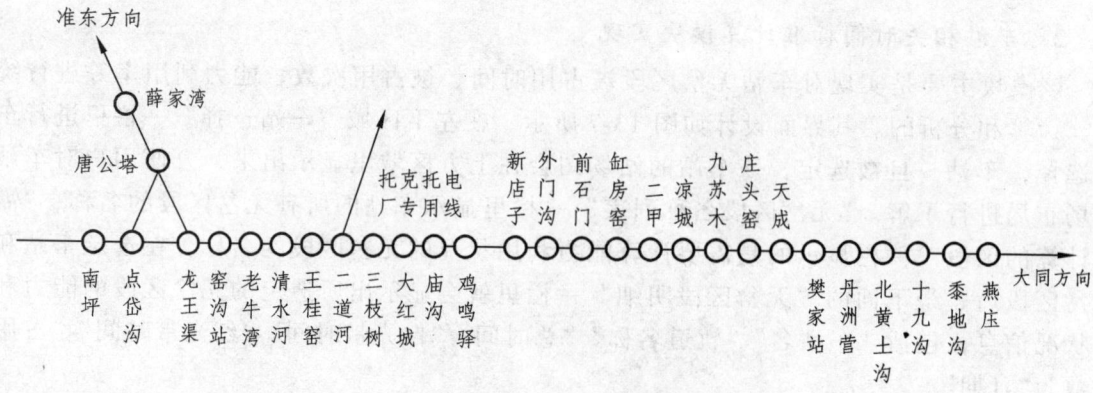

图 13-8　大准铁路示意图

二、能力查定方案设计

1. 人工查标方案设计

（1）查标任务安排。

按照车站规模大小将大准铁路 29 个车站分为大站和小站两种类型，又将小站按衔接方向数量分为无叉小站（两个衔接方向）和有叉小站（3 个衔接方向）。

（2）查标时间安排。

人工查标工作分为 4 个阶段进行，每个阶段 3 天。具体安排如图 13-9 所示。

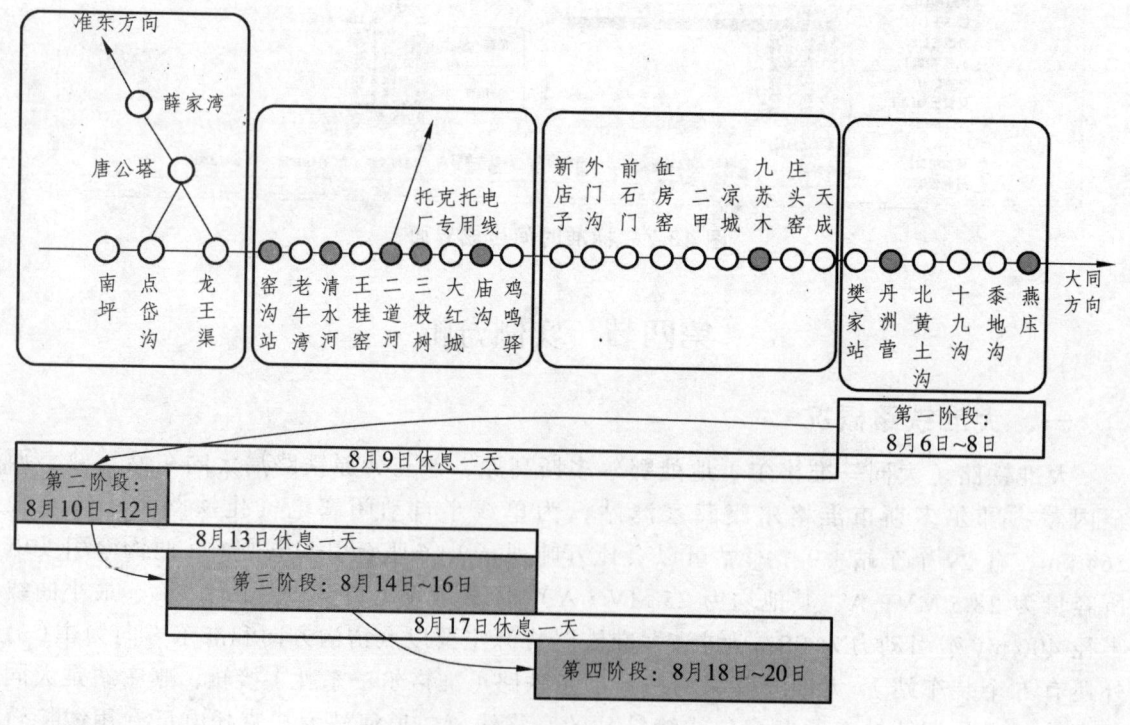

图 13-9　人工查标写实组织实施图

（3）查标表格设计。

为了便于查标人员的记录和保持查标记录的一致性以便于后续数据分析与处理，根据查标工作所查定各项作业的作业流程,设计了各项作业作业时间标准查定的写实表,主要包括以下4种。

表 13-1　大站咽喉道岔占用写实表

作业项目	经由		占用过程			经由关键道岔号	备注
	由	往	准备进路	开始占用	道岔解锁		
①	②	③	④	⑤	⑥	⑦	⑧

表 13-2　大站到发线占用写实表

作业项目	占用股道	占用过程				列车类别				备注
		准备进路	开始占用	列车停妥	线路腾空	直通货车	到达货车	始发货车	货机	
①	②	③	④	⑤	⑥	⑦				⑧

表 13-3　无叉小站到发线占用写实表

车次	占用股道	接车占用过程				列车占用过程				列车种类			是否通过列车	备注
		准备进路	开始占用	道岔解锁	列车停妥	准备进路	开始占用	线路腾空	道岔解锁	万吨	普列	单机		
①	②	③	④	⑤	⑥	⑦	⑧	⑨	⑩	⑪			⑫	⑬

表 13-4　有叉小站到发线占用写实表

车次	经由		占用股道	接车占用过程				发车占用过程				列车种类			是否通过列车	备注
	由	往		准备进路	开始占用	道岔解锁	列车停妥	准备进路	开始占用	线路腾空	道岔解锁	万吨	普列	单机		
①	②	③	④	⑤	⑥	⑦	⑧	⑨	⑩	⑪	⑫	⑬			⑭	⑮

(4)查标数据整理、分析、计算。

查标工作完成后,将写实表格按照不同的车站和不同的类型进行分类整理、汇总,得出各项技术作业的时间标准,然后利用车站通过能力利用率计算法计算出各车站咽喉道岔、到发线的利用率及通过能力。

2. 自动化查标的方案设计

自动化查标主要包括数据获取、数据处理与分析两个阶段。

(1)数据获取。

随着大准铁路电务信号微机监测系统的陆续改造,获得了自2010年1月起大准铁路电务信号微机监测系统记录的车站设备状态开关量数据,截止到 2010 年 3 月 22 日,共获得 22 个车站的数据,记录数据最长的车站有近 125 天的数据,记录数据最短的车站也有 14 天的数据,实现了自动化查标原始数据的获取。

(2)数据处理与分析。

在数据获取的基础上,利用自动化查标方法和自动化查标系统对数据进行处理和分析,得出各站咽喉道岔、到发线的红光带时间、白光带时间及利用率,并对道岔、到发线的利用状况进行分析。

3. 人工查标方法与自动化查标方法对比分析

人工写实查标作为我国铁路车站普遍采用的作业标准时间查定方法,具体操作办法和过程按照中国铁路总公司、铁路局有关业务管理部门逐级下发的能力查定和计算文件组织实施。每次查标通常采用全面查标的方式,查标的三个阶段:① 准备阶段;② 写实阶段;③ 定标阶段。其具体流程如图 13-10 所示。

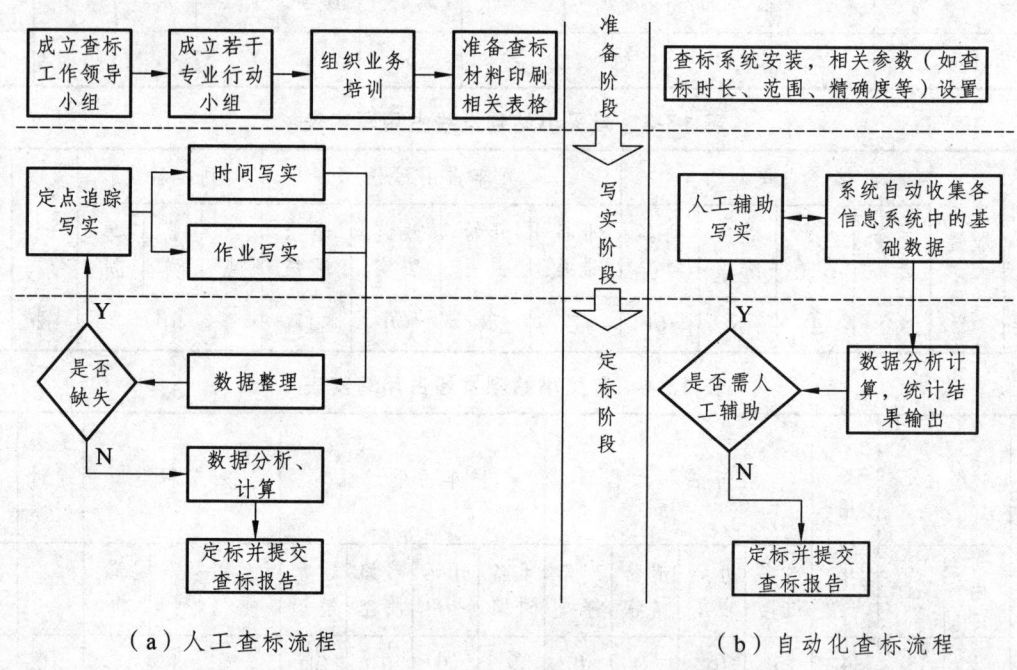

(a)人工查标流程　　　　　　　　(b)自动化查标流程

图 13-10　传统人工查标流程与自动化查标流程

自动化查标的基本思路是:充分利用车站 TMIS 的数据源,获取有用信息,搭建可以实现数据分析处理以及查标结果统计输出的自动化系统,从而实现查标的自动化,这将极大简化查标的流程。如图 13-10(b)所示。新式查标方法极大地简化了查标的 3 个阶段:① 在准备阶段,无需兴师动众,上下齐动员,进行专门的人员培训,只需安装好查标系统,根据需要设置参数即可;② 在写实阶段,其数据的获取不再采取人工写实的方式,数据收集由 TMIS、DMIS 等信息系统的基础数据收集模块实现自动化,只在一些特殊的作业项目,采用人工写实的方法协助获取数据;③ 在定标阶段,数据输出由系统实现自动化整理与计算。

对大准铁路的两种查标方案比较的主要技术指标如表 13-5 所示，内容包括查标范围、全程时间、准备时间、人员数量、样本量等。

表 13-5 两种查标方案比较

	方案 1	方案 2
查标范围	大准全线 30 个车站	
全程时间	14 个工作日	1 个工作日
准备时间	10 个工作日	1 个工作日
人员数量	45~50 人	2~3 人
样本量	各站连续 3 个工作日的数据	大站 125 个工作日的数据，小站 40 个以上工作日的数据

通过对大准铁路人工查标方法和自动化查标方法实施方案设计，也可以分析得出自动化查标方法相比于人工查标方法具有以下一些优点：

（1）投资小。利用人工查标写实方法查定大准铁路车站作业时间标准需要若干名员工；而自动化查标方法不需要人工参与，查标原始数据直接从电务信号微机监测系统获得，节省了人力，节约了投资。

（2）效率高。从对人工查标方法的实施方案设计来看，采用人工查标要对每个站进行连续 3 昼夜的写实，需要分 4 个阶段进行，总共需 14 天；而采用自动化查标方法获取原始数据，花费时间可以忽略不计，大大节省了工作时间提高了查标效率。

（3）样本量大。采用人工查标方法只获取到每个车站连续 3 昼夜的写实数据；而采用自动化查标方法从电务信号微机监测系统获得开关量数据，记录数据最长的车站有近 125 天的数据，记录数据最短的车站也有 14 天的数据。样本量大可以更好地反映出车站工作组织和车流的正常状况，通过分析处理得到的结果也可以更好地反映出车站现有的能力水平。

三、能力查定结果对比

通过对人工查标方法获得数据进行处理分析和运用自动化查标系统对从电务信号微机监测系统获得的开关量数据进行处理，得出了各站到发线能力利用率，将人工查标结果与自动化查标结果进行对比，如图 13-11 ~ 图 13-13 所示。

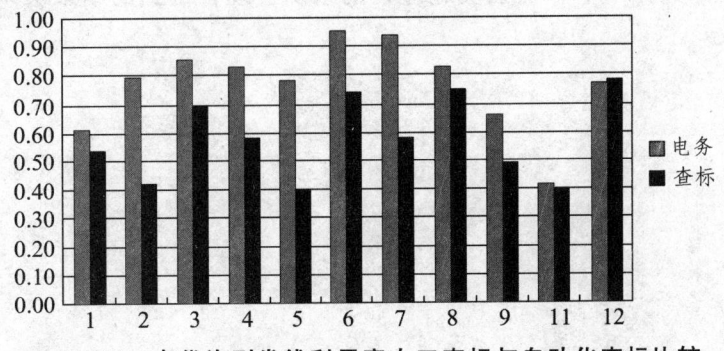

图 13-11 点岱沟到发线利用率人工查标与自动化查标比较

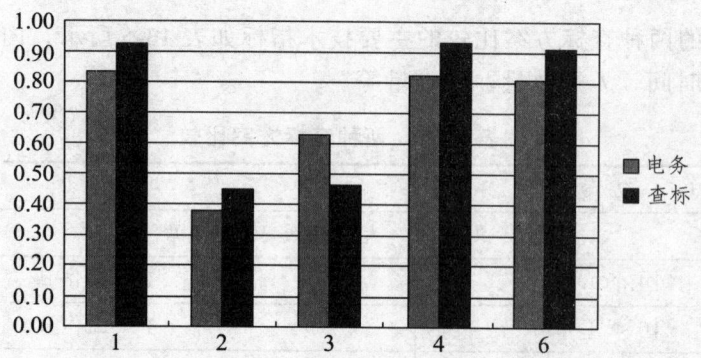

图 13-12 唐公塔站到发线利用率人工查标与自动化查标比较

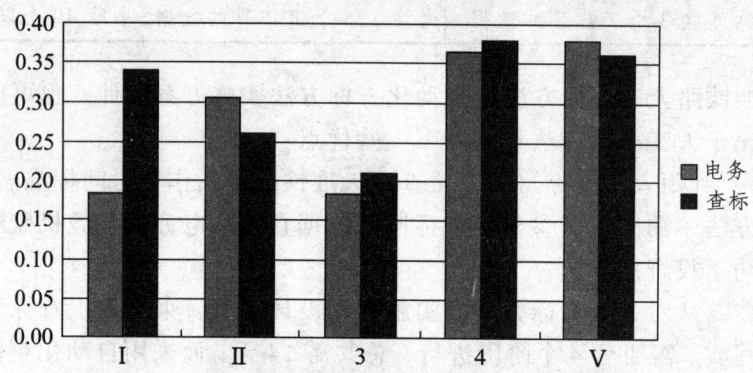

图 13-13 龙王渠站到发线利用率人工查标与自动化查标比较

通过对人工查标和自动化查标获得车站到发线利用率进行对比，可以看出采用自动化查标方法查定的车站到发线能力与人工查标方法所获得的结果，指标相差较小，偏差在 7% 以内，这种偏差主要源于人工调查过程中的误记、错记或漏记，具体说来有以下几点：

（1）两者的调查时间不同。人工写实在 2009 年 8 月份，自动化查标获取的是 2010 年 1 月份的数据，两个时间段的运输状况有所不同。

（2）两者样本量相差悬殊。人工写实记录了各站 3 天的数据，电务信号微机监测系统记录的数据量远大于此。

（3）人工写实期间有线路养护作业。这一因素对记录数据的代表性有较大影响。

通过以上对两种查标方法结果误差产生原因分析可见，人工写实的方法如果查定时间选取得当，适当加大样本量，加强实施过程的组织管理，得到的结果会与自动化查标所得到结果更加一致。

第十四章 基于综合自动化系统的能力查定

随着信息技术的发展，利用计算机进行车站技术作业过程和能力查定成为发展方向。新一代编组站综合自动化 CIPS 系统和 SAM 系统详细记录了车站日常工作的过程数据，能够为车站能力查定工作提供丰富的数据资料，节省人力并简化查定流程。通过充分利用编组站综合自动化系统，可以实现能力查定工作的电子化和规范化，进一步提高车站能力查定效率和标准化水平。

第一节 能力查定计算方法

一、基础参数计算

车站的《站细》里明确规定了车站各岗位工作人员的交接班、吃饭时间以及机车整备时间。同时，《站细》也规定了设备空费率的取值范围和作业的标准时间，但实际计算车站能力值时，需要确定设备空费值和准确的作业时间。因此，在完成能力计算前，需要统计以往作业数据获得确定的设备空费值和作业时间值。

设备的空费率是指设备一昼夜或者指定时间内良好状态下空闲时间占设备可用时间的百分比。按照设备类别，对综合自动化系统内编组站的历史作业数据进行统计计算，获得时间段内的设备空闲时间和设备可用时间，经计算得到此时段内的设备空费率，对各时间段内的空费率取加权平均值作为此设备的计算空费率。空费率的权重是根据计算空费率相对作业量的分布规律通过数据挖掘技术获得，并结合站细规定的取值范围。设备空费率计算公式如下：

$$\gamma_j = \sum_{i=1}^{n} w_i \left(\frac{\sum t_{ij}^{空闲}}{\sum t_{ij}^{可用}} \right) \tag{14-1}$$

式中：γ_j 表示 j 类设备在 n 个统计班次或昼夜内的平均空费率；j 表示 j 类设备；i 表示统计的第 i 个班次或昼夜；n 表示统计的班次或者昼夜数；w_i 表示统计的第 i 个班次或昼夜内设备的空费率值对平均空费率的贡献权值；$\sum t_{ij}^{空闲}$ 表示第 i 个班次或昼夜时间内 j 类设备的良好状态下总的空闲时间；$\sum t_{ij}^{可用}$ 表示第 i 个班次或昼夜时间内 j 类设备的良好状态下总的可用时间。

车站人员进行运输组织分析时，可通过比对实际的平均时间和《站细》规定的作业时间标准找出影响车站作业效率的瓶颈，进而采取对应的措施。

二、到发线的接发列车能力计算

到发场的接发列车能力采用对每条到发线的到发能力汇总的方式获得。计算每条到发线的利用率，根据到发线的作业量和利用率计算本线路的接发能力，最后汇总所有作业股道的能力作为到发场的接发能力。

1. 到发线利用率的计算

获取统计时间内每条作业股道上列车或者车列的占用时间值作为股道主要作业时间值 $T_{列占}$，调车作业或者本务机走行占用股道的时间值作为主要作业的妨碍时间值 $T_{妨碍}$。计算每条股道在统计时间内可进行接发列车作业的总时间 $T_{总}$，即：$T_{总} = (1-\gamma_{空费})(1440-T_{妨碍})$，股道的利用率可通过下列公式获得：

$$K = \frac{T_{列占}}{T_{总}} = \frac{T_{列占}}{(1-\gamma_{空费})(1440-T_{妨碍})} \quad (14-2)$$

作业股道的空费系数 $\gamma_{空费}$ 根据《车站行车工作细则编制规则》规定，在 0.15~0.20 范围内取值。为了获取较精确的到发线作业能力，按上述的统计方法获得到发线空费率。列车占用股道时间 $T_{列占}$ 是指由准备列车进路时起至列车完全出清作业股道时止。列车占用股道时间的统计公式如下：

$$T_{列占} = \sum_{i=1}^{n}(w_i - 1)(T_{出清}^i - T_{准备}^i) \quad (14-3)$$

式中：i 表示占用股道的第 i 种作业；w_i 是整数规划变量，表示占用股道的第 i 种作业是否是统计的作业类型，如果是则为 2，否则为 1；$T_{出清}^i$ 表示占用股道的第 i 种作业的列车、车列或者调机出清此股道的时刻；$T_{准备}^i$ 表示为占用股道的第 i 种作业开始准备进路的时刻。应用上述公式进行妨碍作业时间的统计，仅需改变变量 w_i 所表示的属性，即改变其取值即可。

2. 到发线实际接发列车数统计

到发线实际接发列车数是以指定时间和作业股道为条件，从数据库的列车作业结果数据表中获得。统计公式如下：

$$n_i = \sum_{i=1}^{n}\sum_{j=1}^{m}(1-w_j^i) \quad (14-4)$$

式中：i 表示到发场的第 i 条股道；n 表示到发场的第 i 条股道实际作业列车数；j 表示占用到发场的第 i 条股道的所有作业数量；w_{ij} 是 0~1 变量参数，表示占用到发场的第 i 条股道的作业 j 的作业种类，如果作业类型为列车，取值为 0，否则为 1。

3. 到发线接发列车能力计算

到发线接发列车能力是通过统计的实际作业列车数与到发线的利用率进行商运算得到，某一股道作业能力的计算公式如下：

$$N_i = \frac{n_i}{K_i} \quad (14-5)$$

4. 到发场作业能力计算

获得每一条作业股道的接发车能力后,对作业股道的能力进行加法运算即得到到发场的接发列车能力。计算公式为:

$$N=\sum_{i=1}^{n}N_{i} \tag{14-6}$$

三、解编能力计算

技术站的解编作业错综复杂,根据对作业过程的分析,将解编作业抽象化。将解体作业过程抽象为工件搬运和工件加工问题,待解车列为工件,调机为搬运工人,驼峰为加工机器,作业进路抽象为搬运路径,将编组作业抽象为工件搬运组装过程,那么解编作业即可看成工件加工、组装和搬运过程,作业平台为驼峰和牵出线。通过计算加工平台的利用率,将调机作为加工的约束条件实现解编能力的计算,复杂的作业过程即简单、清晰化。解编能力计算可由 2 步完成:计算设备的利用率和计算设备的作业能力。

1. 设备作业时间统计

驼峰的占用时间由解体推峰进路准备完毕时刻起至解体完毕调机回退至到达场折返股道时止,驼峰的空闲时间由解体调机走行至折返股道时刻至下一推峰进路准备好时刻止。如果出现调机下峰进行整场作业,驼峰停止解体溜放作业,此部分时间统计为驼峰的固定作业范畴内。对于调机的整备、调车组的吃饭、交接班则全部统计为驼峰的固定作业。

通过对编尾的编组作业分析可知,调机由折返位置经由牵出线的进路准备好时即为编组的开始时刻,当调机牵引编成车列至出发场股道时止为完成了一次编组列车作业。依据此作业过程进行统计牵出线的占用时间和空闲时间。由计算机实现作业时间统计的计算公式为:

$$T^i_{作业}=\sum(T^i_{作业结束}-T^i_{准备进路}) \tag{14-7}$$

式中:i 表示第 i 类设备,例如驼峰线 $XT1$、牵出线 $SQ1$ 等;$T^i_{作业结束}$ 表示第 i 类设备作业的结束时刻;$T^i_{准备进路}$ 表示第 i 类设备开始作业的准备进路时刻;$T^i_{作业}$ 表示第 i 类设备在指定时间内的作业时间。式中涉及的 $T^i_{作业结束}$ 和 $T^i_{准备进路}$ 等数据均为基础数据处理模块的结果数据,数据源为作业的指令信息以及作业结果数据。

车站运输设备空闲时间的统计计算公式为:

$$T^i_{空闲}=\sum_{i=1}^{n}(T^i_{j准备进路}-T^i_{j-1作业腾空设备}) \tag{14-8}$$

式中:j 表示使用第 i 类设备进行的第 j 个作业项;$T^i_{j准备进路}$ 表示使用第 i 类设备进行第 j 个作业项的准备进路时刻;$T^i_{j-1作业腾空设备}$ 表示使用第 i 类设备进行第 $j-1$ 个作业项的腾空设备时刻;$T^i_{空闲}$ 表示指定时间内由第 i 类设备完成 n 个作业项,第 i 类设备在设备状态良好时的空闲时间。

2. 设备利用率计算

通过对作业数据的统计，将数据代入计算公式 $K = \dfrac{T_{作业}}{(1440-\sum t_{固})(1-\gamma_{空费})}$ 获得驼峰或者牵出线的利用率。对于在解体、编组作业系统里面有多台调机时，调机之间的作业存在妨碍。所以，处理设备的空费时，将调机之间的妨碍考虑在内，从而将调机之间的妨碍进行转移，使得调机之间复杂的作业妨碍问题得到简化。

3. 设备作业能力计算

获得单个峰别、牵出线的利用率后，根据公式 $N = \dfrac{n}{K} + n_{摘挂}$ 获得本峰、牵出线的作业能力，然后将作业能力汇总得到驼峰或者编尾的作业能力，即 $N_{解体} = \sum N_t$，$N_{编组} = \sum N_t$。

四、咽喉通过能力计算

咽喉区的通过能力是由选定的关键道岔或者道岔组的通过能力体现，在一昼夜或者指定时间段内，本咽喉区的关键道岔或者道岔组可以通过的列车数。所以，咽喉区的通过能力计算可分 2 步进行。

1. 咽喉区关键道岔或者道岔组的选定

咽喉区关键道岔或者道岔组选定的原则为：到达场或者出发场衔接两个及其以上方向时，按照衔接方向分别确定接车进路或者发车进路上工作负荷最大的道岔或者道岔组作为本接车进路或者出发进路的关键道岔组。遵循上述原则，统计作业进路数据，获得作业进路占用道岔或道岔组的负荷量，从而确定关键道岔或道岔组。能力计算软件依据以下公式按照衔接方向别、进路别、道岔别（或道岔组）进行关键道岔或道岔组的确定。

$$S_j = \max(\sum_{j=1}^{n}\sum_{r=1}^{m} T_{jr}^{S}) \tag{14-9}$$

式中：j 表示到达场或出发场所衔接的 n 个作业方向中的第 j 个方向；r 表示到达场或出发场衔接的第 j 个方向上所排布的 m 条进路中的第 r 条进路；T_{jr}^{S} 表示到达场或出发场衔接的第 j 个方向上排布的第 r 条进路占用道岔或者道岔组 S 的时间；S_j 表示到达场或出发场衔接的第 j 个方向上的关键道岔或道岔组。

2. 咽喉区通过能力计算

咽喉区通过能力的计算是对关键道岔或者道岔组占用、出清时间的统计，获得道岔或者道岔组的利用率。结合实际作业列车列数和利用率获得咽喉的通过能力。如果本作业场衔接两个及其以上方向时，将各个方向的能力进行加和即为本咽喉区的通过能力；如果作业场仅衔接一个方向时，咽喉区的通过能力等于该方向上各条进路咽喉关键道岔或者道岔组的能力之和。关键道岔或者道岔组的占用时间 $T_{占用}^{i}$ 为：

$$T_{占用}^{i} = \sum_{j=1}^{n}(T_{j出清}^{i} - T_{j准备}^{i}) \tag{14-10}$$

式中：j 表示使用咽喉区 i 号道岔或道岔组的第 j 条进路；$T^i_{j出清}$ 表示作业的第 j 条进路出清咽喉区 i 号道岔或道岔组的时刻；$T^i_{j准备}$ 表示准备的第 j 条作业进路，占用咽喉区 i 号道岔或道岔组的时刻；$T^i_{占用}$ 表示指定时间内在咽喉区的作业对 i 号道岔或道岔组占用的总时间。

计算咽喉区关键道岔或者道岔组的利用率时，由于其作业负荷量包括调机、本务机走行，调机、本务机占用必然影响到列车进路的排布，因此计算利用率时将调机、本务机走行占用作为妨碍列车作业的固定作业。此时，利用率所反映的就是可用于接发列车的设备利用状况。如有站间有车次的单机调移作业，那么接入到发场作业可看作是列车作业，计算利用率时按照列车占用统计。

获得咽喉区关键道岔或者道岔组的利用率之后，按照衔接的方向分别对通过本咽喉区的列车数进行统计，用获得的列车数与利用率求商，并将各个方向的通过能力值进行加和汇总得到本咽喉区的通过能力。实现计算的公式如下：

$$N = \sum_{j=1}^{n} \left(\frac{\sum_{i=1}^{m} (n^i_{sj})}{K_s} \right) \qquad (14\text{-}11)$$

式中：j 表示到发场衔接的第 j 方向；i 表示衔接第 j 方向占用 S 道岔或道岔组的第 i 个作业项；n^i_{sj} 表示衔接第 j 方向占用 S 道岔或道岔组的第 i 个作业项的作业量；K_s 表示衔接第 j 方向的作业进路所占用 S 道岔或道岔组的利用率；N 是衔接到发场咽喉区的通过能力。

五、车站最终能力确定

将车站咽喉道岔、到发线的通过能力，驼峰、牵出线的改编作业能力进行汇总，得到在统计时间段内车站实际作业能力值。针对最大能力和较小能力进行详细分析和综合平衡，针对车站设备能力的薄弱环节，重新调整有关各项设备的作业分工，将繁忙部分担当的作业，重新加以分配，分配给作业较少的部分担当，以满足全站较大行车量的需要。通过综合平衡以及各有关设备能力的再分配后，所得的车站各车场每昼夜所能通过的最大货物列车数，就是车站最终的作业能力。实现的计算公式如下：

$$\begin{cases} N_{到达} = \min(N_{到达场}, N_{驼峰}, N_{咽喉区}) \\ N_{出发} = \min(N_{出发场}, N_{牵出线}, N_{咽喉区}) \end{cases} \qquad (14\text{-}12)$$

第二节 到发技术作业过程查定

一、到发技术作业过程查定数据的选取

1. 数据选取的原则

编组站综合自动化系统记录技术作业过程中的时间节点，不但规范作业流程、提高作业效率，还能为编组站到发技术作业过程查定工作提供翔实的数据。系统在技术作业数据表中记录各项技术作业开始和完成时间；在行车日志表中自动记录列车的车次、列车类型、

到达和出发时间，在调车计划数据表中记录车次和对应的调车计划，这些数据能够准确地反应编组站的技术作业过程，经过适当处理后可直接用于编组站的技术作业过程查定。以车次为索引，根据需要从系统数据库中提取数据填入写实表，即可自动完成写实过程。但是，由于车流的不均衡性，车站日常的作业数据并非全部适合用来查定计算，需要从大量的数据记录中进行有针对性的选取。

（1）特征车流量的选取。车流量大小、有调比等与最新运行图情况基本相符的时候，该车流量即为特征车流量。在查定技术作业过程之前应正确地选定特征车流量，同时还要在总车流量中确定有调、无调的比例，这些是合理使用车站设备、计算时间标准和能力的重要依据。如果选择不当，会使车场分工不合理，算出的时间标准和能力失去代表性，在生产时引起作业上的不协调，造成设备运用上的浪费或忙闲不均，无法充分利用车站设备完成运输任务。

（2）生产日的选取。特征车流量确定后，应选择实际车流量与特征车流量一致的生产日，将当日的所有列车或部分列车（剔除特殊情况）作为开展查定计算的数据。

2. 数据选取的方法

传统查定方法中，特征车流量确定后，应编制至少连续 3 昼夜的车站作业计划，按照计划安排车站工作并进行作业过程查定。这种先计划后查定的方法需要提前投入大量人力、周密安排，但由于各种因素的影响，仍然无法保证计划的完全兑现，往往还需要事后再次修正。利用编组站综合自动化系统存储的数据，查定工作所需的资料可以从历史数据中收集，简化了查定前的准备工作，可以节省人力并加快查定工作的进度。选择数据的步骤如下：

（1）计算有调车流比例。编组站综合自动化系统中记录了货车出入登记簿（运统 4），如表 14-1 所示，取货车出入登记簿中的"合计车数"为总车流量，计算"有调中转车数"与"合计车数"的比值为有调车流比例。货车出入登记簿以车次为索引逐车记录，可选取之前连续 1 个月作为计算区间。

表 14-1 货车出入登记簿（运统 4）数据表结构

方向	车次	到发时分	标准换算小时	合计		其中								...	记事
						作业车		无调中转		有调中转		非运用			
				车数	换算车小时	车数	换算车小时	车数	换算车小时	车数	换算车小时	车数	换算车小时		

（2）确定特征车流量。考虑未来一段时间运量的变化趋势，对计算区间的日均车流量进行适当调整，提出供查定用的特征车流量。如果未来运量趋涨，则特征车流量调高，反之调低，以最适合未来实际运量为目标。作为参考依据，可以使用上一步的方法统计历史数据，从中观察运量增长率和变化规律，再进行调整。

（3）选择数据。按照特征车流量的要求，比对过去一段时间内单日或连续几日的车流数据，选出符合要求的数据作为查定的数据材料。数据以车次为索引，可以是连续几日的所有车次，也可以根据需要剔除或加入特殊车次。

二、列车到发技术作业过程写实

写实是记录各项技术作业和全部作业所需时间,人工写实一般持续至少 3 个昼夜,这样每个班组都能够参与 1 个白班和 1 个夜班的查定过程,能够比较全面地反映车流情况。有些写实项目如果在 3 昼夜内出现的频率过低,如某方向的列车一昼夜只有 1 列,则应按一定的数量来查定,可以连续查定 10 列。

编组站综合自动化系统记录的过程数据可作为查定的数据材料,代替传统方法中人工写实的工作,从而大大提高效率。为收集覆盖各个班组的作业数据,不仅可以从过去几天的作业中选择,还可以从过去更长的时间范围内选择数据;对于连续几昼夜内出现次数较少的写实项目,可以从系统数据库中向回追溯,直到收集到足够多的数据。

1. 写实内容

写实要记录作业的重点信息和时间节点。列车到发作业过程涉及列检员、外勤车号员和货检员,针对不同工种需要采集不同的数据。

(1) 列检员技术作业写实。出发列车挂机车作业和列尾作业由列检挂机车作业组和列尾作业组负责,如遇编组站分工不同,挂机车和列尾作业不由列检人员负责,可将其从列检作业写实表中移除,单独记录。列检员技术作业写实表如表 14-2 所示,该表适用于到达解体列车、自编始发列车和有调中转列车的作业过程写实。

表 14-2 列检员技术作业写实表

车次	列车种类	到达时刻	人数	检修、摘机车 (含到达拉风)		挂机车		列尾作业 (含出发试风)		合计	备注
				开始	结束	开始	结束	开始	结束		

(2) 外勤车号员作业写实。在列车到发技术作业过程中,外勤车号员的主要作业包括核对现车及与司机交接票据。外勤车号员作业写实表如表 14-3 所示,该表适用于到达解体列车、自编始发列车和中转列车。

表 14-3 外勤车号员作业写实表

车次	列车种类	人数	核对现车、与司机交换票据		合计	备注
			开始	结束		

(3) 货检员作业写实。货检员的主要作业是货运状态检查。货检员作业写实表如表 14-4 所示,该表适用于到达解体列车、自编始发列车和中转列车。

表 14-4 货检员作业写实表

车次	列车种类	人数	货运检查		合计	备注
			开始	结束		

2. 写实数据检索与填记

提取技术作业数据示意如图 14-1 所示。各项技术作业的开始时间取系统中作业人员回复技术作业通知的时间，作业人员回复技术作业通知后出发前往作业现场，作业完成后返回并填报作业完成时间，因而技术作业过程图中的作业人员出动时间已含在写实时间内。

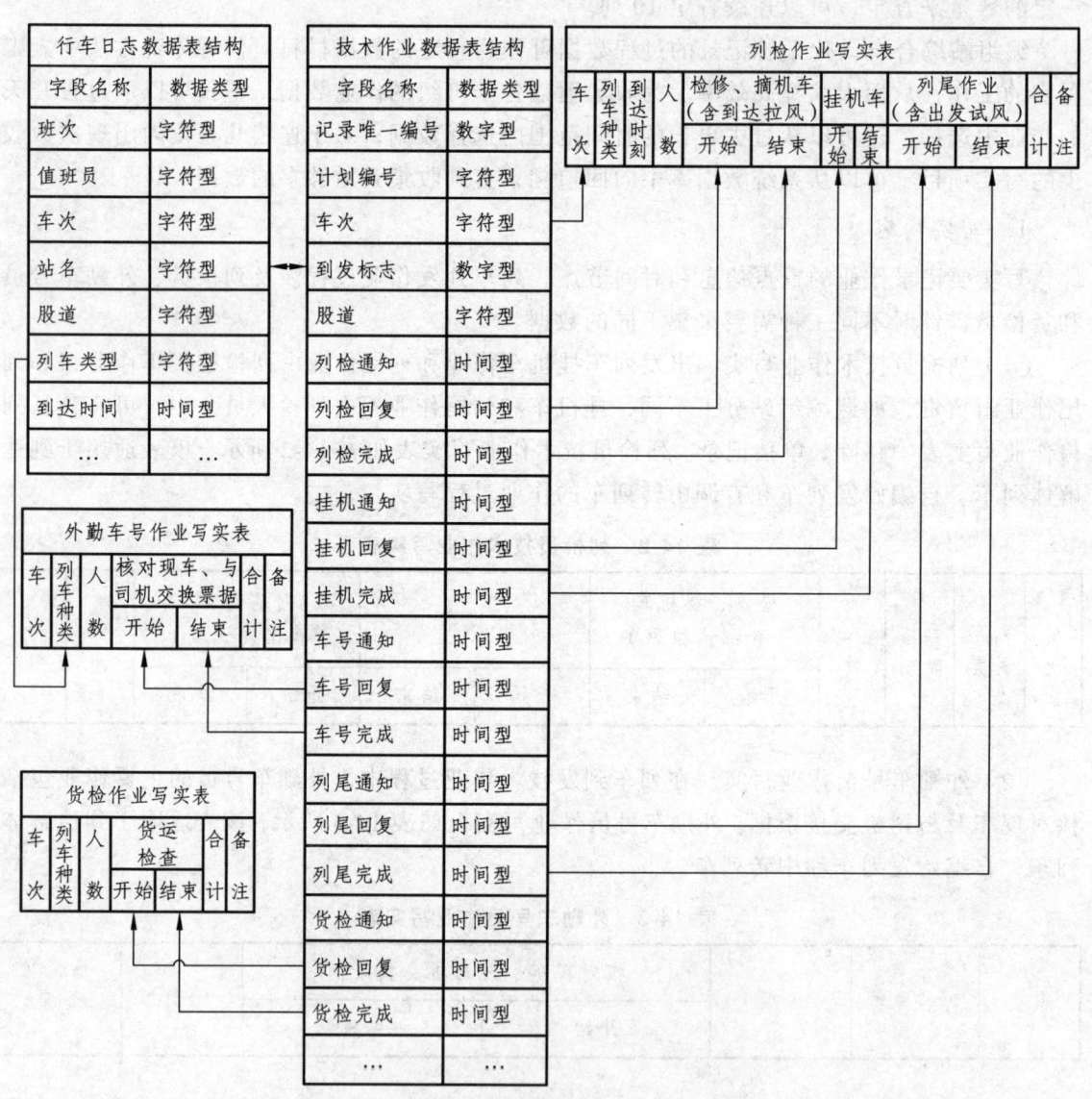

图 14-1 提取技术作业数据示意图

3. 写实数据汇总

完成编组站技术作业过程写实后，按列车种类分别汇总，计算出各种列车各项技术作业的平均时间标准。将所有到达解体列车的技术检修作业、货检作业、外勤车号作业、列尾作业用时分别取平均值，作为到达解体列车各项作业的时间标准，标定在到达解体列车技术作业过程图上，如表 14-5 所示。

表 14-5　到达解体列车技术作业过程

顺序	作业项目	时间			
1	列检、外勤车号、货检、列尾作业员出动				
2	列检作业（包括拉风、摘机车）		t_1		
3	货运检查			t_2	
4	车号员取票据、核对现车			t_3	
5	列尾作业				t_4
	作业总时间				$t_{到技}$

表 14-5 中分别以 t_1，t_2，t_3，t_4 表示到达解体列车列检作业、货检作业时间、外勤车号作业时间和列尾作业时间，通过下式即得到到达技术作业时间标准 $t_{到技}$。

$$t_{到技} = \max\{t_1, t_2, t_3, t_4\} \tag{14-13}$$

同样方法可得始发列车技术作业时间标准和无调中转列车技术作业时间标准。计算时间标准时，如果发现某一项作业发生不必要的中断或者等待用时明显大于合理值时，应将该数据剔除，以避免影响计算结果。完成到发技术作业过程查定后，可以进一步进行调车作业时间标准、车站能力等的查定和计算。当列车编组计划、列车运行图、车站技术设备、车站工作组织和各项作业时间标准有重大变更，或者车流有重大变化时，应根据已经变化了的情况，对车站技术作业过程进行局部修订或全部重新查定。

第三节　能力自动计算系统

一、系统设计

1. 系统总体设计

系统的体系结构采用 C/S 模式，其不依赖于系统外网环境，安全性较高，如图 14-2 所示。

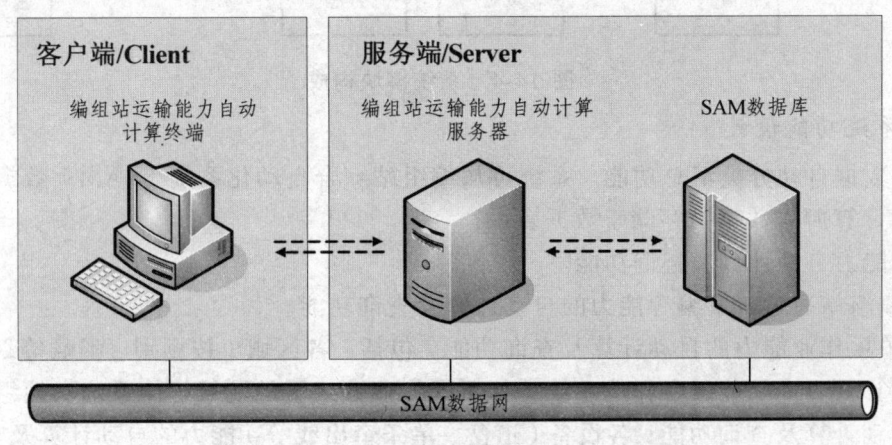

图 14-2　系统体系结构

系统的层次结构设计为3层：

表示层：应用程序的客户端，提供人机接口；

业务逻辑层：实现业务逻辑功能，负责数据处理及计算；

数据层：物理数据库，包括数据访问的组件以及数据对象，提供了数据访问的公共链接等，如图14-3所示。

系统的主要模块设计如下：独立的数据整合模块进行能力计算基础数据的处理；数据读写模块作为业务逻辑层进行数据库的读写以及数据转换；能力计算模块主要完成人机交互，按照界面输入参数计算站场的能力并将计算结果以数据图表的形式展示给用户。系统模块构成如图14-4所示。

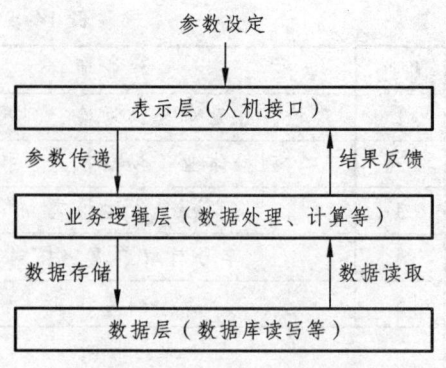

图14-3 系统体系结构

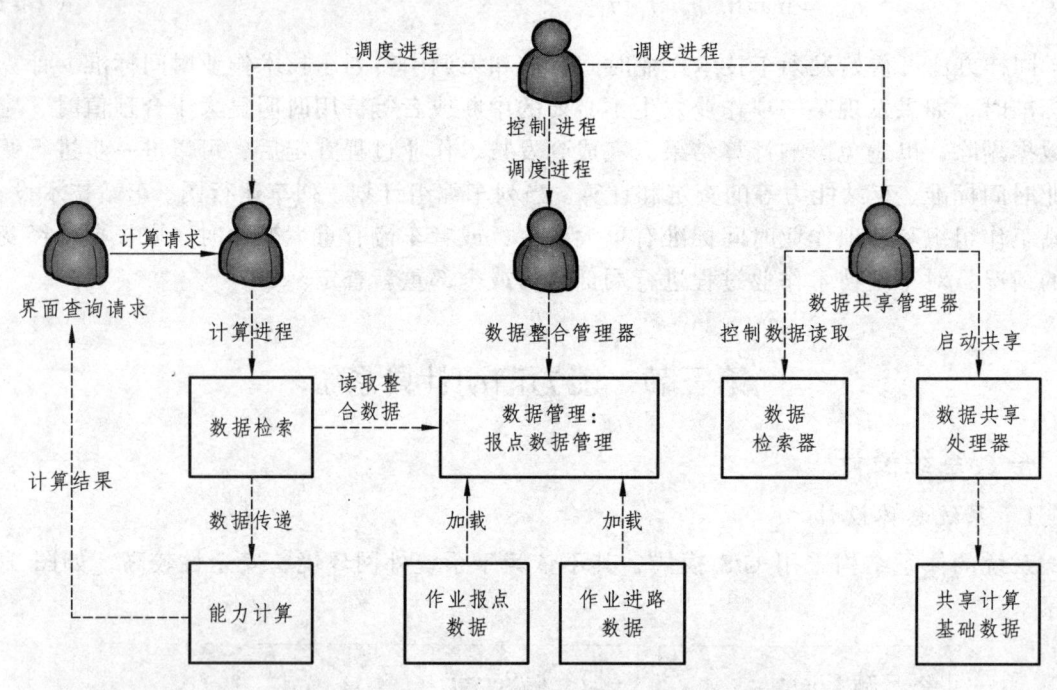

图14-4 系统模块构成

2. 系统功能设计

（1）数据自动分类汇总功能。系统可从编组站综合自动化系统（SAM）数据库中自动汇总能力计算所需数据，存储于数据表中。

（2）能力自动计算及查询功能。

① 编组站通过、解编等能力的自动计算及查询功能。

② 单项作业能力的自动计算及查询功能。包括：各区域（按场别、咽喉等划分）能力的自动计算及查询功能；各作业系统（如不同作业方式下的驼峰解体系统、编组系统等）能力的自动计算及查询功能；各设备（道岔、单条牵出线等）能力的自动计算及查询功能。

③ 按设定时间进行全站或单项能力自动计算及查询功能。包括：24 h 能力自动计算及查询对比功能；按班次进行能力自动计算及查询对比功能；按阶段计划周期进行能力自动计算及查询对比功能。

（3）能力计算日志及文档管理功能。系统可自动管理运行日志以及能力计算相关文档。

（4）界面显示功能。通过人机界面以图表形式显示能力计算结果功能。

（5）参数设定功能。系统可对编组站相关特性进行设置。

（6）用户管理功能。系统可对用户进行权限管理，按照用户权限进行不同程度的功能开放。

系统功能结构图如图 14-5 所示。

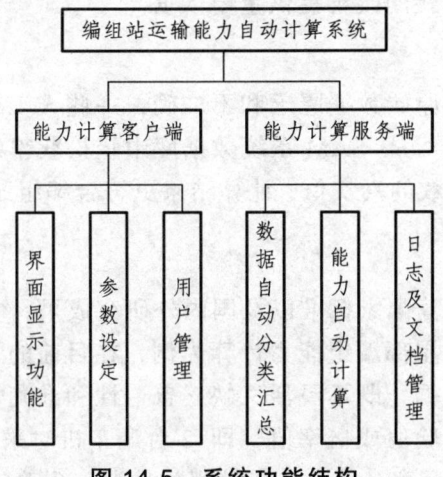

图 14-5　系统功能结构

3. 数据结构设计

编组站能力计算所需的基础数据主要包含作业计划数据、作业指令数据、作业进路数据和作业计划执行结果数据等。编组站综合自动化（SAM）系统的计划信息子系统以作业计划为依据不间断地进行着列车的到、解、编、发，运输设备根据作业计划分解后形成的作业指令动作实现生产指挥人员的运输意图；SAM 系统的控制子系统采集设备运行状态信息并进行逻辑处理形成作业执行结果信息。上述数据按照数据类型以离散状态存在，编组站运输能力自动计算所需的数据是以耦合状态存在的数据，因此需按照现场作业的先后顺序关系、作业的交叉关系对上述数据进行整合处理。例如，处理到达场接车作业数据时，将作业计划、作业指令、作业进路、作业计划执行结果以及股道占用情况整合，供数据挖掘使用，整合后的能力计算基础数据表如表 14-6 所示。

表 14-6　能力计算基础数据表

E	M	T	P	WD	Type

表 14-6 中各符号意义如下：E—设备名称；M—机车类型，包含调机、本务机、列车

等；T—占用时间；P—计划类型；WD—Δt 内是否有需占用当前设备的调车计划处于等待状态；Type—时间类型，包含妨碍时间、空程时间、推峰时间、整备时间等。

二、系统特点

1. 适时自动能力计算

目前的能力计算以一昼夜为单位，且一般间隔数年才进行一次，目的是服务于路网层面的规划建设、运营组织调整，但对编组站站内运营组织的改善并没有太多参考意义。而本系统可根据预先设定的能力计算时间单位进行自动能力计算，若设置为 3 h，可为以阶段计划的编制调整提供重要的数据支持。本系统在保留能力计算原有作用的基础上，同时也为编组站站内运营组织模式的改善提供重要依据。

2. 计算结果更加准确

现有能力计算方法由于原始数据匮乏和不准确，一些人工难以统计的参数多采用经验值代替真实数据，而本系统可从 SAM 系统数据库中轻松获得编组站能力计算所需的所有原始数据，进而得到所有参数的真实值，计算结果更符合编组站实际情况，因而更加准确。

三、能力算法步骤

综合铁路编组站能力计算国家标准以及国内外研究成果，结合数据挖掘 C4.5 算法，形成新的计算体系。以编组站尾部编组能力计算为例，在目前的计算公式中各种参数的计算均依据数昼夜人工采集的数据，既不灵活又缺乏普遍性和准确性；空费系数等人工难以测量的参数目前仍主要使用经验值或概率值，即 2 台调车机时采用 0.06~0.08；3 台调机时采用 0.08~0.12，并不能保证完全符合当前编组站情况。现改进如下：

（1）进行能力计算使用的原始数据不再局限于数天内的采集，现可使用数周、数月或者更长时间的历史数据，甚至可使用不同班组各自的历史数据生成计算模型。如此生成的数据模型更加准确且具有针对性，计算结果更具参考价值。

（2）能力计算的单位时间不再局限于 24 h，现可设置为一个阶段计划周期、一个班周期或者任意时间长度，以便服务于编组站阶段计划的编制调整以及班组作业方式的考量改善等。

（3）不再采用目前普遍使用的经验值，采用数据挖掘中的分类算法 C4.5 算法统计数据计算妨碍时间等人工方式难以统计的参数。根据当前编组站大量历史数据生成的决策树模型，更加符合当前编组站的技术装备条件和作业组织风格，更能准确地挖掘出可用数据，获得准确的编组站运输能力。系统使用以下步骤构造决策树：

定义：从数据库中选取原始数据集组成训练集 D，定义候选属性集为 A，选取表 14-6 中属性 "Type" 为类标号属性 C，集合 C 具有 m 个不同值，即有 m 个不同的类 $C_i(i=1,\cdots,m)$，设 $C_{i,D}$ 是 D 中 C_i 类元组的集合，$|D|$ 和 $|C_{i,D}|$ 分别是 D 和 $C_{i,D}$ 中元组的个数。按照以下步骤生成决策树。

步骤 1　创建一个结点 N。此结点第一次被创建，则为根结点。

步骤 2　判断 D 中数据是否都属于类 C，若是，则返回 N 作为叶结点并标记为类 C；若否，继续下一步。经过判断，D 中数据不均属于类 C，因此，继续下一步。

步骤3 若 A 为空集或者没有剩余属性进一步划分样本，则将 N 作为叶结点返回，标记 N 为 D 中的多数类。

步骤4 计算 A 中每个属性的信息增益率。

① 根据公式 $Info(D) - \sum_{i=1}^{m} p_i \log_2(p_i)$ 计算给定数据集 D 的信息熵，其中 p_i 是 D 中任意元组属于类 C_i 的非零概率，并用 $|C_{i,D}|/|D|$ 估计；

② 根据公式 $Info_A(D) \sum_{j=1}^{v} \frac{|D_j|}{|D|} \times Info(D_j)$ 计算划分后各分区的熵，其中属性 A 是离散值，有 v 个不同值 $\{a_1, a_2, \cdots, a_v\}$，用属性 A 将 D 划分为 v 个分区 $\{D_1, D_2, \cdots, D_v\}$，式中项 $\frac{|D_j|}{|D|}$ 充当第 j 个分区的权重；

③ 根据公式 $Gain(A) = Info(D)\_Info_A(D)$ 计算属性的信息增益；

④ 根据公式 $SplitInfo_A(D) = -\sum_{j=1}^{v} \frac{|D_j|}{|D|} \cdot \log_2 \left(\frac{|D_j|}{|D|}\right)$ 计算属性的"分裂信息"值；

⑤ 后根据公式 $Gainrate(A) = \frac{Gain(A)}{SplitInfo_A(D)}$ 计算属性的信息增益率。

步骤5 将信息增益率最高的属性 H 作为 N 的测试属性。

步骤6 若结点 N 的测试属性取值是离散值，那么这个属性有几个取值就在结点 N 处产生几个分支。

步骤7 由结点 N 产生若干个分枝结点分别产生子树。返回步骤1。若决策树已经生长完毕，对决策树进行剪枝。例如，若对妨碍时间中的本务机妨碍时间进行挖掘，则决策树构造如图 14-6 所示，剪枝后如图 14-7 所示。再根据剪枝后的决策树生成分类规则从大量时间数据中分类得出本务机妨碍时间数据。

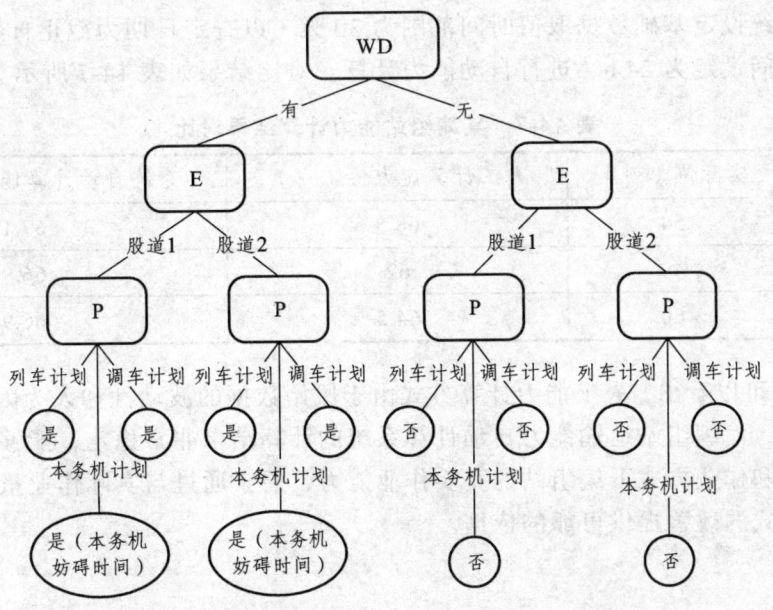

图 14-6 未剪枝的决策树（本务机妨碍时间）

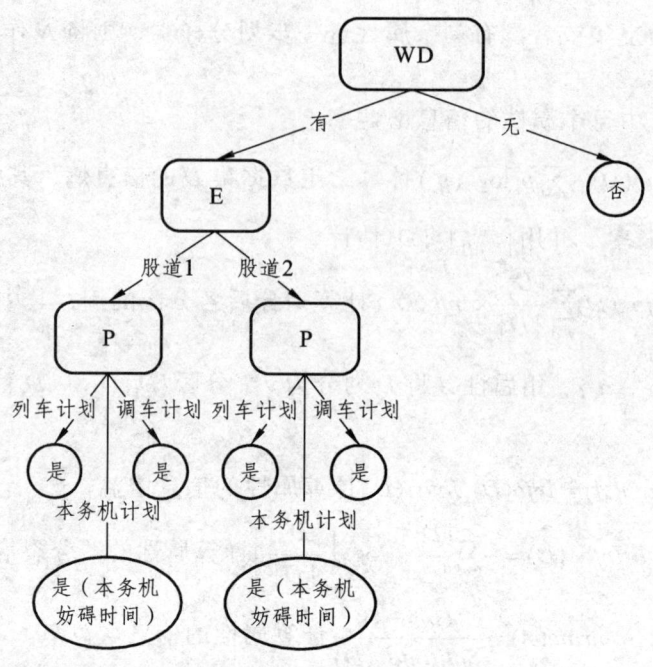

图 14-7 剪枝的决策树（本务机妨碍时间）

四、实例验证

本系统软件的开发基于 Microsoft.NET Framework 3.5，使用面向对象语言 C#处理数据以及逻辑，使用 Oracle10g 进行数据的存储、查询及备份。

在对某编组站进行的 3 次能力查定工作中，将编组站运输能力自动计算系统计算结果与人工计算结果进行对比。以该站上行编组能力的计算为例，人工方式采用传统的直接计算法，利用一昼夜内采集得到的基础数据计算 24 h 编组能力值。与此同时，编组站运输能力自动计算系统设定基础数据取值时间范围为 30 天（以查定日期为截止日期），并将能力计算的单位时间设定为 24 h，进行自动能力计算。对比结果如表 14-7 所示。

表 14-7 某编组站能力计算结果对比

次 数	实际值（列）	人工计算能力值（列）	系统自动计算能力值（列）
第 1 次查定	54	68.5	67.1
第 2 次查定	49	62	66.9
第 3 次查定	60	64.5	66.9

从表 14-7 可以看出，人工能力计算方式由于原始数据的波动性和人为因素的影响，呈现不稳定态势，而编组站运输能力自动计算系统的计算结果非常稳定，能够正确反映当前装备技术条件和作业方式下编组站的真实作业能力，便于通过与实际作业量比照，为编组站作业组织方式的改善提供可靠的依据。

参考文献

[1] 北京铁路局运输处，北方交通大学运输系编写组. 车站技术作业过程及能力查定（修订版）[M]. 北京：中国铁道出版社，1984.

[2] 杨介平. 铁路运输能力的计算与利用[M]. 北京：中国铁道出版社，2001.

[3] 张敏，穆立民. 车站技术作业过程和能力查定手册[M]. 北京：中国铁道出版社，2004.

[4] 孔庆铃，刘其斌. 铁路运输能力计算与加强[M]. 北京：中国铁道出版社，2004.

[5] 曲星照. 站细编制与学习问答[M]. 2版. 北京：中国铁道出版社，2010.

[6] 杨扬. 车站信号控制系统[M]. 成都：西南交通大学出版社，2012.

[7] 闫靖. 技术站能力查定与计算方法的研究[D]. 成都：西南交通大学，2004.

[8] 赵王梓. 车站能力计算数据处理的理论探讨[D]. 成都：西南交通大学，2006.

[9] 杨运贵. 铁路车站能力的计算方法与查定技术研究[D]. 成都：西南交通大学，2010.

[10] 刘明丽. 铁路运输系统的复杂性探讨[D]. 成都：西南交通大学，2011.

[11] 唐涛. 技术站改编能力查定及软件开发研究[D]. 成都：西南交通大学，2014.

[12] 黄晓波. 铁路信息化条件下的单线铁路车站与区间相关时间标准查定方法研究[D]. 北京：北京交通大学，2010.

[13] 陈军华，张星臣，徐彬，黄晓波. 信息化条件下车站作业标准时间查定方法研究[J]. 交通运输系统工程与信息，2011，11（3）：119-123.

[14] 余淮，王振宏，邢科家. 编组站运输能力自动计算系统的研究[J]. 铁路计算机应用，2014，23（5）：41-44.

[15] 夏超. 高速铁路车站通过能力查定及软件开发研究[D]. 成都：西南交通大学，2015.

[16] 吴鑫，姚宇峰. 编组站运输能力查定计算方法的研究[J]. 铁路计算机应用，2016，25（2）：7-11.

[17] 王健. 基于编组站综合自动化系统的列车到发技术作业过程查定方法研究[J]. 铁道运输与经济，2016，38（5）：31-35.

附 录

附录1 郑州北站上行到达场结构及道岔分组图

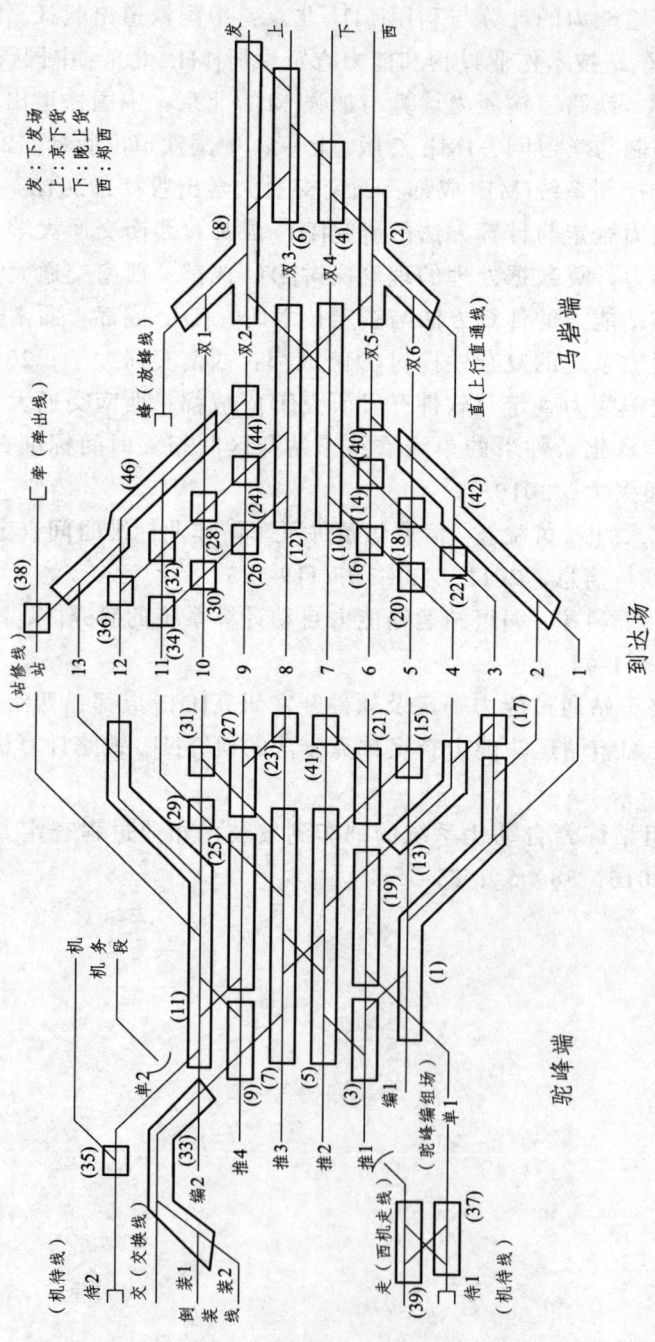

附图1 郑州北站上行到达场结构及道岔分组图

附录2 咽喉道岔组和到发线原始数据表

附表1 咽喉道岔组和到发线原始数据表（郑州北站到达场进路数据节选）

方向	始末 由	始末 到	道岔组号	时间 进路开通	时间 进路占用	时间 进路解锁	时间 股道占用	时间 股道腾空	作业大类	作业类别	作业项目	辆数	列车种类	是否固定	有无调车	备注
1	2	3	4	5	6	7	8	9	10	11	12	13	14	15	16	17
接车方向	上	直	2,4,6	17:58	18:04	18:08			接车	货物列车到达	20018		过路货车	否		
接车方向	上	发	2,4,6,8,40,42	18:17	18:18	18:21			调车	调机走行	22014 空程3		非	否		
发车方向	1	推	1,3	18:25	18:29	18:34		18:31	调车	车列推峰	48000 推峰		非	否		推
接车方向	下	5	2,4,14,18,20,40	3:54	4:00	4:06	4:07		接车	货物列车到达	41077N	68	到达解体	否	有调	
接车方向	上	直	2,4,6	4:40	4:48	4:52			接车	货物列车到达	86574		过路货车	否		
接车方向	上	1	2,4,6,42	5:28	5:33	5:36	5:37		接车	货物列车到达	22030	60	到达解体	否	有调	
接车方向	1	待1	1,37	5:43	5:43	5:46			机车	本务机入段	22030 入段1		非列车	否		
接车方向	上	直	2,4,6	7:14	7:26	7:30			接车	货物列车到达	88802		过路货车	否		
接车方向	西	11	2,10,12,24,28,32,34,*4,*26,*30	7:30	7:31	7:35	7:36		接车	货物列车到达	22028	43	到达解体	否	有调	
接车方向	1	待1	1,37	9:29	9:32	9:36		9:32	机车	单机入段	51018 入段1		非	否		
接车方向	西	4	2,18,20,42,*22	13:33	13:36	13:39	13:40		接车	货物列车到达	22006	43	到达解体	否	有调	
接车方向	支	1	1,37,39	14:15	14:17	14:29			机车	单机出段	51347 出段2		非	否	有调	
发车方向	1	西	2	14:30	14:33	14:35		14:33	发车	单机出发	51347		单机	否		单机

注：表中只提取1页进路数据，实际上该1页到达场3昼夜共有1966条进路数据，表中带"*"的道岔组表示该道岔组被进路开通妨碍，为被妨碍道岔组，属该道岔组的虚拟占用情况。

附录 3 咽喉道岔组占用过程数据表

附表 2 咽喉道岔组占用过程数据表（郑州北站到达场 2 号咽喉道岔组数据节选）

| 道岔组号 | 方向 | 始末 | | 时间 | | | | | 作业大类 | 作业类别 | 作业项目 | 辆数 | 列车种类 | 是否固定 | 有无调车 | 备注 |
		由	到	日期	进路开通	进路占用	进路解锁	占用时间								
1	2	3	4	5	6	7	8	9	10	11	12	13	14	15	16	17
2	接车性质	下	直	2007-2-18	18:00	18:04	18:08	10	接车	货物列车到达	20018		过路货车	否	非	
2	接车性质	西	2	2007-2-18	18:08	18:10	18:14	6	接车	货物列车到达	22014	47	到达解体	否	有调	
2	接车性质	发	2	2007-2-18	18:17	18:18	18:21	4	调车	调机夹行	22014空程3		非	否	非	
2	接车性质	下	直	2007-2-18	18:29	18:34	18:37	8	接车	货物列车到达	86053		过路货车	否	非	
2	接车性质	下	直	2007-2-18	18:38	18:45	18:48	10	接车	货物列车到达	80906		过路货车	否	非	
2	接车性质	4	双5	2007-2-18	19:00	19:04	19:05	5	调车	调机夹行	27092空程2		非	否	非	
2	接车性质	下	直	2007-2-18	19:25	19:30	19:32	7	接车	货物列车到达	26045		过路货车	否	非	
2	接车性质	下	直	2007-2-18	19:49	19:53	19:55	6	接车	货物列车到达	62421		过路货车	否	非	
2	接车性质	下	直	2007-2-18	20:00	20:04	20:06	6	接车	货物列车到达	89025		过路货车	否	非	
2	发车性质	下	直	2007-2-18	20:08	20:12	20:14	6	接车	货物列车到达	30012		过路货车	否	非	
2	接车性质	4	双5	2007-2-18	20:17	20:21	20:22	5	调车	调机夹行	10191N空程2		非	否	非	
2	接车性质	下	直	2007-2-18	20:18	20:23	20:26	8	接车	货物列车到达	26049N		过路货车	否	非	
2	接车性质	双5	3	2007-2-18	20:22	20:28	20:35	13	调车	调机夹行	10191N空程3		非	否	非	
2	接车性质	下	直	2007-2-18	20:31	20:37	20:41	10	接车	货物列车到达	26047N		过路货车	否	非	
2	接车性质	下	1	2007-2-18	20:43	20:49	20:53	10	接车	货物列车到达	10195N	52	到达解体	否	有调	

注：表中只提取了1页数据，实际上2号道岔组3昼夜共有261条实际和虚拟占用过程数据。

附录 4 到发线占用过程数据表

附表 3 到发线占用过程数据表（郑州北站到达场 2 号到发查线标 3 天占用过程）

作业大类	接车性质							大类	作业项目	发车性质			进路占用	股道腾空	日期	列车种类	是否固定	有无调车	时间	
	作业项目	由	辆数	进路开通	进路占用	进路解锁				到	辆数								占用时间	空闲占用
1	2	3	4	5	6	7	8	9		10	11	12	13	14	15	16	17	18	19
接车	22014	西	47	18:08	18:10	18:14	调车	22014 推峰		推 1		21:13	21:24	18	到达解体	否	有调	196	8
接车	10794	西	58	21:34	21:35	21:39	调车	10794 推峰		推 1		23:47	23:59	18	到达解体	否	有调	145	10
接车	22024	西	48	0:28	0:33	0:38	调车	22024 推峰		推 1		2:09	2:16	19	到达解体	否	有调	108	29
调车	41297N 空程 1	编 1		2:30	2:34	2:35	调车	41297N 空程 2		西		2:39	2:39	19	非	否	非	9	14
接车	34015	下	66	3:33	3:41	3:46	调车	34015 推峰		推 1		5:28	5:39	19	到达解体	否	有调	126	54
接车	51014	下		6:05	6:09	6:11	机车	51014 入段 1		夹		6:16	6:16	19	单机	否	非	11	26
接车	41191N	下	67	8:30	8:33	8:38	调车	41191N 推峰		推 1		10:01	10:11	19	到达解体	否	有调	101	134
接车	45007	下	49	13:09	13:11	13:15	调车	45007 推峰		推 1		15:24	15:31	19	到达解体	否	有调	142	178
接车	22008	西	46	16:56	16:58	17:01	调车	22008 推峰		推 1		18:12	18:17	19	到达解体	否	有调	81	85
调车	26035 空程 1	推 1		18:22	18:28	18:29	调车	26035 空程 2		双 6		18:32	18:33	19	非	否	非	11	5
调车	45009 空程 1	推 1		20:08	20:24	20:25	调车	45009 空程 2		双 5		20:29	20:29	19	非	否	非	21	95
调车	86564 空程 1	编 1		20:30	20:34	20:35	调车	86564 空程 2		双 6		20:38	20:38	19	非	否	非	8	1
接车	46002	西	41	23:18	23:19	23:22	调车	46002 推峰		推 1		1:03	1:06	19	到达解体	否	有调	108	160

— 223 —

续表

作业大类	接车性质			进路开通	进路占用	进路解锁	大类	发车性质			进路占用	股道腾空	日期	列车种类	是否固定	有无调车	时间	
	作业项目	由	辆数					作业项目	到	辆数							占用时间	空闲占用
1	2	3	4	5	6	7	8	9	10	11	12	13	14	15	16	17	18	19
接车	46004	西	24	1:18	1:21	1:24	调车	46004 推峰	推1		2:39	2:44	20	到达解体	否	有调	86	12
调车	45003 空程1	编1		3:29	3:45	3:46	调车	45003 空程2	双6		3:49	3:49	20	非	否	非	20	45
接车	10197N	下	52	5:10	5:16	5:20	机车	10197N 推峰	推1		6:41	6:48	20	到达解体	否	有调	98	81
接车	51010	下		14:42	14:46	14:48	调车	51010 入段1	夹		14:51	14:52	20	单机	否	非	10	474
调车	22010	西	47	15:26	15:29	15:32	机车	22010 推峰	推1		16:44	16:55	20	到达解体	否	有调	89	34
调车	41079 空程1	推1		17:01	17:01	17:02	调车	41079 空程2	双6		17:04	17:04	20	非	否	非	3	6
接车	51177	下	34	17:43	17:45	17:47	调车	51177 入段1	夹		17:50	17:50	20	单机	否	非	7	39
接车	46002	西	56	23:02	23:03	23:06	调车	46002 推峰	推1		0:09	0:16	20	到达解体	否	有调	74	312
接车	34011N	下		0:32	0:36	0:40	调车	34011N 推峰	推1		2:01	2:04	21	到达解体	否	有调	92	16
调车	34013N 空程1	推1		2:45	2:46	2:47	调车	34013N 空程2	双6		2:50	2:50	21	非	否	非	5	41
接车	27152	西	49	8:42	8:49	8:53	调车	27152 推峰	推1		10:18	10:27	21	到达解体	否	有调	105	352
机车	51349 出段2	单1		10:32	10:33	10:33	发车	51349	西		10:37	10:37	21	单机	否	非	5	5
接车	35002	下	52	11:38	11:44	11:48	调车	35002 推峰	推1		13:19	13:41	21	到达解体	否	有调	123	61
接车	24010	下	60	16:20	16:26	16:32	机车	24010 入段1	夹		16:37	16:42	21	单机	否	有调	22	159
调车	24010 空程3	双6		17:54	17:54	17:56	调车	24010 推峰	推1		18:00	18:00	21	非	否	非	6	72

注：表中有3星夜28条2号到发线实际占用过程数据，实际上整个到达场13条到发线共有541条占用过程数据，由于特殊原因10号到发线一直被占用，因而实际参与作业的是12条到发线。